그토록 꿈꾸던 인생을 살아라

한 번뿐인 인생을
후회 없이 사는 법

그토록 꿈꾸던 인생을 살아라

이대영 · 이정천 · 박성철 지음

나비의 활주로

| 서문 |

길을 잃은 청춘에게 바치는 글

한 해가 가고 새로운 해가 밝았습니다. 희망차야 할 새해지만 새해 벽두부터 들려오는 소식들은 작년과 별다를 바가 없어 보입니다. "청년취업절벽, 국회의원 자녀의 취업청탁, 재벌자녀의 갑질……." 등 토시 하나 틀리지 않고 과거의 구태의연함을 반복하는 것 같습니다.

SNS에서는 젊은이들 사이에 '수저계급론'이 여전히 화두입니다. 그런데 이 같은 수저계급론은 비단 오늘날 대두된 이야기가 아닙니다. '은수저를 물고 태어났다(be born with a silver spoon in one's mouth)'는 영어 숙어에서 비롯된 말입니다. 동서고금을 막론한 문제란 겁니다. 하지만 과거보다 요즘 들어 더 자주 화자 되며 지금처럼 자조적인 때는 없었던 것 같습니다.

혹시 '노오오오력'이라는 말을 아십니까? "우리보다 좋은 환경에서 자랐지만 노력이 부족하다."고 나무라는 기성세대를 비꼰 말입니다. 고용안정성은 갈수록 무너지고, 과거에는 입사 당시에만 필요하던 스펙 전쟁이 정년까지 이어지고 있습니다. 그에 따라 스트레스와 분노 또한 높아지고 있습니다. 이런 상황에서 노력만 강조하는 이야기는 어불성설일 것입니다. 그러나 부모를 잘 만나지 못했다고, 환경탓만 하며 절망하고 있기에는 인생이 너무나도 아깝습니다. 흙수저를 황금수저로 둔갑시킬 방법은 없지만 도자기 수저로 만들 수는 있습니다. 물론 그러려면 1,320℃가 넘는 고열을 견뎌야 합니다. 황금수저는 고열을 만나면 녹아서 흔적도 없이 흘러내리지만 흙수저는 도자기 수저로 더 단단해지고 아름다워질 것입니다.

세상 어느 곳이고 걱정근심이 없는 곳은 없습니다. 걱정근심이 없는 곳은 공동묘지뿐일 것입니다. 아픔이 있고 고민이 있다는 것 자체가 위대한 승리고 신의 축복이라 여기고 다시 한 번 도전하십시오.

달구벌로 불리던 대구는 1억4천만년 전 한반도 최대의 늪이었습니다. 지금도 대구 수성교 다리 밑 신천바닥에는 공룡의 발자취를 볼 수 있습니다. 가장 자리에는 큰 발자국과 작은 발자국이 나란히 나 있다가 강 가운데쯤 가면 갑자기 큰 발자국만 남아있습니다. 이것이 무엇을 의미할까요? 나름대로 고심한 결과, 강이 깊어지는 곳에서는 어른 공룡이 아기 공룡을 안고 가지 않았을까 추측해봅니다.

현재의 힘겨운 파고를 건너기 위해서는 버팀목이 필요합니다. 1030세대들의 절망에는 물론 그럴만한 이유가 있습니다. 그러나 거기에 주저앉지 않기를 독려합니다. 그리고 이 책이 그런 작은 버팀목이 되어주길 희망해봅니다.

2016년 1월의 어느 날

이대영, 이정천, 박성철 드림

차례

3장_ 스페인, 삶의 순례길에서 찾은 '진정한 나'

4장_ 베트남, 120년 싸움의 틈새에서 발견한 행복의 씨앗

5장_ 캄보디아, 킬링필드의 절망을 희망으로 바꾼 간절함

6장_ 상하이, 천지개벽을 일군 소통과 기다림

7장_ 대마도, 한국이 일본을 볼 수 있는 창구멍

1장

네팔,
신들의 정원에서 발견한
현재를 사는 법

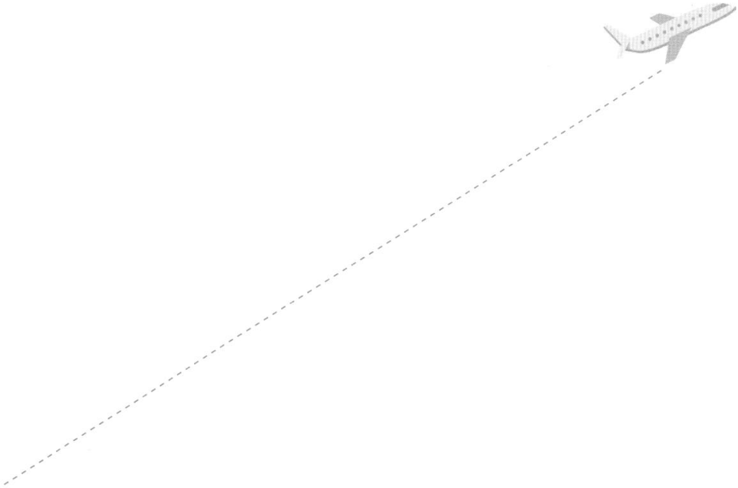

지금을 즐기고, 현재를 살아라

이곳은 하늘과 산이 맞닿은 신들의 정원! 석가모니가 태어난 룸비니 마을이 산 아래 펼쳐져 있다. 산정엔 모든 것이 눈과 바람에 씻겨 열일곱 살의 소녀처럼 정숙한 느낌마저 들었다. 어제까지 고통스럽게만 느껴지던 일도 여기 서서 보니 아무 일도 아니게 보인다. 마치 모난 돌들이 오랜 세월 파도의 손길을 통해 곱디고운 모래알로 변해 해변가에 펼쳐져 있듯이 날카로운 감정들도 깎여 둥글둥글해지는 듯했다. 눈 아래 펼쳐진 탁 트인 풍광들을 바라보고 있노라면 느슨해졌던 주먹에 힘이 들어가고 멈췄던 가슴이 다시 힘차게 뛴다. 네팔에는 '험준한 산 너머 광활한 평원이 펼쳐진다.'라는 속담이 있다. 가쁜 숨을 고르며 산 정상에 오르면 광활한 풍경이 펼쳐지듯이 인생도 그러한 것이 아닐까. 힘겨운 등정 끝에 정상에 서면 미래가 펼쳐지는 것이 인생이리라.

그러기까지 현실은 녹록치 않다. 구토, 설사, 두통 등등 고산병 증세 하나쯤은 안고 가야 하는 법이다. 숨을 헐떡이며 천근만근 무거운 발걸음을 옮겨야 한다. 고산병 증상을 줄이려고 먹은 약은 졸음을 쏟아지게 하고, 아차 한 발만 헛디뎌도 천 길 낭떠러지가 지옥문처럼 입을 벌리고 있다. 길섶 풀잎 위에는 얼핏 봐서는 눈에 띄지 않는 주카(산거머리)가 기다리고 있을지도 모를 일이다. 고개를 들면 머리 위에는 빙글빙글 검독수리가 돌고 있다. 독수리는 산 아래 사원 옆, 줄지어 늘어선 화장터에서 불타고 있는 인간의 영혼을 하늘에 전달하느라 몹시 바쁘다. 산허리를 둘러친 구름 조각은 고달픈 등산객을 감싼다. 문득 무엇을 위해 이렇게 힘겹게 산을 오르고 있는 것인지 의문에 빠질지도 모른다. 그러나 한 가지 분명한 사실은 내게 할당된 불행의 총량이 바닥났다는 사실이다. 오늘 하루가 견디기 힘들 정도로 괴롭고, 일초가 일년 같더라도 결국 시간은 흐르기 마련이다. 소나기가 내린 뒤에 갠 하늘에 무지개가 떠오르듯이 태풍 뒤의 평온함이 찾아오는 것은 자연의 순리다. 지금까지 흘린 땀과 눈물이 거름이 되어 미래의 아름다운 꽃을 피워낼 것이다. 그때는 한숨 대신 웃음이, 슬픔 대신 즐거움이 분수처럼 솟구칠 것이다. 지금 이 순간 삶의 무게에 짓눌려 한숨짓고 있다면, 남몰래 눈물 흘리고 있다면 이 또한 모두 지나가리라는 사실을 기억하라.

적는 대로 이뤄진다

제아무리 기억력이 좋은 사람도 메모하는 사람을 이길 수는 없다. 나는 해마다 새해결의를 종이에 적어 간직한다. 또한 글로만 적기보다는 가슴에 생생한 이미지를 새기기 위해 그림이나 사진을 적극 동원해 메모한다. 더 좋은 방법은 현장에 직접 찾아가 보는 것이다. 뼈저리게 체험한 것은 죽어도 못 잊는 법이다. 하버드대학에 입학하고 싶다면 직접 그곳에 찾아가서 도서관에서 책을 읽어보고, 잔디밭에서 뒹굴기라도 해보아라. 꼭 이루고 싶은 일이 있다면 이 정도 투자는 기본이다.

나에게는 청와대에 초청받는 것이 그런 일 중 하나였다. 청와대에서 근무하는 직원에게는 그곳이 지긋지긋한 곳일 수도 있겠지만 평범한 우리들에게는 한번쯤 초청받아 방문하고 싶은 곳일 것이다.

2009년 새해 아침, 나는 매해 하듯이 미래일기를 적고 실행을 다짐했다. '적는 대로 이뤄진다.'는 메모의 마법을 단단히 믿고 청와대 초청 방문 계획을 메모하고는 매일 한 번씩 펼쳐봤다. 그렇다고 감나무 밑에서 입만 벌리고 있을 노릇은 아니었다. 그래서 생각한 것이 국가인권위원회 홈페이지에 아이디어를 제안해보기로 했다. 틈만 나면 아이디어를 메모해두었다가 하나씩 올리다보니 그해 7월 무렵에는 13건이나 제안했다.

9월이 지나자 하나씩 전문심사위원회에 올라갔다. 운 좋게도 '신용카드로 각종 공과금 납부방안'이란 주제가 한 건 채택되었다. 11월 중순경이 되니 '연말에 청와대에서 시상식이 있을 예정입니다.'라는 통보가 왔다. 12월초 행정자치부에서 이메일로 '아침 8시40분까지 서울지하철 덕수궁 역에 집결해주십시오.'라는 통지가 왔다. 당일이 되어 도착해보니 의전담당관 세 분이 행사일정과 절차 등을 설명해주었다. 이윽고 버스로 청와대 경내로 이동해 시상식에 참석한 후 중식과 경내관람까지 하고 세 시간에 걸친 청와대 방문을 마무리했다. 메모 덕분에 가슴에 남는 아름다운 추억거리가 하나 더 생긴 셈이다.

간절히 원하는 것이 있다면 작심삼일로 끝나기 전에 메모부터 하라. 또 당연한 말이지만 메모로 그쳐서는 안 된다. 그림을 그리는 데 비유하면 구상을 하고 밑그림을 그리며 채색해야 한다. 아무리 사소한 꿈이라도 종이에 적고(혹은 그림을 그리며), 꾸준히 실행해야 한다. 그래야 결과물을 손에 얻을 수 있다. 오늘의 텃밭에 미래 꽃들이 싹을 틔우고 있음을 믿어야 한다.

황금보다 더 중요한 '현재'라는 선물

대부분의 사람들은 시간이 과거, 현재, 미래로 순차적으로 흐른다고 믿는다. 그러나 시간은 상대적인 개념이다. 예를 들어 해는 동쪽에서 떠서 서쪽에서 진다. 때문에 사람들은 지구자전의 방향이 동에서 서로 회전한다고 인식하고 있다. 그러나 지구 대기권 밖에서 지구자전의 방향을 바라본다면 서에서 동으로 돌아갈 것이다. 따라서 시간의 방향도 우리가 인식하고 있는 것과는 반대의 결과를 초래한다. 미래에서 현재로, 현재에서 다시 과거로 향하는 것이다.

또한 사람들은 지구의 자전 속도는 물론 회전하는 소리를 듣지도 느끼지도 못한다. 인간은 너무 큰 소리는 들을 수 없고, 너무 빠른 속도 또한 느낄 수 없기 때문이다. 지구의 둘레는 약 4만 킬로미터로 1일 1회전하고 있다. 이를 계산하면 시속 1,666 킬로미터가 넘는다. 시속 1,666 킬로미터로 이동한다고 생각하면 수천 데시벨의 굉음일 것이다. 시속 400 킬로미터로 달리는 고속전철의 굉음에는 귀가 찢어질 지경인데 그보다 더 빠른 자전 소리는 듣기는커녕 느끼지도 못하는 것이다.

같은 원리로 너무 거대한 것은 인간의 눈으로 볼 수 없다. 육안으로 지구를 보지 못하는 것도 그 때문이다. 선인들은 이 같은 사실을 이미 알고 있었다. 기원전 300년경 노자는 『도덕경』에서 “큰 소리는 듣지 못한다. 큰 것은 볼 수 없다.” 라고 기록하고 있다. 인간이 보고 느끼는 것은 어떤 면에서는 하찮은 것들뿐이다. 하루살이가 세상을 말하는 꼴과 같다.

시간은 인간이 만들어 낸 개념에 불과하다. 육안으로는 거대한 지구를 볼 수 없으며 제트비행기보다도 빠른 지구의 자전속도 또한 느낄 수 없기 때문에 사람들은 시간의 모양은 물론 방향도 모르고 있었다. 그러나 시간을 계량하려는 연구는 기원전부터 시작되었다. 중국에서는 기원전 13세기부터 태양의 그림자로 시간을 계측했고, 그 원리를 통해 해시계를 만들었다. 해시계의 방향은 오늘날 시계방향(시간의 방향)의 효시가 되었으며, 십간십이지(60진법)로 계산하던 해시계 계산법을 따라 오늘날도 시, 분, 초를 60진법으로 계산하게 되었다.

기원전 700년경 네팔의 선인들은 인간의 삶을 전생(前生), 현생(現生), 후생(後生)으로 나눴다. 전생, 현생, 후생이 인연이란 끈에 묶여서 수레바퀴처럼 맞물려 돌아간다고 믿었다. 그 믿음에 따라 시간도 과거, 현재, 미래로 나누기 시작했다.

시간을 돈에 비유하면 어제는 지불능력이 없기에 부도난 수표, 오늘은 어떤 값이라도 당장 치를 수 있는 현금, 내일은 아직 지불능력을 알 수 없기에 약속어음에 빗댈 수 있다. 당신이라면 부도난 수표, 현금, 약속어음 가운데 무엇을 선택하겠는가? 대다수는 현금에 최고의 가치를 부여할 것이다. 부도난 수표에 연연할 시간에 현재라는 현금을 잘 활용하면 미래의 약속어음은 나날이 불어날 것이다.

옛 선인들 또한 현재의 중요성을 잘 인식하고 있었다. 소중한 시간을 헛되이 보내지 말라는 의미에서 '황금보다도 더 귀중한 이때(至貴今於黃金)'를 줄여서 지금(至今)이라고 부른 것도 이 때문이다. 영어로는 신으로부터 받은 나비모양 매듭의 소중한 선물(god's bow-tied important present), 즉 한 단어로 현재(present)이다. 선물 받은 현재를 어떻게 사용하느냐는 당신의 몫임을 기억하라.

웃음은 가장 강력한 치료제이다

지난 IMF 외환위기 때 일이다. 쟁쟁하던 대기업과 대형은행의 도산이 줄을 이으며 대마불사(大馬不死)의 신화가 무너졌다. 부도와 도산의 도미노게임이 연일 계속되면서 국가도 부도 일보직전의 위기를 맞았다. 연일 보도되는 뉴스는 아침 댓바람부터 마포대교의 자살사건을 알렸다. 공직사회도 예외가 아니었다. '지방공무원 20만 명을 구조조정 단행하라.'는 지시가 떨어졌다. 당시 거의 모든 지방자치단체에서는 세금이 들어오지 않아 예측조차 어려웠다. 겨우 3개월짜리 실행예산을 편성했을 정도였으니 공무원 급여마저 못 준다고 아우성이었다. 지방행정의 최고 선급과제는 체납세 독려가 될 수밖에 없었다. 철밥통이라는 공무원도 하루아침에 잘리는 마당이니 어딜 가든 살얼음판 걷는 분위기였다.

당시 9급 말단 공무원이던 나는 아침이면 출근하는 게 무서울 정도였다. 출근하면 어김없이 어느 부서의 누가 잘렸다는 해고 통보가 기다리고 있었다. 직원회의에 들어가면 "일하기 싫으면 그만두세요. 일할 사람 줄서서 기다리고 있습니다."라는 윽박을 귀에 못이 박히게 듣곤 했다. 간부 회의는 더 살벌했다. 세상일이 참 묘한 것이 우리를 그토록 달달 볶던 과장급 이상의 상사들이 간부 회의에서 요리재료로 쓰이고 있더라는 것이다. 속된 말로 생선처럼 머리 잘리고, 몸통은 난도질당한 다음에 온통 지지고 볶였다. 이렇게 당한 상사들은 부하 직원에게 화살을 돌리며 악순환이 계속되었다. 관리자의 관리능력은 부하직원을 얼마나 잘 들들 볶아대느냐에 달린 것처럼 보일 지경이었다.

악독한 상사들은 부하직원 몰래 저녁식사를 미리 먹고 들어와서는 퇴근 시간 10분 전쯤 회의소집을 했다. 그리고 9시까지 정신교육을 일삼았다. 몇 달을 지속하면 못 배기는 부하직원이 제 발로 뛰쳐나갔다. 그래도 표적이 된 직원이 나가지 않으면 다른 부서로 파견근무를 보내거나 기동배치라는 명목으로 좌천시켰다. 심지어 공공연구소 등에 파견시켜 정처 없이 떠도는 속칭 위성공무원으로 만들었다. 이런 정신교육보다 더 혹독한 것은 친절교육이었다. 틈만 나면 친절교육을 실시했는데, 창구직원이나 전화를 받는 직원을 대상으로는 더욱 엄격하게 실시해서 시민인척 가장하고 하는 현장 점검이 수시로 있었다.

하루는 동사무소 민원창구에서 주민등록업무를 담당하던 여직원이 점심시간 교대에 10분가량 지각하는 일이 생겼다. 꼬투리 잡을 것 없나 일거수일투족에 잔뜩 눈독을 들이고 있던 상부기관 공무원인 점검원은 여직원이 자리에 앉자마자 득달같이 달려와 따져 묻기 시작했다. "점심시간이 몇 시인데 이제 들어오느냐?"라고 몇 마디가 오고가더니 "말하는 꼬락서니가 불친절하다. 이런 공무원은 당장 옷을 벗겨야 한다."라는 막말까지 나왔다. 창구담당여직원은 "인품이 고매하신 선생님께 먼저 시비조 말씀을 하셨습니다."라고 공손한 경고의 말을 보냈다. 그러자 점검원은 "민원인이 아무리 불친절해도 공무원은 절대적으로 친절해야 하는 것 아니냐? 혈세를 먹고사는 입장에서……."라고 고함을 질렀다. 이어서 "시민에게 바락바락 대드는 막돼먹은 직원은 잘라야 돼."라며 으름장을 놓았다. 그러자 창구여직원은 조금도 흔들림 없이 차분하게 말했다. "선생님, 난센스 퀴즈 하나 내겠습니다. 나처럼 이렇게 예쁜 아가씨를 보고 성내는 건 뭡니까?" 그리고는 대답도 기다리지 않고 곧장 화장실로 도망을 쳤다. 주변에 있던 직원들이 킥킥거리기 시작했다.

상대방이 어처구니없이 나온다고 그대로 맞대응해서는 안 된다. 화를 낸다고 같이 언성을 높이면 말려들어가게 되어 있다. 차분하게 유머로 받아쳤던 여직원은 구조조정의 위기를 잘 넘기고 지금까지도 즐겁게 근무하고 있다.

웃는 사람이 진정한 승자다

해발 8천 미터가 넘는 히말라야를 오르는 동안 내 머릿속은 온통 이 고산준령이 마지막 아리랑 고개였으면 하는 바람뿐이었다. 산사람들의 혓바닥으로 메마른 길바닥을 쓸며, 헐떡이는 숨결로 노래하듯이 악을 쓰면서 올라오고 있자니 문득 바람결에 스치듯 "내가 말했잖아 슬플 땐 웃어버리라고. 슬픔이 넘칠 때 차라리 웃어버려."라는 노래가사가 떠올랐다. 눈을 머리에 인 산 아가씨가 "힘내세요!"라고 격려하는 말이 시원한 바람이 되어 왈카닥 내 몸을 껴안는다. 이 모든 것, 웃음에 꽁

꽁 묶어 바람결에 날려버리라고. 동행하던 네팔 친구는 "오늘 바람은 특별히 자네를 위해 히말라야 여신께 청탁한 것이라네. 걱정, 근심일랑 모두 쏟아 바람결에 비워버리라고." 하면서 어깨를 툭 친다.

힘이 들어 숨이 턱까지 차오를 찰라 젖먹이 아이의 눈을 바라보고 있으면 모든 고통이 사라지는 것 같다던 아내의 말이 뇌리를 스쳤다. 히말라야로 등반을 가기 위해 네팔로 떠나던 전날 밤도 아내는 아들 녀석이 말썽을 피운다며 고래고래 고함을 질렀었다. 그러더니 삼십분도 지나지 않아 다시 다정한 모자사이로 돌아간 것을 보니 웃음이 나왔다. 아이들은 젖먹이 때 엄마를 쳐다보며 웃어준 것만으로도 평생 빚은 다 갚은 거라더니 그 말이 맞나보다. 삶이 주는 무게가 무거울 때는 웃음 짓게 하는 추억을 더듬어보는 것은 어떨까? 육아에 지친 엄마들에게는 젖먹이의 미소가 그럴 것이고, 직장에서 치이고 집에서도 마음 편히 쉬기 힘든 아빠들에게는 친구와 기울이며 나눴던 술잔 한잔일 수도 있을 것이다.

웃음은 근심 걱정을 다 녹여버리는 강력한 치료제이다. 어느 노래 가사처럼 "걱정들이 레몬방울처럼 녹아서 굴뚝 꼭대기로 사라져 버리는 그런 곳이지요."라는 마법의 장소는 지구상에 존재하지 않겠지만 우리들 마음속에서는 얼마든지 웃음의 왕국을 만들어낼 수 있다. 그냥 바보처럼 웃어보자. 내가 웃으면 거울 속 내 모습도 웃는다. 마침내 세상이 웃는다.

달팽이 뿔 위에서 싸워본들 어찌하겠는가. 번갯불처럼 잠깐인 인생이니 한 번이라도 더 웃는 사람이 진정한 승자다.

히말라야 산양과 직원은 태도로 평가된다

단숨에 동네 작은 뒷동산을 오르던 기억으로 눈앞에 보이는 고갯 마루를 향해 걸음을 재촉했다. 내가 서두르는 것이 눈에 보였던지 네팔 친구가 "비스따리, 비스따리(slow, slow)"라고 외쳤다. 내가 늦으면 동행들에게 짐이 될 것 같아 서두른다고 말하자 괜찮다고 손사래를 치며, 천천히 가지 않으면 고산병이 급습할 수 있다고 덧붙였다. 네팔 친구는 "누가 세월을 좀 먹나? 늦더라도 포기하지 않으면 올라간다."라며 산천도 좀 구경해가면서 천천히 오르라고 했다. 그래야 지치지 않고 험준한 고개를 오를 수 있다는 것이다.

오늘은 해발 5216미터의 쏘롱라 고개를 넘어야 한다. 어째서 갈수록 험난한 고개라니. 지금까지의 넘어온 고개는 말도 말란다. 가는 길은 모래, 밤톨, 주먹만 한 돌멩이들이 눈비로 다져져 세월만큼 쌓여 있었다. 영화 〈폼페이 최후의 날〉에서나 봄직한 화산재가 사방으로 날리고 몇 백 미터나 되는 경사면들이 뻗어 있었다. 지그재그로 한 걸음씩 조고각하(照顧脚下)수행을 하듯 걷자니 눈에 보이지 않는 저승사자가 내 팔짱을 끼고 있는 것 같은 기분이 들었다. 한 발만 헛디뎌도 천 길 낭떠러지로 떨어질 거란 생각이 드니 등골이 오싹했다.

'조금만 더 가면 눈 덮인 미인봉우리가 보인다고 했던가' 하며 고개를 들었는데, 눈앞에 웬 움직이는 점들이 보였다. 눈을 닦고 다시 확인해보니 깎아지른 듯한 산비탈허리에 작은 점들이 송사리 떼처럼 몰려다니고 있었다. 해발 사 육천 미터 고산지대에만 야생한다는 산양(blue sheep)이란다. 산양은 이곳 사람들도 보기 어려워 행운의 징조로 여겨

진다고 했다. 네팔인 친구는 흥분하며 "멀리서 온 한국 친구를 위해서 히말라야 여신이 축복을 안긴 것."이라며 너스레를 떨었다. 곧이어 그는 건너편 산을 향해 두 손을 공손히 모으고 "던에바드. 나마스테(Thank you. I bow to you)."라고 외쳤다.

그리고는 네팔에서 히말라야 산양을 거래하는 풍습에 관해 들려주었다. "히말라야 산양을 거래할 때는 일반 가축을 거래하는 것과는 차원이 다르다네. 등치가 큰놈이나 품종이 좋은 놈이 비싼 게 아니라 버르장머리를 보고 가격을 평가한다네."

이번에는 내가 친구한테 "버르장머리라니?" 라고 되물었다. "이곳 히말라야는 해발 4,000미터 이상의 높은 산들로 이루어졌어. 당연히 산악절벽이 많아서 산양에게도 위험하기는 마찬가지라네. 풀을 뜯어먹고 사는 산양의 특성상 위에서 아래로 내려가면서 뜯어먹는 놈들은 헛발을 디뎌 떨어져 죽기 십상이지. 그래서 생존확률이 3분 1에도 못 미치기 때문에 싼값에 팔린다네."라고 추가설명을 해주었다.

공직사회든 직장이든 일터에서는 수많은 평가를 하지만 용어는 달라도 결국은 버르장머리 평가다. 역량, 능력, 성과, 창의력 등 다양한 말로 포장을 하지만 평가내용물은 그 사람의 버르장머리에 관한 것이다. 버르장머리를 다른 말로는 태도, 마음가짐, 행동거지, 인사성, 인간됨됨이라고 말할 수 있다. 동서고금을 막론하고 버르장머리 즉, 매너는 모든 평가의 잣대가 된다.

100점짜리 인생은?

2005년 대한상공회의소 조찬모임에 참석했을 당시 진대제 정보통신부장관이 유머를 하나 던졌다. "인생을 100점짜리로 살자면 무엇이 필요할까요?" 아무도 선뜻 대답을 하지 못하자 그는 기다렸다는 듯 파워포인트 화면을 열었다. 화면에는 미국인 친구에게 들었다는 '인생을 100점짜리로 만들기 위한 조건'이 소개되었다. 방법은 유치찬란했다. 일단 알파벳 순서대로 숫자를 붙여, A에 1을, B에 2를, C에 3을, D에 4를……. 이런 식으로 Z(26)까지 가정치를 부여한다. 그런 다음 알파벳 단어에 부여된 숫자를 모두 더해 100이 되는 단어를 찾는 것이다. 이어서 그는 "열심히 일하면 될까요? hard work, 98점입니다. 일만 열심히 한다고 100점짜리 인생이 되는 건 아닙니다. "그렇다면 지식이 많으면? knowledge는 96점입니다. 사랑을 한다면? love, 54점입니다. 운으로 될까요? luck, 47점입니다. 돈이 많으면? money는 72점입니다. 리더십은요? leadership, 89점입니다. 그럼 뭘까요?" 잠시 뜸을 들인 그는 정답을 말했다. "약 100만 개의 영어단어 가운데 우리에게 주는 답은 attitude(태도)입니다. 인생은 마음먹기에 따라 100점짜리가 될 수 있습니다.

이 이야기를 네팔 친구에게 했다면 그는 골치 아프게 숫자를 더할 것 없이 석가모니가 설파했던 "세상 모든 것이 마음먹기에 달렸다."라는 말을 상기해보라고 덧붙였을 것이다. 돌아가신 할아버지께서 엿들었다면 "이놈아, 내가 그렇게 읽고 행하라고 했던 대학연의(大學衍義)의 대인접물(待人接物)을 경솔히 했구나."라고 불호령을 하실 지도 모른다. 표현만 다를 뿐 매한가지로 버르장머리가 중요하다는 뜻이다. 나폴레옹 힐(Napoleon Hill)은 '적극적인 사고방식(Positive Mental Attitudes)'이란 표현으로 "진심으로 사람을 섬기고 물건 하나까지 신중히 다루어라."라고 태도의 중요성을 강조했다.

대답만 빨리해도 최고 점수

직장에서 버르장머리 있게 행동하는 것은 그리 어렵지 않다. 대답만 빨리해도 만점이다. 직장상사들을 대상으로 부하직원의 이미지에 관한 설문조사를 한 결과가 있다. 결론은 단순했다. 상사가 부를 때에 "예" 하고 즉각 대답만 해도 높은 평가를 받았다. 심지어 대답만 빨리하고 자기 볼일 다 본 뒤에 상사가 시킨 일을 해도 최고 점수를 받았다. 대답은 조금 느려도 신속하게 상사가 시킨 일을 처리한 직원은 오히려 낮은 점수를 받았다. 대답이 느리면 제아무리 행동이 빨라도 도루묵이다. 대답이 느리면 느려터진 이미지로 상사의 머릿속에 각인되기 때문이다. 요구사항을 즉각 제공하는 것보다 재깍재깍 대답하는 버르장머리가 필요하다.

버르장머리를 중시 여기는 문화는 비단 우리나라 이야기만이 아니다. 합리적이라는 미국사회에서도 버르장머리가 중시되고 있다. 2008년, 미국에 모기지론 위기가 금융공황을 몰고 왔다. 국민들이 낸 세금으로 조성한 250억 달러의 공적지원 자금을 받기 위해 미국경제계에서 빅3라고 자타가 공인하던 포드, 제너럴모터스, 크라이슬러의 회장이 전용기를 타고 워싱턴 DC를 찾았다. 빅3의 회장들은 하원의회 의원들에게 자기네 회사의 어려운 처지에 대해 설명하며 공적지원금 지원을 간곡히 요청했다. 그러나 그들의 꿈은 어느 입바른 하원의원의 한마디에 물거품처럼 사라졌다. "워싱턴 DC로 날아온 호화로운 자가용 비행기에서 구설빵농을 는 사람들이 내리는 꼴을 보세요. 잠 아이러니하지요."

당시 빅3에 근무하던 수백만 명 직원들의 생계는 시한폭탄 도화선에 불이 타 들어가는 상황이었다. 그럼에도 그들 회사의 사장들은 워싱턴 DC까지 위풍당당하게 고급자가용 비행기를 타고 갔던 것이다. 그 결과, 빅 3회사는 단박에 쭈그렁밤송이처럼 되었다.

비우고 내려놓아야 가득 찬다

골안개가 산허리를 감싸 돌다가도 산머리 꼭대기에도 올라갈 수 있는 것은 무거운 걸 내려놓기 때문이다. 구름이 자유롭게 하늘에 떠돌아다니는 건 아낌없이 내려주기 때문이다. 여름철엔 약간 무겁고 아깝다는 생각이 들 땐 보슬비로, 미녀가 하늘거리며 눈꼴사납게 갈 때는 어김없이 소낙비를 쏟아 부어 옷과 살을 분간도 못하게 한다. 겨울철엔 계절감각을 살려 첫사랑 연인이 생각나도록 첫눈으로, 딸네 집에 가는 할머니를 종종걸음 치게 할 때는 싸락눈으로, 가지 말라고 애원해도 떠나는 임을 말릴 땐 진눈깨비를 바가지로 퍼다 붓는다.

이곳 네팔에서 산을 오르기는 짐을 지지 않아도 쉽지 않다. 천근만근 되는 발걸음을 내딛어야 한다. 허파가 목구멍에까지 나와서 헉헉거리고 있을 때 즈음, 풍광이 좋은 언덕 위나 동네로 들어서는 입구에서 초우타라(chautara) 라고 하는 쉼터를 만날 수 있다. 초우타라는 짐꾼들이 짐을 내려놓았다가 다시 지고 가기 좋게 높이를 맞춰서 돌로 만든 짐 내려놓은 곳이다. 길손들이 피곤한 몸과 마음을 쉴 수 있게 나무그

늘 혹은 정자까지 마련되어 있다. 또한 주변의 풍광을 감상하면서 평화와 안식을 얻어가게 한다.

이곳에 사는 사람들은 기원전 700년경부터 조상의 기일이나 집안에 경사가 있으면 길손을 위하여 큰돈을 들여 초우타라를 만든다. "로뎀나무 아래 누워 자더니 천사가 어루만지며 이르되 일어나서 먹어라. 본즉 머리맡에 숯불에 구운 떡과 한 병의 물이 있더라. 이에 먹고 마시고 힘을 내어 다시 일어났다."라는 성경구절이 떠올랐다. 초우타라는 내려놓음 즉, 휴식을 통해 에너지를 재충전할 수 있도록 도와주는 역할을 한다.

'내려놓아라.'라는 표현은 한자로는 '방하착(放下着)'이라고 한다. 즉 내려놓고 그것에 대해서는 어떤 미련도 두지 말고 그대로 두라는 의미다. 만약 그 대상이 그릇이라면 속에 든 것은 몽땅 쏟아버리고 그 이후의 일은 생각하지 말고 단지 빈 그릇 그 상태로 두라는 것이다.

방화착의 화두로 유명한 일화가 있다. 옛날 중국에 엄양존자라는 스님이 살았다. 하루는 그가 조주스님에게 물었다. "방화착에 도착했는데 내려놓을 물건이 없을 때는 어찌해야 합니까?" 그러자 조주스님은 "내려놓아라(放下着)."라고 한마디만 했다. 엄양존자는 도대체 무엇을 내려놓아야 하는 것인지 이해할 수가 없었다. 그래서 다시 물었다. "가지고 온 게 아무것도 없는데 무엇을 내려놓으라는 말씀입니까?" 이 말에 조주스님은 "그렇다면 도로 짊어지고 가게."라고 버럭 고함을 질렀다.

'비운다는 것'은 모든 종교의 궁극적 과제이기도 하다. 자신을 비운다는 건 이기심도, 교만함도 욕망까지도 내려놓고 그 빈자리를 채우지 않고 그대로 비워두는 것이다. 혹은 비운 그 자리를 "당신(신의 존재)

으로 채워지게 나를 비워주세요(Empty myself to fill with You)."라는 간절한 바람이다. 크리스 슬라이(Chris Sligh)의 노래가사처럼 말이다. "전 제가 어쩌면 옆길로 셀 수도 있다는 걸 알아요. 얼마나 빠르게 제가 변심할 수 있을지도 알아요. 제 마음속의 이기심을 비워주세요. 모든 헛된 야망과 독소와 같은 저의 교만도 비워주세요. 그리고 어떤 바보 같은 것들을 제 마음이 움켜지고 있다면. 제발 이것으로부터 저를 비워주세요. 그래서 전 당신으로 채워질 수 있겠죠."

일상에서 내려놓고 비우기

시골 초등학교 여자동기생의 이야기다. 알뜰히 모은 돈을 시아버지가 빌려달라고 해서 빌려드렸는데 줄 때가 되었는데도 주시지 않더라는 것이다. 이상하게도 그때부터 시아버지가 미워지게 되고 매사가 뒤틀려 보여 결국 시아버지와의 관계가 악화일로에 들어설 위기에 처했다. 그는 이렇게 가다간 자신의 성질머리까지 해칠 것 같아서 다 내려놓자고 몇 번이고 다짐을 했단다. 그리고 잊었다. 그런데 신기한 일이 생겼다. 다 잊고 난 뒤 3일 지나자, "얘야, 미안하다. 이건 원금이고, 이건 이자다. 그리고 이건 네가 고생한 것에 대한 사례다."라고 한꺼번에 원리금상환에다가 사례금까지 들어오더란다.

마음을 비우고자 하는 행동(의식)은 크게 3가지로 분류해볼 수 있다. 첫째, 육체에 고통을 가하여 정신(영혼)을 정화하는 방법, 둘째, 채우고 싶은 대상을 아예 주변에서 격리하는 방법, 셋째, 의식적으로 통제하거나 종교에 귀의하는 방법이다.

첫 번째, 육체적 고통으로 정신을 정화는 방법으로는 성지순례, 요가수련, 동안거(하안거)와 같은 수련회, 동굴 참선, 성경필사 혹은 불경 사경, 100일 기도, 3,000배 경배 등이 여기에 속한다. 두 번째, 채우고 싶은 대상을 주변에서 격리하는 것은 대상물을 제거하는 방법과 제거할 수 없으면 '무거운 절이 떠나기보다 가벼운 중이 떠난다.'라는 방안이다. 구체적으로는 해외여행, 출가, 결혼, 취업, 취학 및 피정(소풍) 등을 들 수 있다. 마지막으로 가장 손쉽게 할 수 있는 방법은 의식적 통제와 종교적 귀의다. 마인드 컨트롤, 마음 비우기 모임 혹은 기도회 등에서 동병상련의 인지상정을 나누는 것이다.

삶이 나를 속일지라도 슬퍼하거나 노여워할 필요가 없다. 슬픔과 노여움이 되려 당신 자신을 공격하게 만들어서는 안 된다. 부정적인 생각을 비우고 내려놓아라. 옛말에 부지런한 물레방아는 얼 새도 없다고 했다. 물레방아처럼 비우고 내려놓는 습관을 들이면 삶이 훨씬 가벼워진다.

속도보다 중요한 것은 방향이다

"병이 없는 것보다 좋은 게 없고, 욕심을 줄이면 누구보다 부유해진다."라는 말이 있다. 같은 처지라도 욕심만 조금 줄이면 더 행복하다고 느껴진다. 어릴 적에는 "위만 쳐다보지 말고 아래도 내려다보며 살아라."라는 부모님 말씀이 고리타분하게 느껴졌는데 세상살이를 하다 보니 지당하신 말씀이다.

얼핏 보기에 네팔은 과거 60~70년대 우리나라의 풍경과 닮아 있다.

그러나 마음의 여유, 외국인에게 베푸는 말씨와 마음씨만큼은 우리보다 몇 수 위인 듯하다.

네팔 시골로 가는 열차엔 정시도 정원도 없다. 승객이 다 타야 출발한다. 갈 사람은 복도에 서서도 가고 승객이 오르내리는 문에도 매달려 간다. 어느 날 네팔에서 시골 마을로 가는 완행열차를 탔는데 다행히 좌석을 잡을 수 있었다. 2시간을 타고나니 답답하기도 하고 차창경관도 감상하고 싶어졌다. 때마침 전 역에서 탄 7살 정도 사내아이와 40대 가량 엄마가 보여 자리를 양보를 했다. 고맙다는 인사를 시작으로 대화의 물꼬가 텄다.

"이 아이는 올해 7살인데. 소아마비를 앓아서 늘 놀림을 받았습니다. 때로는 남들처럼 살 수 없다는 것에 몹시 속상해했지요. 그래서 이 아이가 평생 동안 살아가는 데 도움이 될 것이 없나 늘 찾고 있어요." 라며 아이의 어머니가 말을 꺼냈다. 그리고 아이의 얼굴을 보고 쓰다듬었다. "사람 사는 것이 열차와 같아요. 서둘러 가든 천천히 가든 언젠가는 꼭 목적지에 도착하는 법이지요. 이걸 체득시켜주고자 아이를 데리고 열차를 탔어요. 이 완행열차도 언젠가는 반드시 목적지에 도착한다는 것을, 그리고 힘들어도 쉬지 않고 가야 한다는 것을 가르쳐 주고 싶었어요." 아이의 어머니는 아이를 보고 눈물을 글썽거렸다. 그러더니 다시 말을 이어 "이 아이는 아마도 평생 남들 같은 인생을 살 수는 없을 겁니다. 소아마비가 늘 걸림돌이 되겠지요. 하지만 이것만은 꼭 알려주고 싶었어요. 급행열차에 추월당한다 해도, 느리게 간다고 해도, 결국은 같은 목적지에 도착한다는 걸요……."

아이의 어머니는 설움에 고개를 들지 못했다. 얼마 뒤 나는 목적지에 도착해 열차에서 내렸다. 길을 걷고 있으니 방금 전 만났던 아이의 어머니가 했던 말이 계속 귓가를 맴돌았다. 얼마나 한 서린 삶이랴. 그러나 그 또한 나름의 의미가 있는 삶일 것이다.

한편으로 공직사회도 마찬가지란 생각이 들었다. 고시, 낙하산, 인척 등으로 고속 승진하는 사람들은 급행열차로, 7급 공채 출신은 새마을호열차로, 9급 공채 출신은 완행열차로 비유해 볼 수 있을 것이다. 같은 직장에서, 같은 근무시간 동안, 같은 강도의 업무 처리를 하고 있다고 해도 승진이나 영전의 기회에서는 차별이 극심하다.

완행열차는 출발하기도 전인데 급행열차는 쌩쌩 먼지를 날리면서 저 멀리 달려간다. 출발선이 다르니 같은 속도로 갈 수 없는 게 당연한 노릇이지만 추월당할 때는 나 자신이 미워지기까지 했다. 열차에서 만난 네팔인 어머니의 이야기는 그렇게 조급하게 살아왔던 내 자신을 돌아보게 했다. 늦어도 결국은 다 같은 목적지에 도착하게 되어있다는 사실을 깨달으면 조금은 여유로워질 수 있지 않을까.

인생열차의 가속도

내가 어릴 적 어머니는 "식량이 떨어질 때 밥맛이 더 난다."고 하셨다. 나 역시 30대 신접살림을 막 시작할 무렵에는 돈이 궁해 화장실 휴지마저 금세 떨어지는 것처럼 보였다. 새 화장지는 한두 번 손에 감아도 뒤처리가 가능한데 다 떨어져 갈 때는 감을 것도 없으면서 팽하는 소리를 내면서 너무도 빨리 돌아가는 게 아닌가. 이런 이야기를 경로당 할아버지들께 말씀드렸더니 "된장도 다 떨어져지면 더 맛나고, 인생도 다 살아가면 세월의 가속도가 더 붙는 법이지."라고 하신다. 건너편 할

아버지는 "그게 바로 인생열차의 속도라네. 10대 때는 시속 10km로, 20대 때는 시속 20km로, 그러니 벌써 여든이 넘은 우리는 시속 80km로 달리는 것이라네. 그러니 감히 누가 제동을 걸겠는가?"라고 너털웃음을 짓는다. 나이가 들면 하루는 지겹게 가지 않는 것 같은데 일 년은 언제 갔는지 모르게 빨리 지나간다고들 한다.

1970년대 시골에서 서울에 올라갈 일이 생겨 중앙선 풍기역에서 야간완행열차를 탔다. 가는 도중 죽령 똬리굴(루프터널)을 지나 제천쯤 가는데 옆자리에 70대 할아버지와 10대 손자가 오순도순 이야기를 하고 있는 게 보였다. "할아버지, 서울 가려면 아직 멀었어요?"라고 손자가 묻자 할아버지는 "이제 겨우 시작인데 멀었지."라고 답했다. 원주쯤 지나는데 다시 손자가 "할아버지, 아직도 멀었어요? 시간이 왜 이렇게도 안 가지요?"라고 물었다. 그러자 할아버지는 "거의 다 왔단다. 참 빨리 왔지? 쏜살같구나."라고 대답했다. 같은 시간을 보는 데도 나이에 따라 상대적인 시간의 가속도가 붙나 보다.

시간의 가속도는 자연환경에 따라서도 차이가 난다. 해안보다는 평야가, 평야보다 산간지역에서 하루가 더 빨리 간다. 일조시간이 짧아서 해가 더 빨리 지기 때문이다. 그러나 시간의 가속도는 물리적이기 보다 심리적인 데 더 많은 영향을 받는다. 대도시에서 생활하다가 산간벽지로 휴가를 가면 일조시간은 짧으나 마음의 여유는 더 생겨 하루가 더 천천히 가는 것처럼 느껴진다. 이에 반해 싱가포르 및 태국 등 적도인접국가로 해외여행을 가면 일조시간이 2시간가량 더 길어져서 물리적으로는 시간이 늘어나지만 관광하는 재미에 하루가 후딱 지나가버린다.

스웨덴, 노르웨이, 알래스카 등 북극지방에서는 일조시간이 짧아서 오전 10시경에 일출해서 오후 5시경에는 해가 진다. 때문에 귀가 시간도 빨라서 가족이 모두 모여 3시간 이상 저녁 식사시간을 보낸다.

또한 사회적인 환경에 따라서도 시간의 가속도가 달라진다. 문명발달의 차이, 종교적 의식, 직장의 근무조건, 직업적 환경에 따라 시간이 다르게 간다. 공직사회에서는 직급과 보직에 따라 같은 시간이라도 그 가속도가 각기 다르게 느껴진다.

삶은 속도가 아닌 방향이다

기원전 300년경 맹자는 전국시대 열국제후들을 방문하여 자기의 사상을 갈파하였다. 불원천리 20여 년 만에 빈손으로 고향에 돌아왔다. 이를 두고 순자는 "갈림길이 많아서 양을 잃었다."라고 맹자를 평가했다. 인생의 방향을 잡지 못하고 허송세월을 보냈다는 것이다. 루이스 캐럴(Lewis Carrol)의 소설 『이상한 나라의 엘리스』에서 엘리스는 갈림길에 서서 고양이 체셔에게 묻는다. "어디로 가야 하지?" 그러자 체셔는 "네가 어디로 가든지 너를 데려다 줄 거야. 하지만 어느 길을 선택하던 한 길밖에 선택할 수 없으니 신중히 골라봐."라고 말한다. 인생도 마찬가지다. 어느 길로 가던지 한쪽 길을 선택했다면 다른 쪽 길은 포기해야 한다. 모두 다 가보고 결정할 수 없으니 속도보다 방향이 더 중요하다. 인생사를 깊이 있게 파헤쳤던 독일의 대문호 괴테도 "인생은 속도가 아니라 방향이다."라고 말했다.

남들보다 늦게 대학에 진학했고 직장생활도 그만큼 늦었던 한비야는 남들보다 항상 몇 발자국 늦었지만 결국은 자신이 원하는 올바른 삶의 방향으로 제대로 나아간 인물이다. 그는 서른이 훨씬 넘어 오지여행

가로 인생의 길을 택해 난민구호에 힘쓰는 가치 있는 삶을 살아가고 있다. 한편 천재 소년으로 주목받았던 김응용은 51세가 되어서야 비로소 모 대학교의 부교수로 자리 잡을 수 있었다. 겨우 4살의 나이에 8시간이 걸리는 지능검사로 아이큐 210을 받아 기네스북에 등재되는가 하면, 1967년 11월 2일, 일본의 후지 텔레비전에서 5살 꼬마의 나이로 미적분을 풀어내 세상을 경악시키기도 했던 그였다. 이렇게 천재적인 두뇌의 소유자였던 그는 인생의 방향을 확고히 하지 못해 먼 길을 돌아갔다. 한때 빠르게 달리고 있다고 해서 자만할 일이 아니다. 긴 인생을 놓고 보면 속도는 그리 중요하지 않다.

특히 공무원사회는 속도 즉, 승진 경쟁이 치열한 곳이다. 동료직원간의 경쟁은 물론이고 상하간의 경쟁도 심각하다. 상사와 같은 넥타이를 맨다는 것은 엄두도 못 낼 일이다. 심지어 상사의 부인과 같은 핸드백을 갖는 것도 시건방진 일로 낙인찍힌다. 한번 찍히면 상사의 눈에 가시 같은 존재가 된다. 이렇게 치열하다 보니 승진시즌이 다가오면 고과평가(근무평정)를 하는데 있어 서열에 앞서고자 보이지 않는 손들이 분주해진다. 고과평정 시기가 되면 평소에 반말을 하던 사람도 갑자기 공손해진다. 동원할 수 있는 인적 네트워크를 풀가동하고 관혼상제에 깍듯해진다. 이 정도는 약과다. 각종 비리도 난무한다. 하위공무원의 경우는 조직내부에 한정되어 지역사회와 국가를 혼탁시킬 정도는 아니다. 그러나 국가 고위공직자의 경우는 다르다. 이들의 청문회를 보면 심각한 수준이다. 위장전입, 탈세, 논문표절, 자식의 병역문제, 부하여직원 성희롱 등 각종 비리를 액세서리처럼 주렁주렁 달고 다닌다. 결국 승진으로 앞서가더니 퇴임이 임박하자 각종 암과 심혈관 질환 등으로 병석에 눕게 된다. 남을 깔아뭉개고 고속 승진하더니 결국 몇 달치 급여도 못 타 보고 세상을 떠나는 이들도 수두룩하다. 눈에 불을 켜고 부를 긁어모으고, 자식 취업에 욕심을 부리다가 비리공무원으로 오명을 뒤집어쓰고 도중하차하는 사람들도 많다. 부하여직원에게 언행을 조심하지 않다가 성폭행 등으로 언론에 대서특필되더니 고개 숙이고 제 발로 기어 나가는 경우도 있다.

모두 인생 속도에만 신경을 쓰고 방향감각을 상실한 결과다. 급할수록 돌아서 가라는 만고불변의 지혜를 가슴에 깊이 새겨야 한다.

나만의 걱정나무를 만들어라

네팔은 다양한 민족과 언어, 종교와 문화가 소용돌이치는 곳이다. 하늘로 우뚝 솟은 산과 끝없이 펼쳐진 평원, 셀 수 없이 많은 언덕이 모여 다채로운 삶의 터전을 완성하고 있다. 이곳 네팔 사람들이 늘 입에 달고 사는 속담이 있다. '험준한 산 너머 광활한 평원이 펼쳐진다.', '내일이 먼저 올지, 내세가 먼저 올지 아무도 모른다.'

우리사회도 불과 수십 년 전에는 의료기술이 발달하지 않아 별것 아닌 병으로도 죽어나가는 사람이 많았다. 그래서 옛날 시골에서는 정월 대보름날 마을의 안녕을 기원하는 동제를 지냈다. 동네사람들은 당상나무 혹은 성황당에 모여 낮에는 윷놀이로 화합을 다지고 밤에는 지극정성으로 동제를 지냈다. 한해 액을 막아주고 행운을 달라고 빌었다. 6.25동란 전후 사람들은 전쟁보다 질병에 더 많이 죽어나갔다. '자식농사 반타작'이라고 할 만큼 홍역, 천연두, 소아마비 등 전염병이 기승을 부렸다. 그래서 시골사람들은 정갈한 나무나 바위에 어린자식의 무병장수를 기원했다. "우리 아들은 이제부터 당신의 자식이니 부디 이 아이를 맡아서 무병장수 하도록 잘 돌봐주세요."라고 자연에 귀의했다.

당시는 힘들고 억울하며 분통이 터지는 일도 많았다. 고아들에겐 부모 없어 당해야 하는 수모와 배고픔, 온갖 설움을 삭일 길이 없었다. 고아였던 한 친구는 스스로 꽃나무를 어머니 삼고, 바위를 아버지 삼아 하소연하곤 했다. 삶이 힘겨운 날에는 나무를 붙잡고 하소연을 하고 바위를 붙들고 목놓아 울었다. 고아가 아닌 다 큰 어른들도 힘들기는 매한가지였다. 아버지는 집에 들어오시기 전에 집 앞 살구나무 가지에 모자를 얹고 고개를 숙여 뭐라 말씀하시곤 했다. 나중에 알고 보니 그 나무가 아버지의 걱정나무였던 것이다.

나마스테의 뜻

고대인도어인 산스크리트어에 '나마스테(Namaste)'라는 인사말은 "당신에게 귀의합니다."는 뜻이다. 오늘날은 "감사합니다." 등 다양한 뜻으로 사용되고 있다. 인도, 태국, 캄보디아, 네팔, 부탄 등지에서 인사와 감사의 말로 사용된다. 귀의한다는 말은 귀착과 의존의 준말이다. 서로가 영향을 끼치며 동시에 의존하는 관계를 형성한다. 오늘날 용어로 바꾸어 말하면 관계형성 혹은 네트워킹(networking)이라고 할 수 있다.

자연 속에선 동물과 식물이 자연의 일부로 서로 귀의하며 살아가고 있다. 사람이 사람과 서로 귀의하고 있는 것은 두말할 것도 없다. 특히 조직사회는 좁고 복잡하며, 중첩되어 연계되었기에 고래힘줄과 같이 질긴 끈(귀의)으로 연결되어 있다. 때로는 생존경쟁을 하더라도 공생을 해야 하는 인연으로 맺어져 있다. 이왕 어울려 살 것, 때로는 서로의 아픈 마음에 귀 기울여 주고 때로는 어깨를 기댈 수 있는 안식처가 되어줌이 어떨까. 밤하늘을 비추는 별처럼 소곤소곤 위로하자. 서로에게 꽃나무 어머니, 바위 아버지처럼 귀의할 수 있는 안식처가 되어보자.

쥐 모녀가 단결하면 고양이 목에 방울도 달 수 있다

이솝우화 중에 '고양이 목에 방울 달기'란 우화가 있다. 네팔에는 '쥐 모녀가 단결하면 고양이목에 방울을 달 수 있다.'라는 유사한 속담이 있다. 네팔은 전통적으로 모계사회라 여성의 지략을 존중한다. 이 속담 또한 이런 배경에서 나왔다.

옛날에 엄마 쥐와 딸 쥐가 오순도순 살고 있었다. 두 모녀의 가장 큰 걱정거리는 아랫마을에 사는 사나운 고양이였다. 불안에 떨면서 이대로는 못살겠다고 생각한 두 모녀는 머리를 맞대고 해결책을 궁리했다. 방안을 생각해낸 모녀는 실행에 옮기기로 마음먹었다. 하루는 엄마 쥐가 예쁜 딸 쥐를 내세워 고양이에게 다가갔다. 먹잇감을 본 고양이는 입맛을 쩝쩝 다셨지만 쥐 모녀는 두려워하지도 않고 예의바르게 인사했다. 엄마 쥐는 고양이를 향해 말했다. "고양이님을 위해 고매하신 인격에 딱 어울리는 황금장신구를 하나 만들었습니다. 한번 패용해보시면 모두가 그 아름다움을 칭송할 것입니다." 그렇게 말하고는 딸 쥐는 고양이 무릎에 올려놓아 놀게 하고는 부리나케 집으로 달려가 방울을 가지고 돌아왔다. 엄마 쥐는 황금으로 번쩍이는 방울을 보여주고는 딸 쥐와 협력해서 고양이 목에 방울을 달았다. 그리고는 거울까지 보여주며 "세상에! 지엄하시고 인자하십니다."라며 오두방정을 떨었다. 몇 번이고 매무새를 고쳐주며 이것이 더 좋으냐, 저것이 더 좋으냐를 묻기까지 했다. 결국 고양이는 쥐들을 한꺼번에 몽땅 잡아먹으려던 속셈도 잊고 좋아서 피식 웃었다.

세상 모든 일은 처음에는 다 이렇다. 특히 직장생활이란 고양이 목에 방울 달기처럼 여간 만만하지가 않다. 한번은 제조업체에서 주야교대근무를 하던 지인이 공무원으로 전직을 한 적이 있다. 지인은 처음에 공무원이 되고나서는 이제껏 하던 육체노동을 하지 않아도 되니 몸이 편하겠구나 생각했다. 그런데 웬일인지 저녁에 귀가하면 너무 피곤해서 파김치가 되었다. 몸으로 하지 않는 일이라고 해서 가볍게 볼 수만은 없다. 입으로 하는 서비스라고 쉬운 일이 아니기 때문이다. 공문서에 적힌 글자 한자에도 신경을 써야 하고, 민원인의 문제는 물론 감정까지 헤아려 답변해야 하기 때문에 정신적 노동량이 만만치 않았다. 더군다나 처음 해보는 일이라 익숙하지 않아 금세 피곤해졌던 것이다.

직장생활을 한다는 것은 하루에도 몇 번씩 고양이 목에 방울을 달아야 한다는 것을 의미한다. 순서와 절차를 지키며 상대방의 감정까지 헤아려야 한다. 용어선택에도 신경을 써야 한다. 어지간히 익숙해지기 전까지는 매일 목숨을 건 전투를 해야 한다.

모르면 직접 물어봐라

조직생활을 하다보면 상사, 동료직원, 부하직원간에 불편한 관계에 처할 때가 많다. 상사에게 업무지시를 받았는데 뒤돌아서기도 전에 머릿속에 하얘지는 경우도 있다. 지시를 받았는데 잘 모르겠다면 그 자리에서 반드시 묻고 넘어가야 한다. 자신의 생각과 상사의 생각이 다르다면 '상사가 어떻게 생각하느냐'에만 중점을 두지 말고 겸손하되 확실히 내 생각을 짚고 넘어 가야 탈이 없다.

처리(보고)기한을 묻고, 기한이 길면 중간보고 시일도 물어야 한다. 지시를 다 듣고 난 후에는 내용 확인도 필수다. 괴팍한 성격의 상사를 뒀다면 더욱 요령이 필요하다.

유능한 부하직원은 상사의 명령만 일방적으로 듣는 게 아니라 끊임없이 질문하는 사람이다. 또한 자신의 기억력에만 의존하지 않고 메모는 필수로 생각한다. 받아쓰는 속도가 느리다면 요령껏 휴대폰, 녹음기 등 보조기기를 활용해야 한다. 그러나 때로는 상사의 요구사항을 정확히 간파했다하더라도 좀처럼 해결책을 찾을 수 없는 상황에 처하기도 한다. 이럴 땐 혼자 해결하려고 고군분투할 것이 아니라 상사에게 직접 조언을 구해야 한다.

나는 신규직원들이 혼자 해결하기 어려운 문제에 봉착해 조언을 구해오면 '공주 목에 달 목걸이 걸기'라는 동화를 들려주곤 한다.

옛날에 무남독녀 공주가 이름도 모르는 불치병을 걸려 죽게 되었다. 국왕은 무슨 일이 있어도 공주를 살려내야 한다는 생각뿐이었다. 그래서 공주에게 꼭 이루고 싶은 소원이 무엇이냐고 물었다. 공주는 "달을 따 목걸이를 해 걸고 정원을 산책하면 병이 나을 것 같다."라고 대답했다. 이 말을 들은 국왕은 "당장 달을 따 목걸이로 만들어 오너라."라고 명했다. 나라에서 내노라 하는 똑똑한 신하들이 국왕의 명령에 매달려 열심히 일했지만 아무 결과도 없이 아까운 세월만 허비했다. 아무 진척도 없는 사이 국왕의 속은 새까맣게 타들어갔다. 그때 국왕 옆에 있던 어릿광대 하나가 나섰다.

"국왕 폐하, 제가 해결하겠습니다. 제게 맡겨 주십시오."라고 청했다. 밑져야 본전이라는 마음에 국왕은 어릿광대에게 전권을 줬다. 어릿광대는 곧바로 공주를 찾아가 물었다. "공주님, 하늘에 달이 무엇으로 만들어졌을까요? 그리고 얼마나 클까요?" 공주는 화를 내며 대답했다. "어릿광대야, 넌 나를 바보로 아니? 달이 밤에도 빛나는 것을 보면 황금으로 만들어졌을 테고, 내 엄지손톱으로도 가려지는 것을 보니. 엄지손톱만하지 않느냐."

공주의 대답을 들은 어릿광대는 그날 밤, 공주의 엄지손톱 만하게 황금으로 둥근 달 모양의 목걸이를 제작하였다. 그리고 그것을 공주의 목에 걸자 꾀병같이 병이 나았다.

공주가 병상에서 일어났지만 국왕의 고민은 날로 더해갔다. 보름달을 따서 목걸이를 만들었는데 그믐달이 지고 다시 보름달이 떠오르면 목걸이가 가짜라는 사실이 들통날 것이기 때문이었다. 국왕은 이번에 공주의 병이 더 악화되면 회복은 고사하고 죽는 건 아닐까 전전긍긍했다. 어릿광대는 다시 공주를 찾아갔다. "공주님을 위해 달을 따서 목걸이를 만들어 드렸는데 한 달이 지나 새로운 보름달이 떠오른 것은 왜인지 아십니까?" 그러자 공주가 말했다. "어릿광대야 넌 나를 바보로 알고 있구나. 헌 이가 빠지면 새 이가 나오는 것을 모를 줄 아느냐?" 공주는 병에서 완전히 회복했고, 국왕은 공주를 살린 어릿광대를 위해 성대한 축하잔치를 베풀었다.

잔칫날 국왕은 어릿광대에게 물었다. "이 난제를 해결한 비결이 무엇이었느냐?" 그러자 어릿광대가 씩 웃으며 답했다. "국왕폐하! 저는 그저 모르는 것을 모른다고 말했을 뿐입니다. 모든 답은 공주님이 가지고 계셨습니다. 저는 그저 공주님께 묻고, 박살나기만을 거듭했을 뿐입니다." 어릿광대의 현명한 대답에 국왕도 공주도 한바탕 웃었다.

인고의 시간을 견뎌야 영광도 맛볼 수 있다

우리 속담에 '성공하려면 고향을 떠나라.' 라는 말이 있다. 네팔도 예외는 아니다. 크게 보아 불교의 발상지인 네팔에서는 국민들 대다수가 불교가 아닌 힌두교를 믿는다. 기독교의 발상지인 이스라엘에서도 이슬람교가 대종을 이루고 있다. '동네 점쟁이 용한 줄 모른다.' 는 옛 어른들 말처럼 너무 가깝고 잘 알아 오히려 신비감이 떨어지는 경우가 많다. 아내와 남편도 늘 함께하기에 서로의 소중함을 모르는 것처럼 말이다.

그래서 그런지 이곳 네팔에서는 대도시를 조금만 벗어나도 불교사찰은 눈 씻고 찾아보기가 어려울 지경이다. 하루는 시골 마을을 다니다 뜻하지 않게 사찰을 발견했다. 아니 사찰이라기보다는 기도처에 가까운 작은 터였다. 신기하게 생각되어 길을 멈추고 들러보니 팔십이 가까운 할머니 한 분이 서 계셨다. 노승은 이곳은 자신이 보살피는 작은 암자라며 여기 있는 것 하나하나가 다 자신의 손길을 거치지 않은 것이 없다고 자랑하셨다. 그 말을 듣고 다시 보니 비탈길에 박아놓은 나무 말뚝도, 나무계단도 순박하고 투박했다. 법당에는 나무부처가 하나 놓여 있었는데 나무의 결을 따라 깎고 색을 입힌 모습이 투박하지만 정감 있어 보였다. 할머니 노승은 그 부처상을 가리키며 자신의 평생걸작이라며 재미있는 이야기를 들어보지 않겠냐고 했다. 심심하던 차에 잘됐다 싶어 좋다고 하자 냉큼 이야기를 풀어냈다.

"저기 보이는 나무부처와 나무계단은 같은 나무그루로 만든 것이라오. 처음에는 나무계단이 나무부처를 부처님 모시듯 잘 모셨지. 그런데 어느 날부터가 둘이 싸우지 않겠나? 하루는 나무계단이 나무부처에게 '나와 같은 나무에서 나왔는데 넌 무슨 팔자가 그리 좋아 부처가 되었냐'라며 불평을 늘어놓더라고. '누군 짓밟히고 침 벼락을 맞으면서 손님을 모셔놓는데, 너는 절도 받고 돈도 받으면서 존경까지 받다니 불공평해도 너무하다'라며 몇 해 동안 알력이 계속되었다네."

여기까지 이야기를 하고 노승이 잠시 숨을 고르는 사이 뒷이야기가 궁금해져서 "그래서 어떻게 되었나요?"라고 재촉하자 노승은 빙긋 웃으며 말을 이었다.

"어느 날인가는 나무부처와 나무계단이 만나서 야단법석을 떨었지. 결론은 나무계단이 찍소리도 못하게 되었다네. 나무계단의 불만을 다 듣고 난 나무부처가 이렇게 말했거든 '나무계단아, 네 이야기 백번 맞다. 현상만 보면 딱 맞은 말이다. 그러나 너는 나무계단이 되는데 단 두 번 톱으로 잘리는 고통만 당했지. 나는 톱으로 밑둥치가 잘리고, 도끼로 몸뚱이가 쪼개진 데다 천 번도 더 넘게 칼을 맞아 살과 뼈가 깎였

단다. 이게 다가 아니란다. 인두로 지져지고, 온몸에 흙칠을 당하는 등 말로 다 못할 고통을 겪었단다.' 나무부처 얘기를 들은 나무계단은 그날 이후로 아주 잠잠해졌다오." 이야기를 듣고 보니 나무계단도 나무부처도 이전과는 달리 보였다.

근속년수보다 중요한 것

네팔에서 산행을 가다가 길섶에서 어른 키만한 미륵석불을 본 적이 있다. 네팔 암자에서 저승길을 닦는다면서 들려준 나무부처와 나무계단의 이야기가 불현듯 되살아났다. 결과만 보고 과정을 무시하면 불평불만만 생긴다. 남들로부터 존경받고 싶다면 그 전에 인고의 시간을 견뎌내야 한다. 과정 없이 결과만 얻으려 하거나 실력은 없이 자존심만 내세우면 얻는 것은 병든 마음뿐이다. 재료가 같더라도 공주의 목에 둘러지는 고급 목도리와 대궐문 앞 도어매트는 만들어지는 과정에서 겪는 고통과 인고의 시간이 다르다.

그런데 우리는 이러한 과정상에 뒤따르는 고통과 인고의 시간을 무시하고 결과만 보고 비교할 때가 많다. 특히 조직사회에서는 근속년수만 따지며 승진여부에 불만을 갖는 직원들이 많다. 하지만 같은 근무지라도 업무의 성격이나 난이도, 상황에 따라 차이가 날 수밖에 없다. 직장생활을 하다보면 죽고 싶도록 자존심이 상하고, 얼음처럼 차가운 수모를 당하고, 도어네일(doornail)처럼 얻어터지기도 한다. 그러나 그런 시간을 모두 인고해야 비로소 자신만의 노하우가 생기고 직장 내에 내 자리를 탄탄하게 굳히기 마련이다.

산행에서 내려오는 동안 곰곰이 생각해 보았다. 사람도 득도해서 부처되기가 하늘의 별따기인데 하물며 미륵석불은 그저 돌이었는데 어떻게 부처가 되었을까? 아마도 인간이 갖기 어려운 4가지 신성한 품성 덕이 아니었을까 싶다.

첫째, 석불은 입은 닫고 귀는 열고 있다. 무슨 기도를 드리든 무슨 이야기를 하든 싫은 기색 하나 없다. 온화하게 미소를 띠고 듣기만 한다. 수많은 사람들이 제각각 고민을 털어놓으니 듣기만 해도 스트레스가 될 법한데 변함없이 미소 지으며 듣는다. 둘째, 돕지는 못할망정 방해는 절대 하지 않는다. 사실 대다수 사람들은 문제의 해결책을 바라고 이야기하기 보다는 그저 하소연할 곳을 찾아 이야기한다. 때문에 잘 들어만 줘도 스트레스 해소에 큰 도움이 된다. 긴 인생을 살아가는데 있어 '누군가 나서서 해결해준다.'는 건 오히려 나약한 인간을 양성하는 지름길일 것이다. 셋째, 스스로 찾게 한다. 세상에 비법이나 비밀통로는 없다. 있다고 해도 시시각각으로 변해 남이 좋다고 해 그대로 해봤자 그땐 통하지 않는 법이다. 스스로 찾아야 한다. 남이 알려주는 비법은 제아무리 백날 들어도 한계가 있다. 스스로 찾도록 묵묵히 지켜봐주는 것이 참다운 사랑이다. 마지막으로 누구에게나 평등하다. 석불은 사람들이 타인을 대할 때 편견이 담긴 시선으로 바라보는 것과 달리 언제, 어디, 누구라도 똑같이 편견 없이 대한다.

위에서 인정받고 아래에서 존경받는 상사가 되라

손 하나 까딱하지 않고 입으로만 이래라 저래라 하는 직장상사들이 태반이다. 부하직원이 바쁘든 한가하든 상관없이 쉴 새 없이 명령과 잔소리를 쏟아내기에 바쁘다. 누가 더 잔소리를 많이, 더 잘하느냐로 관리자의 역량을 가늠이라도 하듯 말이다. 이런 상사들은 문제의 본질을 파악하려는 노력보다는 말 그대로 트집 잡기에 더 목을 매는 것처럼 보인다. 문제의 해결을 위해서는 방향을 제대로 잡는 게 더 중요한데 보고서의 서식, 양식 등 사소한 것에 목숨을 건다.

이런 상사 아래 있으면 부하직원은 죽을 맛이다. 그래도 까라면 까야 하는 것이 직장 내 계급사회이니 어쩔 수 없이 참을 인자를 그리며 묵묵히 참는다. 그러다 시간이 흘러 자신이 그 위치에 올라가고 나면 아이러니하게도 그렇게 욕하던 상사를 쏙 빼닮게 된다. 엄한 시어머니 아래서 배운 며느리가 늙어서 자기 며느리를 똑같이 괴롭힌다고 미워하면서 자신도 모르는 사이에 똑 닮게 된다.

직장인을 똑똑함과 멍청함, 부지런함과 게으름의 잣대로 4가지 유형으로 나누면 다음과 같다.

1. 똑똑하고 부지런한 유형(똑부형)
2. 똑똑하고 게으른 유형(똑게형)
3. 멍청하고 부지런한 유형(멍부형)
4. 멍청하고 3게으른 유형(멍게형)

모든 유형마다 장단점이 다르다. 대부분의 CEO들은 똑부형의 중간 간부를 원한다. 그러나 야망이 크고 배신당하는 것을 두려워하는 경우는 똑부형보다는 충성심만으로도 밥 먹고 살 것 같은 멍부형을 원한다. 상사를 모시는 부하직원의 입장에서는 멍게형을 가장 선호한다. 그 다음으로 똑게형을 선호한다. 최악의 상사 유형은 멍부형이다. 대책도 없이 설쳐서 일만 키우기 때문이다.

의외로 똑똑하고 부지런한 상사는 부하직원들로부터 자기 생각만큼 유능하다는 평가를 받지 못한다. 상사와 부하직원이 같은 공적을 놓고 경쟁하는 경우도 있다. 경쟁하는 분위기에선 서로의 약점을 악용하기도 한다. 구조조정 등의 극한상황에는 동료직원뿐만 아니라 상하 간에도 정글의 법칙이 적용되기 때문에 적만 만들게 되기도 한다.

위에서 인정받고 아래에서 존경받는 상사가 되고 싶다면 석불 같은 상사가 되어야 한다. 첫째, 부하직원이 잘못했더라도 호되게 질책만 하기보다는 무엇이 어떻게 문제인지를 귀담아 듣고 함께 해결하려는 제스처를 취해야 한다. 둘째, 보고서 글자체가 뭔지 글자 크기가 어떤지 같은 세부사항까지 일일이 지시하려하지 말고 믿고 맡기면서 스스로 해결하도록 지켜봐줘야 한다. 부하직원이 문제점을 들고 문의해오면 세세하게 이래라 저래라 지시하기보다는 "난 이런 경우 이렇게 했다." 정도로 큰 틀만 잡아주고 격려해라.

배움을 멈추는 순간 성장도 멈춘다

유태인은 평생 동안 배움의 중요성을 강조하며 실천하는 민족으로 널리 알려져 있다. 우리나라 또한 유태인 못지 않은 교육열을 자랑한다. 우리나라는 기원전부터 "배움이 곧 삶이다(學生)."라는 평생교육을 강조해 왔다. 심지어 죽은 사람의 영전, 관의 천판, 분묘지석과 묘비 등에 '학생(學生)'이라는 글을 썼다. 죽으면서 산사람에게 남기는 형식이다. 일상생활에서 "배워야 산다(學生)."라는 말을 입에 달고 살았다. 어떤 의미에서는 장례식은 평생학습의 마지막 책거리에 해당한다. 또한 옛날에는 양반이 아닌 평민들은 학교에 다니지 못했다. 기껏해야 동네에 있는 작은 서당(글방)에서 배우고 익혔다. 책 한 권을 처음부터 끝까지 외우면 책거리를 하며 스승님께 감사를 표했다. 오늘날로 치면 종강파티를 했다.

이곳 네팔에서도 자연환경에 적응하면서 살아가는 것을 배움의 과정으로 봤다. 한 평생을 한해에 비유하여 사계절로 나눠 생각했다. 100세를 4등분하여 25세까지를 인생의 봄으로 여겨 씨를 뿌리듯 배움의 터전을 마련하는 시기로(배움의 기간), 50세까지를 여름으로 여겨 곡식을 가꾸듯이 가정을 이루는 시기로(적응기간), 75세까지를 가을로 여겨 가정과 지역사회에서 가을걷이처럼 인생을 참회하면서 마무리하고 물려나는 시기로(참회기간), 76세 이후는 겨울로 여겨 얼마 남지 않는 삶에 대한 감사와 자유로움을 추구하는 시기로(자유기간) 보았다. 한해 사계절처럼 인생도 네 마디로 나눠 지루함과 단조로움을 없애고 고밀도 삶을 살아가고자 고민했다.

신들의 정원에 뿌려진 다이아몬드

속담이란 자연환경과 사람이 만들어낸 조화의 결정체다. 또한 자연의 영혼과 사람들의 정서가 녹아내린 다이아몬드다. 지구촌 어디에서도 없는 송곳처럼 예리한 지혜가 속담에 담겨 있다. 동서양을 막론하고 이솝의 우화에서 누가 고양이 목에 방울 달까라는 불가능한 일로만 생각했지만 이곳에서 아니다. '쥐 모녀가 단결하면 고양이 목에도 방울을 달 수 있다.' 분수를 지키라고 동양유교문화권에서는 강조하나 이곳에서는 '물에 비친 달을 건지려 하지 말라.'고 손에 잡힐 만큼 구체적이다.

한 줄의 속담으로 허망함을 쫓아서 살 여유가 인생엔 없다고 선명하게 말하고 있다. 인생이 짧으니 시간을 아끼라는 말을 '노력 없이 찾아오는 것은 노령뿐이다.'라고 한다. 더욱 따끔하게 '노령의 슬픔은 즐거움이 없어서가 아니라 희망하지 않기 때문이다.'라고 일침을 가하고 있다.

대자연의 큰 배포를 담아서 살아가는 모습을 엿볼 수 있는 말로는 '누군가 돌을 던진다면 꽃을 던져줘라', '적이 오면 함께 칼을 빼들고, 친구가 오면 모두 찻잔을 들어라', '험준한 산 너머 광활한 평원이 펼쳐진다', '가슴이 초원이면 친구가 많고, 가슴이 손바닥이면 친구가 없다.'라는 지혜를 엿볼 수 있다. '사자가 개와 싸워 이기더라도 진 것이다'란 말에선 광활한 평원을 달리는 기상을 볼 수 있다.

인생이란 때로는 사소한 것에 목숨까지 걸고 명분 없는 어리석음은 피하라고 말한다. '노인의 지혜는 청년의 힘을 이긴다', '싸움은 좋은 말로 말리고, 찢어진 옷은 실로 꿰매주어라', '뜻을 이루면 몸을 낮추고, 뜻을 잃으면 고개를 들어라', '내일이 먼저 올지 내세가 먼저 올지 아무도 모른다.'

네팔에서는 복수하고 싶은 사람이 있으면 그 사람에게 코끼리를 선물하라는 말이 있다. '코끼리를 받으면 그는 감사할 것이다, 그리고 코끼리는 그를 먹어치울 것이다.'

2장

스웨덴, 세계 지성의 향연장에서 배운 몰입의 힘

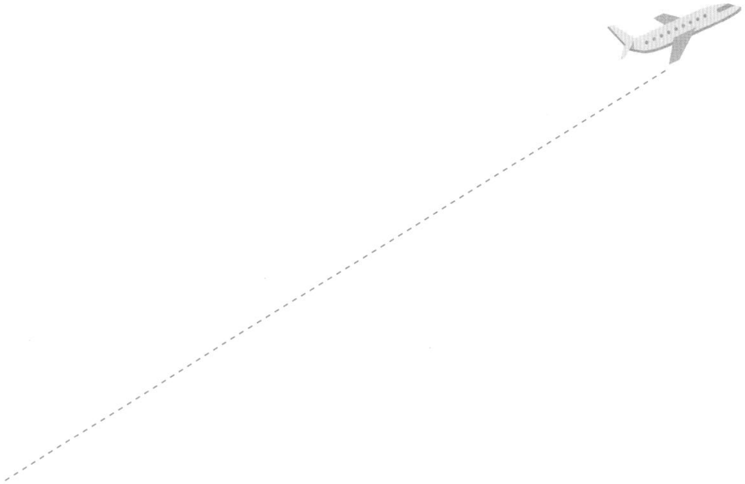

노벨상 수상도 종이 한 장에서 시작된다

1895년 스웨덴의 알프레드 노벨(Alfred Nobel)은 세상을 떠나면서 유언장을 남겼다. 그는 생전에 자신이 발명한 다이너마이트가 토건용 폭약으로 이용되기보다 전쟁에 인명살상용으로 더 많이 악용된다는 사실에 가슴 아파했다. 그는 사죄하는 의미에서 세상을 더 나은 곳으로 발전시킨 공적이 있는 사람에게 자신의 이름으로 시상을 해달라고 유언을 남겼다. 그 유언에 따라 1901년부터 노벨상 시상식이 개최되고 있다. 그리고 노벨상 증서라는 이 종이쪽지 한 장은 지금까지도 전 세계 지성인들을 광분시키고 있다.

2014년까지 889번이나 시상을 했으며 그중 자연인에게는 864번(개별인 860명), 기관단체에 25번(개별단체 22번) 돌아갔다. 최초 수상자는 1901년 뢴트겐(W.C. Roentgen)으로 그는 X레이를 발견한 공로로 노벨 물리학상을 받았다. 최초의 여성수상자는 마리 퀴리(Marie Curie) 여사다.

그녀는 1903년 우라늄을 화학적으로 추출하는 공동 연구로 노벨 물리학상을 수상했다. 자국인인 스웨덴 사람 가운데는 현재까지 22명의 수상자가 있다. 우연인지 모르겠지만 국력이 수상에 영향을 미치는 것처럼 가장 많은 수상자를 배출한 나라는 미국으로 무려 190명이나 노벨상을 수상했다. 현 미국 대통령인 오바마(Barack Obama)도 2009년에 평화상을 수상한 바 있다. 나이별로 보면 최고령은 90세로 2명이나 있었고, 최연소자는 2014년에 평화상을 받은 파키스탄 출신의 17세 소녀로 여성교육운동가로 활약하고 있는 말랄라 유사프자이(Malala Yousafzai)가 있다.

매년 10월이 되면 노벨재단(Nobel Foundation) 홈페이지는 접속 폭주로 몸살을 앓는다. 발표 전까지 무려 100만회 이상 세계인들이 접속한다. 세계적으로 유명한 한 도박 사이트에서는 누가 노벨상을 수상할 것인지를 두고 돈내기 판까지 벌이고 있다. 지명도, 논문인용회수, 저명한 수상회수, 외국어 번역 출판회수, 스웨덴 출판회수, 언론게재 회수 등으로 예측을 시도하지만 대부분 빗나가고 만다. 그만큼 철통기밀 속 심사로 유명하다.

노벨상 수상자 발표는 노벨의 사망일인 10월 10일에 한다. 수상자에게는 노벨재단과 스웨덴 국왕의 명의로 초대장이 발송된다. 수상자에게 노벨상 메달과 증서, 상금(분야별 800만 SEK정도)은 물론 스웨덴 왕궁 초청 만찬과 수상자 방명록에 서명하는 영광이 주어진다.

12월 5일이 되면 대부분의 수상자들이 스톡홀름에 도착한다. 6일부터 8일까지는 수상자들이 특강을 하거나 다른 사람의 강의를 듣는다. 한편 인기 높은 수상자는 세계 언론의 주목을 받으며 기자회견을 한다. 곳곳에서는 환영만찬 등의 이벤트가 열린다. 9일에는 노르딕스톡홀름예술관에서 노벨재단과 국립한림원이 주최하는 합동연회가 열린다. 다음날인 12월 10일이 되면 스톡홀름 콘서트홀에서 노벨상 시상식이 개최된다. 스웨덴 국왕의 참석 하에 메달, 증서 및 상금이 수여된다. 이어 스톡홀름 시청 푸른 홀에서 수상자를 위한 연회가 펼쳐진다. 다음날인 11일에는 스웨덴 국왕이 초대하는 왕궁에서 만찬이 열린다. 여기에는 스톡홀름에서 시상한 수상자는 물론 노르웨이에서 시상한 평화상 수상자까지 참여한다.

노벨상 수상의 비결 찾기

노벨상 수상의 비결은 무엇일까? 전자터널현상을 발견해 1973년에 노벨 물리학상을 수상한 일본인 레오 에사키는 수상비결을 다음과 같이 꼽는다. 첫째, 자신의 전문분야라는 틀 안에 갇혀 덫에 걸리지 마라. 둘째, 전공분야에서 손꼽히는 저명한 교수들 같은 권위자에 끌려다니지 마라. 셋째, 불필요한 것에 집착하지 마라. 넷째, 가급적 대립적 충돌을 피하라. 다섯째, 어린아이처럼 호기심을 잃지 마라.

한편 1929년 시카고 대학 5대 총장인 로버트 허친스(Robert Hutchins)는 시카고 대학을 노벨상 수상자의 전당으로 만들겠다는 꿈을 품었다. 그는 시카고 대학에 다니는 학생들에게 대학생활 4년 동안 '인문고전 필독서 100권'을 선정해 달달 외울 정도로 독파시켰다. 그 결과 시카고 대학은 허친스가 장대한 꿈을 품은 지 85년이 지난 시점을 기준으로 무려 85명의 수상자를 배출해낸 명문대학이 되었다. 시카고 대학의 선정 이후 세인트존슨 대학 등 동부명문대학에서도 '인문고전 필독서

100권' 정독의 열풍이 불었다. 4년 동안 100권이라면 그리 대단해 보이지 않을 수도 있다. 그러나 다른 책도 아닌 지루하고 어려운 고전을 1년에 25권, 즉 2주에 1권씩 독파한다는 것은 자신과의 치열한 싸움 없이는 불가능한 일이다. 고전의 바다에서 다른 아무 도움도 없이 '나 자신'이라는 통나무를 타고 죽기 살기로 파도를 넘고 작열하는 태양열과 갈증마저 인고해야 비로소 목적지에 도착할 수 있다. 겨우 한 권 돌파다. 이렇게 고전의 통나무타기를 하는 사이에 헛것이 보이고 자신의 감각마저 느끼지 못하는 순간이 온다. 달리 말하면 머릿속에서 불현듯 창의적인 생각이 떠오르고, 이제까지의 나와는 전혀 다른 모습의 사람이 되어 간다.

전반적인 수상공적을 유형별로 나눠 살펴보면 다음과 같다. 첫 번째 유형은 세계가 안고 있는 고질적이고 어려운 문제를 창의적으로 재조명한다거나 해법을 발견한 경우이다. 로버트 코호(Robert Koch)의 폐결핵 균에 대한 분석과 대책, 1960년 미국시민운동에 리더십을 보여준 마틴 루터 킹 목사(Martin Luther King Jr.)의 평화상이 대표적 사례이다. 두 번째 유형은 어떤 특정분야에 사고의 변혁과 새로운 패러다임의 변화를 불러오는 경우다. 1921년에 상대성이론으로 물리학상을 수상한 아인슈타인(Albert Einstein)이 여기에 속한다. 세 번째 유형은 자기의 몸을 희생해 인류를 살릴 업적을 남긴 경우이다. 랠프 슈타인만(Ralph Steinman)은 자기 몸을 실험대상으로 췌장암 면역성 실험에 성공해 의학상을 수상했다. 네 번째 유형은 비록 전문가는 아니지만 공공의 문제를 해결하고자 자신을 희생해 지역사회(국가)와 소통하면서 새로운 국면을 만들낸 경우이다. 대표적 사례로는 2014년 17세 소녀 말랄라 유사프자이를 들 수 있다. 그녀는 파키스탄 탈레반 여성교육을 시작하여 유엔(UN)과 소통하면서 지구촌 여성교육을 위해 새로운 국면을 조성한 공로로 노벨상을 수상했다.

한국이 열광하는 노벨 문학상

우리나라 국민들이 가장 주목하는 노벨상 분야는 문학상이 아닐까 추측해본다. 지금까지 노벨 문학상은 제2차 세계대전 중이던 4년을 제외하고 지금까지 107번, 총 111명에게 시상의 영광이 돌아갔다. 시상자의 평균연령은 70세로 집계된다. 특이한 점은 문학적 작품성이 수상의 잣대가 아니라는 점이다. 영국의 윈스턴 처칠(Winston Churchill)은 '제2차 세계대전에 관한 회고록'으로 노벨 문학상을 시상했다. 고귀한 인간의 가치를 지키기 위한 빛나는 웅변과 역사적 자서전적인 기술에 대한 업적을 인정받아 시상하였다. 당시 수상경쟁자였던 헤밍웨이(E. Hemingway)는 처칠의 국회연설문에 문학상을 수여함이 마땅하다고 비아냥거리기까지 했다. 농담으로 『대통령의 시간』이라는 회고록을 쓴 MB 전 대통령도 노벨 문학상을 탈 가능성이 있다. 물론 "MB는 회고록을 쓸 자격이 있는 것이 아니라 참회록을 써야 한다"고 폄하하는 사람도 있다.

지난 2012년 한국문학번역원에서 1960년에서 2004년까지 노벨 문학상을 수상한 수상자 47명을 대상으로 외국에서 번역 출판했는지, 국제인지도가 높은 상을 수상한 경력이 있는지, 스웨덴에서 출판한 적이 있는지를 두고 분석을 한 적이 있다. 수상자 평균을 내보니 스웨덴에서 출판한 책이 평균 5권은 됐다. 최근 10년만 놓고 보면 평균 6.6권은 됐다. 물론 예외도 있다. 그리스 작가 요르기스 세레리스와 오디세아스 엘리티스는 스웨덴에서 출판한 책이 단 한 권도 없었다. 스웨덴어 번역 출판이 노벨상 수상 여부를 좌우하지는 않았다. 심지어 공적조서를 영어나 스웨덴어가 아닌 자국어로 제출하기도 한다.

그러나 번역 출판과 수상경력이 도움이 되는 것은 사실인 듯하다. 한 예로 1994년 노벨 문학상을 수상한 일본인 오에 겐자부로는 19개국 언어로 150종을 번역 출판했다. 또한 멕시코 방문교수 경력과 1989년 벨기에 유토피아 문학상 수상, 1993년 이탈리아 몬델로상을 수상하기도 했다. 2006년 수상자인 터키의 오르한 파묵(Orhan Pamuk)은 대표작 『내 이름은 빨강』을 35개국 언어로 번역 출판했으며, 3년간 콜롬비아 대학 방문교수 경력, 2002년에는 프랑스 최우수외국어문학상 등을 수상하기도 했다.

한편 우리나라의 작가를 보면, 고은 시인이 17개국 언어로 62종을 번역 출판, 이문열 작가가 16개국 언어로 59종을 번역 출판, 황석영 작가가 15개국 언어로 56종을 번역 출판한 정도다.

이외에도 궁금증은 많다. 국력에 좌우되는 것일까? 정답은 '아니오'이다. 물론 미국 190명, 독일 74명, 프랑스 49명, 일본, 러시아 및 스웨덴에서 각각 22명을 배출한 것으로 봐서는 얼핏 강대국의 잔치처럼 보이기도 한다. 그러나 동티모르, 과테말라, 방글라데시, 미얀마, 베트남 등 다수의 국가에서도 수상자가 나왔다. 나이와 성별에도 무관하다. 17세 소녀부터 90세 노인까지 스펙트럼이 넓다. 문학상 수상자의 평균 연령은 70세 정도였다. 수상자가 외국어를 못하는 경우도 많다. 특히 일본 수상자들은 수상 소감도 일본어로 할 정도다. 인용 횟수, 독자층도 무관한 모양이다. 2012년 앨리스 먼로(Alice Munro)의 단편소설은 자국인 캐나다에서조차 2,000권도 채 팔리지 않았다. 공적심사는 본인의 면접심사도 없이 철두철미 비밀에 붙여진다. 한 마디로 서면중심이다. 문학작품 역시 종이작업(paper work)이지만 공적조서 또한 중요한 종이작업이다. 이 사실을 극명하게 알 수 있는 단서는 스톡홀름 중심부 감라 스탄에 자리 잡고 있는 노벨박물관에 있다. 여기에는 수상자들의 공적관련 증거품들이 전시되어 있다. 2층에는 김대중 평화상 수상자의 유품도 있다. 봉함엽서의 옥중서한 2매가 전시되어 있다. 위대하다는 여느 노벨 수상자도 종이로 말하고, 종이로 남기고 있다.

쓸모없는 걸 쓸모 있게 만들어라

가치창조는 쓸모없는 것을 쓸모 있게 만드는 일이다. 부가가치를 높이는 측면에서 생산이고 경제활동이다. 그리스 철학에서는 쓸모를 찾아내는 창조의 도구로 은유, 원리, 논리, 수리, 수사 등 5가지 영역을 만들어냈다. 은유로는 시나 문학 등 예술 분야를, 원리로는 물리·원자력·우주 등 과학 분야를, 논리로는 철학·경제 등 인문사회과학 분야를, 수리로는 수학은 물론 각 분야의 응용과학 분야를, 마지막으로 수사로는 웅변이나 연설 및 작문정치라고 할 수 있는 정치·외교·행정 등 응용사학과학 분야를 발전시켰다.

장자(莊子)는 "쓸모없음을 알아야 쓸모를 찾을 수 있다."라고 역설했다. 그는 무용지용(無用之用)의 사례로 박 바가지가 너무 커서 버리는 것을 보고 배로 활용한 사례를 들었다. 한가지 용도로만 쓰던 것을 확장한 사례도 들었다. 겨울철 물속에서 작업을 할 때 손 터짐을 방지하는 약을 수군들의 부상방지용으로 사용해 승전한 사례를 제시했다. 또한 쓸모없다고 생각한 것이 유용할 때도 있다. 곧은 나무는 건축목재로 잘려지는 반면 굽은 나무는 천수를 누릴 수 있다. 쓸모없다고 생각한 일도 때로는 대반전을 부른다.

한 제약회사에서 심장혈관 확장제를 발명하다가 성기가 발기하는 부작용이 있다는 것을 알게 되었다. 처음에 연구자들은 실패했다고 생각했지만 얼마 지나지 않아 세계적인 인기를 끄는 약품이 됐다. 바로 비아그라의 탄생 일화다.

본래의 목적과 달리 전혀 다른 용도로 사용되는 경우는 실생활에서도 많이 발견할 수 있다. 중국의 어느 빌라 광고주는 미혼남성 입주자를 유혹하기 위해 여성용 브래지어를 창밖에 걸어두기도 했다. 반대로 미혼여성들은 치한방지용으로 남자팬티를 베란다 빨랫줄에 보란듯이 내걸기도 한다. 중국 인민군들은 군화 밑창에 완충방습제로 생리대를 깔기도 한다고 한다. 이처럼 조금만 발상을 전환하면 새로운 쓰임새로 쓰일 수 있다.

스웨덴 사람들의 기발한 용어정리

사람은 자기가 한 말에 자승자박될 때가 많다. 같은 말도 누가 어떻게 말하느냐에 따라서 전혀 다른 내용으로 들린다. 다양한 생각은 자신이 가진 어휘 수만큼 할 수 있다. 다양한 언어를 구사한다면 사고의 범위도 넓어지고, 표현도 다양해진다. 지금이 바로 다채로운 사고를 위해 새로운 용어정의가 필요한 때다.

스웨덴은 매년 노벨상 시상식이라는 전 세계 지성인의 향연이 개최되는 곳이다. 그런데 스웨덴어를 보면 놀라운 점이 있다. 스웨덴어는 함축적이고 다의적이다. 마치 분석연구를 할 때 조작적 정의처럼 새로움에 눈뜨게 하고, 색다른 방향을 보여준다. 이곳에서 본 느낌을 추려 보면 다음과 같다.

위기: 뒤집어 봐야 하는 것. 가끔은 밑바닥에 황금의 기회가 깔려 있기도 하다.

역경: 선제공격을 가해야 하는 것. 날 죽이지 못 한다면 넌 내게 죽어.

역풍: 실체 없이 기회와 가능성만 제공하는 것.

메모: 기억창고의 문 열기.

도움: 잘 활용하면 유능한 사람이 될 수 있는 디딤돌.

시간: 생명체의 개 목줄. 제대로 쓰면 충분하나 너무 많으면 독약이 된다.

실패: 인생의 별미 혹은 익살스러운 인생길라잡이.

지름길: 짧다는 핑계로 유혹에 빠지면 고생만 진탕하게 되는 길.

벼랑: 정신이 바짝 들게 하는 새로운 바람이 부는 곳.

활주로: 빡빡 기다보면 비상하게 되는 곳.

길: 좋다가도 나쁘고, 나쁘다가도 좋은 것. 그러니 멈추지 말고 걸어가라.

시작: 우승의 영광을 꿈꾸는 아기의 걸음마.

아침: 입에 황금열쇠를 물고 있는 18세 소녀.

정신: 사지 및 가슴 그리고 머리가 연결되어 있는 끈.

일: 힘들다 생각하면 죽을 맛이고 재밌다고 생각하면 오락 같은 것.

잠: 지구촌 최고의 간호사.

연필: 생각의 분출구 혹은 기억력의 천재.

운명: 굴복하면 시종이 되고, 개척하면 왕이 되는 게임.

영하 30도의 땅에서 일궈낸 지상낙원

매년 세계의 내노라 하는 지성인들이 모여 향연을 펼치는 노벨상 수상이 열리는 나라, 세계 1위의 복지를 자랑하지만, 한때 자살률 또한 세계 1위라는 오명을 받기도 한 나라. 바로 스웨덴이다. 스웨덴의 겨울 일조 시간은 하루 서너 시간일 정도로 해가 떠 있는 시간이 짧다. 오전 10시 가량 해가 떴다 오후 2시만 되도 어둑어둑해진다. 영하 30도 이상의 강추위가 지속되며 밤잠을 설치게 한다. 하늘의 불꽃놀이 오로라도 심심치 않게 목격할 수 있는 곳이다. 스웨덴인들은 오전 9시부터 일을 시작해 오후 5시면 모두 퇴근한다. 상점들도 문을 닫기 때문에 대부분 곧바로 가정으로 간다. 대낮생활이 극히 짧지만 그렇다고 우리나라처럼 밤 문화가 발달돼있지도 않다. 집에서 램프나 촛불을 켜놓고 저녁식사와 커피를 마시며 담소를 나누는 것이 전부다. 나머지는 긴 고독의 시간이다. 새로운 만남이란 극히 드물다.

스웨덴 최북단 도시 '키루나'는 겨울에 해가 뜨지 않는 날이 한 달 정도 지속된다. 겨울 평균 기온이 영하 30도를 육박해 대부분의 시간을 실내에서 생활한다. 그러다 보니 자연스레 내성적이고 말수가 적다. 언제나 조용한 목소리로 차분히 대화하며, 과묵한 편이다. 삶이 단순하고 다람쥐 쳇바퀴 돌 듯 반복된다. 이런 자연환경은 우울증과 자살률 1위를 기록하게 된 원인이기도 하다. 그러나 좋은 점도 있다. 상대를 배려하는 사려심도 깊은 사람들이 많다. 길고 긴 고독의 시간은 창의력과 깊이 있는 문학의 발로가 되어주기도 한다.

스웨덴의 글을 보면 표음문자이면서도 표의문자인 중국어를 많이 닮아 있다. 당신들(you)이란 스웨덴어 니(ni)는 중국어 니(你)와 같다. 서양 속의 중국이라고 할 만큼 지혜의 금광이 무진장인 나라다. 한마디로 전화위복 혹은 반전하는 민족이다. "나 힘들다!" 라는 불만의 말을 뒤집어 "다들 힘내!"라고 격려하는 것 같다. 스웨덴의 환경은 "어디를 봐도 지상낙원 좋아하시네(The heaven is nowhere)!" 라고 말할 법한데도 그들은 뒤집어서 "지상낙원이 지금 여기서 존재하나니(The heaven is now here)!" 라고 감탄한다.

스웨덴 사람들은 그들에게 부여된 자연환경을 극찬하고 감사해 한다. 그들의 애국가에도 잘 표현되어 있다.

"그대 선열들이여, 그대 자유로움이여, 그대의 북녘 산들은. 가장 조용하고도 환희로 넘치는 아름다움이어라! 지상 가장 아름다운 곳으로 인도하리니. 그곳이 바로 태양, 하늘, 푸른 초원의 이 땅이어라."

가장 무서운 적은 무관심이다

세상에는 상식으로는 도저히 이해되지 않는 일들이 종종 발생한다. 세계석학들이 지금까지 의아해하고 있는 일 중 하나는 동독이 어떤 기미도 없이 급작스럽게 무너진 사건이다. '대천을 막은 둑이 개미구멍으로 무너진다.'라는 중국속담처럼 동독을 무너뜨린 개미구멍은 사소한 말실수였다. 1989년 11월 9일, 동독 공산당 대변인인 권터 샤보브스

키(Gunther Schabowski)는 '동서독 여행에 관한 임시법'을 발표했다. 이때 독일어가 서투른 새내기 외국기자 한 명이 내용을 숙지하지 못하고 언제부터 시행되느냐고 물었다. 대변인은 생각 없이 '바로', '즉시'라고 대답했다. 흔히 있을 수 있는 사소한 말실수였다. 그러나 국내외 언론들은 앞다투어서 '지금부터 즉각 여행의 자유를 허용한다.'는 기사를 내보냈다. 기사를 보고 서베를린으로 가는 체크 포인터 찰리로 동독주민 30만 명이 몰렸다. 경비병은 몰려드는 주민들에게 순순히 문을 열어주고 뒤로 물러섰다. 이렇게 순식간에 베를린 장벽이 붕괴되었다. 동독과 서독의 국경선은 잘못나간 오보 한 줄로 한 순간에 무너졌다. 독일 통일 25주년을 기념해 미국 월스트리트 저널의 사설에 실린 기사 중 일부 내용이다.

중국과 홍콩의 관계처럼 일국이 두 체제를 모두 인정하는 대승적 합의가 있다면, 우리나라도 대한민국이라는 국명 아래 남북한이 서로 상반된 두 체제를 유지하면서도 한민족의 번영을 이룩할 수도 있지 않을까? 날을 세운 대립보다 더 무서운 것은 '무관심'이다. 한 서독인 친구가 이런 이야기를 들려준 적이 있다.

아우슈비츠 수용소행 트럭에 유태인 젊은이 한 명이 끌려 탔다. 젊은이는 독일인 병사를 향해 분노하며 말했다. "내가 왜 여기에 끌려가야 하나? 난 아무것도 하지 않았다. 죄진 게 하나도 없다!" 독일인 병사가 아무 대꾸도 않자 트럭 뒤에 타고 있던 유태인 노인이 대신 대답했다. "젊은이, 바로 그게 문제라네. 아무것도 하지 않았던 것 때문에 이 지경이 된 거라네." 분단 후 50여년이 넘는 시간이 흘렀지만 아직도 남북한은 대치 관계에 놓여 있다. 어떤 면에서는 주변강국의 눈치만 보느냐고 바빴다. 스스로 해결하려는 적극적인 노력이 수반되지 않으면 주변강국의 잇속을 위한 희생양이 된다. 무관심 대신 관심을 기울여야 할 때이다.

자신에게 던지는 진정한 성찰

우리는 어디서 와서 어디로 가는가? 무엇을 하고 살아야 하나? 인생이란 무엇이고 나는 누구인가? 인간이라면 한번쯤 해보았을 질문이다. 인간이 자기 자신에게 던지는 철학적 물음, 즉 성찰은 존재론적 의미를 찾는 과정이자 본질적인 화두이다. 스티븐 스필버그(Steven Spielberg)는 "질문하라. 너를 둘러싼 세계에 왜(why)라고 물어라."라고 말했다. 프랜시스 베이컨(Francis Bacon) 역시 "질문으로 파고드는 사람은 이미 그 문제에 대한 해답을 반쯤 얻은 것과 같다."라고 말했다. 주변을 둘러싼 세상에 끊임없이 질문하는 것이야 말로 인생에서 만나는 수많은 난관을 푸는 열쇠이다.

성찰은 삶의 무게중심을 잡아주는 역할을 한다. 아프리카의 어느 부족은 계곡물을 건너갈 때 어린아이들에게 자기 머리통만한 돌멩이를 안고 건너게 한다. 무거운 돌을 안고 들어가면 물살에 휩쓸려 떠내려가지 않고 무사히 건널 수 있기 때문이다. 배 바닥에 무거운 짐을 싣듯이 인생도 무거운 바닥의 짐이 있어야 한다. 스스로에게 던지는 질문이 없는 삶은 무게중심이 없는 삶이다.

지난 2014년 4월 16일, 전 국민을 비통하게 만든 세월호 참사가 벌어졌다. 304명의 사망자를 내고 바닷속으로 침몰한 세월호의 침몰 원인은 균형수(balance water)가 부족한 게 주원인이었다. 국민들의 염원에도 불구하고 초기에 구조된 사람 이외는 단 한 명도 살아오지 못했다. 결국 물 밖에서 발만 동동 구를뿐, 제대로 손 한번 써보지 못했다. 그 대신 말싸움만 줄기차게 했다. 배 인양도 1년 넘게 지지부진했고, 늑장 법률제정으로 원성이 자자했다.

이해 반해 2010년 12월 18일, 칠레 산호세 광산에서 지하갱도가 붕괴되어 지하 700미터에 광부 33명이 매몰되는 사건이 발생했다. 칠레 정부는 그 즉시 전 세계에 지원을 요청했다. 미국 NASA의 우주탐사장비를 비롯하여 최첨단장비와 지원팀이 속속히 도착했다. 69일간의 사투 끝에 전원 모두 털끝 하나 상하지 않고 무사히 돌아왔다.

물론 여객선 침몰과 갱도붕괴는 구조시간의 촉박함이 애당초 판이하다. 그러나 세월호 사건이 벌어지고 몇 해나 지난 지금까지도 진정한 의미의 사회적 성찰이 뒤따르지 못하고 있는 것은 안타까운 일이 아닐 수 없다. 지금도 서로 남탓만 해대고 있다. 어떤 의미에서 우리나라에 균형수가 부족한 것은 아닌지 되돌아봐야 한다.

하늘의 별처럼 깨어 있어라

우리나라 사찰에서는 대부분 나무로 만든 물고기(木魚)모양의 풍경을 달아놓는다. 물고기처럼 늘 깨어있으라는 뜻이다. 혹은 구름모양의 운경(雲磬)을 달아놓는다. 마음을 가리는 구름을 걷어내라는 뜻이다. 마음을 가리는 구름을 걷어내고 늘 깨어있으라는 말이 너무 현학적으로 들린다면 바쁜 일상을 잠시 멈추고 하루에 3번이라도 스스로에게 질문을 던져보자. 다람쥐 쳇바퀴처럼 돌아가는 생활은 의미 없이 바쁘기만 한 삶에서 벗어날 수 없게 만든다. 하루 3번 스스로에게 하는 질문은 자신을 돌아보고 미래를 준비할 수 있게 해준다.

예수는 "마지막 날은 도둑처럼 온다. 그날이 언제 올지 모르니 항상 깨어있어라"라고 말씀하셨다. 삶의 어려움은 도둑처럼 소리 없이 다가와 쓰나미처럼 모든 것을 휩쓸어 버린다. 지난 2014년 8월 17일 충남 서산 해미읍성에서 열린 제 6회 아시아 청년대회 폐막미사에 프란체스코 교황이 강론을 펼쳤다. "우리는 항상 깨어 있어야 합니다. 잠들어 있는 사람은 아무도 기뻐할 수도, 춤출 수도, 환호할 수도 없습니다."

깨어있는 사람이란 스스로에게 질문을 던지고, 스스로 답하는 사람이다. 다가오는 어려운 일들을 대비하고 피해갈 방안을 간구하는 사람이다. 바쁘게 돌아가는 일상에 지칠수록 자신을 살펴보는 지혜 또한 필요하다.

바보가 될 정도로 몰입하라

"안회는 하루 종일 이야기를 해도 한 번도 내 말에 토를 달지 않았다. 멍청한 구석이 있어 그렇지 않겠나 해서, 한때는 그를 내보내고 행동거지를 뜯어보기도 했다. 결론은 그가 항상 발전하기 위해 노력하고 있었다." 공자가 자신의 제자 안회에 대해 언급한 말이다.

주위의 모든 잡념과 방해물을 차단하고 원하는 어느 한 곳에 자신의 모든 정신을 집중하는 것을 몰입(flow)이라 한다. 미하이 칙센트미하이(Mihaly Csikszentmihalyi)는 몰입을 '물 흐르는 것처럼 편안한 느낌' 혹은 '하늘을 날아가는 자유로운 느낌'이라고 했다. 몰입하는 도중에는 몇 시간이 마치 한순간처럼 짧게 느껴지는데 이는 '시간개념의 왜곡' 현상이 발생하기 때문이다. 몰입이 깊어지면 때로는 남들이 이해하지 못할 만큼 멍청한 짓을 저지를 수 있다. 발밑이 구렁텅이인데 하늘에 있는 천기를 본다고 하는 꼴이다.

개는 개구멍으로, 고양이는 고양이구멍으로

만유의 인력을 발견한 아이작 뉴턴(Isaac Newton)은 어렸을 때부터 남다른 구석이 있는 아이였다. 눈에 보이는 물건은 뭐든지 자기 손으로 직접 만들어보는 취미가 있었다. 솜씨도 대단했다. 하루는 친구들과 놀다 장난감 물레방아를 만들어서 아이들에게 나누어주기도 했다. 그런데 이웃에 살던 한 여자아이가 뉴턴이 준 물레방아를 들고 이렇게 말했다. "잘 만들기만 하면 뭘 해? 돌아가는 원리를 알아야지. 바보같이." 여자아이의 말은 어린 뉴턴의 가슴에 멍처럼 남았다. 그 후 며칠간 방구석에 처박혀 골똘히 생각만 했다.

몰입하면 아무것도 눈에 들어오지 않았던 뉴턴의 일화다. 하루는 하인이 뉴턴에게 부탁을 하고 나갔다. "도련님, 여기 이것은 계란입니다. 물이 끓으면 넣어주세요. 계란을 시계 옆에 놓고 나갑니다. 부탁합니다." 조금 뒤 하인이 돌아와 보니 계란은 그대로 있고, 뉴턴이 아끼던 시계가 물에 팔팔 삶아지고 있었다.

이런 일화도 있다. 뉴턴은 평상시에 고양이와 개를 늘 데리고 다닐 정도로 좋아했다. 개와 고양이도 뉴턴을 몹시 따라서 뉴턴이 서재에서 연구하면 들여보내달라고 문을 벅벅 긁어댔다. 그러나 막상 문을 열어주면 다시 나가겠다고 야단법석을 떨었다. 특히 고양이가 유별나게 소란을 피웠다. 고양이가 성가셨던 뉴턴은 문에다가 고양이 몸 크기로 구멍을 뚫어 통로를 만들어주었다. 그런데 이번에는 개가 성가시게 굴었다. 그래서 그는 고양이 구멍 바로 옆에다가 개구멍을 뚫어주었다. 그 덕에 고양이도 개도 자유롭게 드나들어 평화가 찾아왔다. 그러던 어느 날 친구가 뉴턴의 집을 찾았다. 뉴턴은 자랑스럽게 말했다. "여기 좀 봐. 개는 개구멍으로, 고양이는 고양이구멍으로." 뉴턴은 마치 위대한 발명이라도 한 양 자랑을 했다. 잠자코 듣고 있던 친구가 면박을 주었다. "자넨 참으로 멍청하네. 개구멍 하나만 뚫어놓으면 개도 고양이도 다 들락거릴 수 있을 텐데."

뉴턴의 남다른 몰입력은 연구할 때만이 아니라 책을 볼 때도 발휘되었다. 책만 잡으면 마지막 페이지를 읽기 전에는 절대로 일어나지 않을 정도였다. 어느 추운 겨울날, 뉴턴은 난롯불 앞에 자리 잡고 두툼한 책을 읽고 있었다. 난롯불이 타오른 지 얼마 지나지 않아 앉아있기 힘들 정도로 뜨겁게 달아올랐다. 뉴턴은 하인을 불러서 호통을 쳤다. "이렇게 난로를 뜨겁게 하면 어떻게 하나? 당장 멀리 밀어 치워주시오." 무슨 큰일이라도 난 듯 크게 호통을 쳤다. 때마침 뉴턴의 아버지가 나와 있다 그 광경을 목격했다. 아버지는 기가 막힌다는 듯 혀를 끌끌 차며 말했다. "뉴턴, 빨갛게 달궈진 난로를 치우기보다는 네가 조금만 뒤로 물러나는 게 어떻겠니? 간단히 해결될 문제 같구나." 해결책을 제시한 아버지는 다시 2층으로 올라갔다.

내가 어디로 가는 지 알아야 하지 않겠소?

20세기의 최고 지성을 꼽는다면 앨버트 아인슈타인(Albert Einstein)을 빼놓을 수 없다. 아인슈타인이 하루는 혼자서 기차여행을 떠났다. 기차 역무원이 기차표를 검사하기 위해서 표를 보여 달라고 했다. 건망증이 심했던 그는 차표를 찾을 수 없어서 호주머니, 가방을 여기저기 몇 번이고 뒤졌다. 이를 보고 있던 역무원이 민망스러워서 안 보여줘도 된다고 했지만 아인슈타인은 멈추지 않고 계속 찾았다. 역무원이 재차 괜찮다고 하자 그는 버럭 화를 냈다. "차표를 찾아야 내가 어디로 가려는지 알 수 있지요." 웃을 일이 아니다. 우리의 일상 모습인지도 모른다. 확실한 목적지도, 계획도, 꿈도 없이 떠나고 있는 것은 아닐까.

아인슈타인은 자신이 한 번 몰입하면 모든 것을 잊어버린다. 그래서 항상 메모하는 습관을 가졌다. 문제는 그 메모까지도 잊고 만다는 데 있었다. 그래서 그는 세세한 사항까지 메모하여 약혼녀에게 주며 시시콜콜 다 알려달라고 부탁했다. 그녀는 이런 좁쌀영감하고는 장래가 없다고 생각해 결별을 통보했다.

뿐만 아니다. 하루는 연구실에서 연구에만 몰두한 나머지 한밤중이 돼서야 집에 가게 되었다. 길눈이 어두운 그는 그만 길을 잃고 말았다. 다급해진 아인슈타인은 주머니를 뒤져서 여비서 명함을 찾았다. 그는 여비서에게 전화를 걸어 자신의 집 주소를 가르쳐달라고 했다. 여비서는 세계적인 석학이 자신의 집 주소도 모를 거라고는 상상도 하지 못해 장난전화가 분명하다고 확신했다. "개인적 정보라서 알려드리지 못합니다."라고 끊었다. 또 다시 전화가 왔다. "나 아인슈타인인데 밤에 길을 잃어서 집 주소 좀 알려주게." 아인슈타인이 말을 채 마치기도 전에 여비서가 소리를 질렀다. "당신은 도대체 누구세요? 아인슈타인은 금세기 지성의 상징이라고요. 그런 분이 집주소도 모를 것 같아요? 밤중에 장난치지 마세요. 미친 영감탱이 같으니!" 뚜~뚜~ 더 이상은 신호도 가지 않았다.

아인슈타인이 상대성 원리를 발표한 직후의 일이다. 상대성 원리는 그 시대 가장 뜨거운 사회적 이슈로 학회는 물론 대학에서도 상대성이론에 대한 강의청탁이 쇄도했다. 하루에도 몇 군데를 가야했기에 운전하는 기사는 내심 짜증스러웠다. 이를 눈치챈 장난기 넘치던 아인슈타인은 운전기사를 강의실 맨 앞자리에 앉도록 하고 열심히 듣게 했다. 수십 번 반복해 들어 나중에는 숨소리, 토씨 하나도 빠짐없이 따라할 수 있게 되자 아인슈타인은 운전기사를 강사로 내세웠다. 운전기사의 강의는 한마디로 대성공이었다. "젊고 미남인 운전기사가 저 정도로 강의할 실력이라면 아인슈타인은 짐작이 안 가지."라는 호평이 이어졌다. 운전기사는 상대성 원리를 한 마디로 요약해 달라는 주문에 "같은 10분의 시간이라도 미녀와 대화를 하는 10분과 뜨거운 난로 옆에서 보내는 10분은 다릅니다. 미녀와 보내는 10분이 뜨거운 난로 앞에서 보낸 10분보다도 훨씬 더 짧게 느껴지는 것이 바로 시간의 상대성입니다."라고 끝을 맺곤 했다.

대립각을 세우지 말고 참여시켜라

지난 IMF 외환위기 시절에 '20만 명의 공무원을 감원하라'는 대대적인 구조조정의 칼바람이 불었다. 간부직원은 명예퇴직으로, 하위직원은 의원면직 형식으로 강행했다. 의원면직이란 한두 달 전에 '상황이 매우 어려우니 알아서 하라.'라고 상부지시를 내리는 형식으로 사실상 일방적인 해고통보에 가까웠다. 저항이 심한 것은 당연했다. 나이가 많다는 이유로 나가라는 소리를 들은 직원들은 법적쟁송을 걸어 대법원까지 가기도 했다. 그런데 한 지방자치단체에서는 두 차례에 걸쳐 인원의 25%가량을 감원했는데도 이상할 정도로 잡음 하나 없었다. 내막을 조사해 본 결과, 갈등모드를 참여모드로 전환시켰다는 사실이 드러났다. 참여모드의 비결을 정리해보면 다음과 같다. 첫째, 직원들에게 상황을 설명하고 문제해결을 위해 토론한다. 둘째, 양측의 애로사항을 경청하는 시간을 갖고 개별 인사상담을 한다. 셋째, 전 직원을 대상으로 설문조사와 취업센터를 설치했다. 중요한 것은 이 과정에 직원 모두를 참여시켰다는 점이다. 참여시켜 동감하게 하였고, 이해를 시킨 뒤에 단행했던 결과였다.

1995년 중국에 처음 갔을 때 일이다. 중국은 우리보다 무질서할 거라는 선입견을 가지고 있었기 때문에 도로 상황도 엉망일거라고 지레 짐작했었다. 그러나 상하이에 도착하고 보니 두 눈을 의심할 정도로 현실은 딴 판이었다. 생각지 못하게 너무도 교통질서를 잘 지키는 시민의식에 놀라서 두 시간 가량 지켜보기까지 했다. 그 결과 신기한 장면을 목격할 수 있었다. 교통경찰이 교통규칙을 어긴 시민을 잡더니 깃발과 호루라기를 주고 옆에 서서 같이 교통지도를 하게 했다. 그리고 새로운 위반자를 잡을 때까지 교통지도를 하게 했다. 새치기하는 사람은 누구를 막론하고 예외 없이 새로운 위반자가 나올 때까지 교통질서를 계도하게 했다. 시민을 직접 참여시킴으로써 교통질서를 잡은 것이다.

모광역시에 속칭 '잔머리를 잘 돌리는' 분이 있었다. 그는 시민단체

중에 자신에게 유별나게 날카롭게 굴며 비판의 칼날을 들이대는 단체를 눈여겨봐두었다. 그리고는 시정혁신을 위한 TFT(임시조직)를 구성할 때에 그 단체의 임원을 부시장과 공동위원장에 선임했다. 시청간부직원들의 회의에도 참석시켰다. 때로는 현안문제에 대한 자문과 질의응답에도 시청을 대신하여 답변하게 했다. '구정물 시정'이라고 비난했던 곳에 발을 깊이 담그게 만든 것이다. 결국 그 단체는 시정에 적극 참여하다 시정을 이해하게 돼버렸다.

참여시켜라, 그러면 이해할 것이다

스웨덴은 복지국가로 널리 알려져 있다. 그러나 스웨덴의 복지는 단순히 세금을 받아서 국민에게 배분하는 시혜중심의 복지만이 아니다. 우리나라보다 먼저 고령화와 출산율 저하의 문제를 겪었던 스웨덴은 국가재정의 부족분을 지역사회봉사와 재능기부로 푸는 방법을 고안해냈다. 시민들의 적극적인 참여를 통해서 부족한 재원을 충원하고 복지를 추진하는 에너지원으로 활용한 것이다. 과거 우리나라에서도 참여복지의 역사가 있었다. 임진왜란, 병자호란 등 전란으로 국가재정이 거덜 나고 농지마저 황폐화되었다. 그래서 가진 것을 나누고, 같이 참여하면서 해결하였다. 먹을거리와 일거리는 물론이고 걱정거리까지도 나눴다. 모두가 참여하는 고통나누기 운동을 전개하였다. 동네에 기근이 들면 돈이나 식량이 있는 사람들이 먼저 솔선수범했다. 그것도 없는 사람은 식은 밥이나 김치 등을 내놓았다. 온 동네 사람들이 한곳에 모여 각출한 식재료로 음식을 마련해 그동안 쌓였던 감정도 풀고, 다가올 농사일을 상의하였으며, 농번기 품앗이도 약속했다. 이 음식이름을 탕평탕 혹은 탕평채라고 불렀다. 오늘날 용어로는 '밥통 속의 소통'이고, 생산적 복지다.

국가부도의 위기상황이었던 IMF 외환위기에는 일자리 나누기, 고통분담, 금 모우기 운동으로 승화되었다. 최근에는 자원봉사와 재능기부로 복지에 참여하는 사람들이 늘고 있다. 교통캠페인, 학교폭력문제, 건전한 소비자운동에서도 시민들의 적극적인 참여를 통한 문제해결사례를 볼 수 있다. 중국 속담에도 '말하면 잊어버리고, 보여주면 믿게 된다. 참여시켜라. 그러면 이해하리라.'라는 말이 있다. 과거처럼 홍보, 교육, 법제 등의 일방적인 지시만으로는 마음을 얻기 어렵다. 쌍방향 소통과 적극적 참여로 공감하게 해야 한다.

북미 인디언 속담 중에도 비슷한 말이 있다. '말하면 알게 되고, 보여주면 이해하게 되고, 참여시키면 감동하게 된다.'

최고를 만드는 비결, 보여주기

뉴욕 맨해튼에는 '본촌치킨'이라는 한국식 통닭집이 있다. 이곳 사장은 불시에 주방을 덮친다. 냉장고를 뒤져 날짜가 지난 통닭이 나오면 몽땅 한곳에 거둬 놓는다. 그리고는 직원들이 보는 앞에서 "다 같이 망하자는 거냐?"라고 호통을 치며 싹 쓸어다 쓰레기통에 버린다.

1993년 삼성그룹 이건희 회장은 임원들과 같이 미국의 백화점으로 시찰을 나갔다. 그런데 판매대에 있어야 할 삼성전자 제품들이 창고에서 먼지만 뒤집어쓰고 있었다. 참혹한 현실을 보고 귀국한 이 회장은 사장들을 불러 모았다. 그리고는 미리 쌓아놓은 전자제품을 손수 하나씩 망치로 때려 부쉈다. 그리고 말 한 마디 하지 않고 자신의 집무실로 들어갔다.

두 해 뒤 삼성전자 전화기가 통화불량이 잦다는 여론이 있었다. 삼성전자 이기태 사장은 자사의 휴대폰과 무선전화기 15만대를 모아놓고 직원이 보는 앞에서 불을 질렀다. 백마디 잔소리로 질책하기보다 한 번 보면 결코 잊을 수 없도록 호된 무언의 질책을 한 것이다. 그 후 제품품질이나 유통이 개선된 것은 두말할 나위도 없다.

역사적 사례로는 로마교황국 시스티나 성당의 '천지창조' 천정화를 그린 미켈란젤로의 일화를 들 수 있다. 미켈란젤로는 당시에도 유명한 조각가였는데 교황의 요청으로 천정화를 그려야 했다. 전문분야이던 조각이 아닌지라 처음부터 배워가며 그려야 했다. 뭐 하나 제대로 되지 않아 낙심하던 그는 머리도 식힐 겸 단골술집을 찾았다. 그런데 술집 주인이 느닷없이 술동이를 들고 나와 손님들이 보는 앞에서 술을 몽땅 쏟아버리는 게 아닌가. "여러분 죄송합니다. 술맛이 전과 같지 않습니다. 제맛이 나는 술을 만들었을 때 다시 모시겠습니다." 술집주인은 정중히 사과하고는 그날 술집 문을 닫았다. 그 광경을 목격한 미켈란젤로는 "이것이 바로 최고를 만드는 비결이구나!"하고 영감을 받았다. 그 길로 되돌아온 미켈란젤로는 몇 번이고 자신이 만족할 때까지 처음부터 다시 그림을 그렸다. 끝내 그는 천지창조라는 명화를 완성할 수 있었다.

아이 하나 키우는 데도 온 동네가 필요하다

층간소음 문제가 사회적 문제로 대두되며 이웃 간에 얼굴을 붉히는 일이 늘고 있다. 심지어 층간소음으로 인한 살인사건도 종종 뉴스에 오르내리곤 한다. 현재 우리나라 전 국민의 65%가 공동주택에 거주하고 있다고 한다. 아파트 같은 공동주택에서 층간소음을 줄이기란 쉽지 않은 일이다. 특히나 공동주택에서 발생하는 층간소음의 원인 중 가장 큰 원인이 유아나 어린이가 뛰거나 걷는 소리라고 한다. 어린아이들이기에 방에서 뛰어 놀거나 넘어져 소음을 낸다. 현재 관계법도 제정했고, 대책위원회까지 운영하고 있지만 큰 효과가 있다고 보도된 적은 없다. 이런 사회적 분위기라면 출산장려정책은 공염불일 수밖에 없다. 미국이나 프랑스 등 선진국에서는 방음시설이 우리나라보다 좋지 않지만 층간소음으로 인해 얼굴을 붉히는 일은 훨씬 적다고 한다. 아이가 있는 집이나 손님이 올 일이 있으면 사전에 이웃에게 양해를 구한다. 어떤 경우는 아예 승강기에 메모쪽지를 붙여 공개적으로 양해를 구한다.

내가 어릴 때에는 이웃집에 어린아이가 요란스럽게 울면 항의를 하기는커녕 찾아가서 기저귀도 갈아 채워주었다. 동네 어머니들은 젖까지 먹여주었다. 사랑방의 노인들도 안고 얼러주었다. 새벽부터 시끄럽게 울어대도 "고놈 성질머리 대단하구나."라고 웃어 넘겼다. 우리 동네에 큰 인물이 태어났구나 하고는 즐거워했다. 잔병치레를 하는 아이에게는 "우리집 앞마당에 암탉이 알을 까서 노란 병아리가 열두 마리나 된단다. 다 잡아다가 약해라."라고 아이에게 농담을 했다. 동네 미래를 짊어지고 갈 아이들이 행복하다면 그 무엇이 아깝겠느냐고 온 동네가 걱정하고 정성을 쏟았다.

아프리카 속담에 '아이 하나를 키우는데 온 동네가 필요하다.'는 말이 있다. 아프리카는 풍토병 창궐, 열악한 의료시설, 경제상황의 어려움과 주거환경의 불량 등으로 어린아이들이 자라기에는 황폐한 사막과 같다. 그럼에도 그들은 온 동네 사람들이 남의 아이도 자기 자식처럼 돌보면서 살아가고 있다. 아무리 땟거리가 없어도 자기 자식과 같이 놀던 아이에게 먹을거리를 나눠준다. 아파서 칭얼거리는 아이에게는 내 자식 아플 때 먹이려고 보관해놨던 약까지 꺼내 먹이면서 쾌유를 빈다. 이렇게 온 동네가 마음을 합한다. "마음이 맞는다면 어떤 철벽같은 어려움도 극복할 수 있다. 그들의 말 또한 난초 꽃처럼 향기로워진다."고 한다.

작은 걸 탐하면 큰 걸 잃는다

중국 전국시대 진의 혜왕이 촉나라를 치기 위해 잔꾀를 내었다. 탐욕이 많아 앞뒤 물불을 가리지 않는 촉후를 이용했다. 황금이면 촉후의 눈알이 뒤집힌다는 데 착안해 신하들에게 나무로 황소를 만들게 하였다. 그리고 그 황소 뱃속에 황금덩어리를 집어넣고 '쇠똥이 금'이라고 인근나라에까지 소문을 냈다. 동시에 우호예물의 주인공이 촉후가 될 것이라고 말을 흘렸다. 유언비어는 촉후의 귀에까지 들어갔다. 신하들은 그 선물을 받지 말라고 극구 반대했지만 촉후만은 하늘이 준 행운이라고 확신했다. 모두가 반대해도 그는 진나라 사신 접견을 강행했다. 진나라에서 보내온 상납목록을 보고 눈이 어두워져 반대하는 신하들의 간언을 단박에 물리친 것이다. 그는 백성들을 징발하여 사절단을 맞이할 길까지 닦았다. 혜왕은 보석으로 만든 소와 날쌘 정병 수만 명을 촉나라로 같이 보냈다. 아무것도 모르는 촉후는 보라는 듯이 문무

백관을 좌우로 도열시켰다. 그것도 모자라 도성외곽 먼 데까지 몸소 마중을 나왔다. 죽마고우처럼 인사를 나누고 담소를 나누는 순간, 진나라 정병들은 숨겼던 병기를 잽싸게 꺼내 문무백관을 처참하게 살육하고 촉후를 생포했다. 끝내 쇠똥조차도 그의 손에 들어가지 못했다.

2010년 말 기온이 내려가자 전국적으로 구제역이 번졌다. 정부는 구제역 청정국의 지위를 조속히 회복하여 연간 20억 원이 되는 돼지고기 수출을 지키고자 했다. 그 결과 230만 마리의 가축을 살처분하게 되었다. 영국, 대만, 일본에서도 예방적 살처분 정책에 실패했다. 대신 예방적 백신정책을 실시하고 있었다. 우리 정부당국은 이런 국제적 정책변화를 읽지 못했다. 우리나라 당국은 구제역 초기에는 수십 마리 살처분으로 확산을 막을 수 있다고 생각했다. 당초의 계산으로는 백신접종 비용에다가 방역비를 보탠 몇 억보다 훨씬 적게 들어갈 거라고 짐작했다. 그러나 결국은 전국적 규모로 번졌고, 그 결과 보상비와 방역비로만 2조원 가량을 지출했다. 과거 영국과 대만이 경험했던 살처분이 바로 축산업을 괴멸시키는 지름길이라는 사실을 몰랐던 것이다.

2014년 하반기 언론을 달군 〈디 인터뷰〉는 북한을 겨냥한 영화다. 북한의 최고 권력자인 김정은의 암살을 다룬 미국 소니사에서 만든 코미디 영화로 개봉되기 전부터 많은 이슈를 몰고 왔다. 지금까지 살아있는 일국의 지도자를 이처럼 무참히 박살내는 영화는 없었다. 북한은 영화의 개봉을 앞두고 북한의 최고 존엄의 가치를 모독했다고 보복을 다짐하는 성명을 연이어 냈다. 급기야 미 소니 영화사의 홈페이지가 해킹을 당하는 해프닝이 벌어지기도 했다. 북한은 이 영화의 상영을 막아보려 했지만 정권체제의 취약성만 드러내고 오히려 영화를 선전해준

꼴이 되고 말았다.

한편 우리나라에도 비슷한 사례가 있다. 속칭 땅콩회항 사건이다. 2014년 12월 5일, 대한항공의 오너 일가인 조현아 전 부사장은 이륙 준비 중이던 기내에서 땅콩 제공 서비스를 문제 삼으며 비행기를 되돌려 수석 승무원을 내리게 했다. 이 사건이 언론에 공개되자 땅콩회항, 재벌가 갑질 논란을 촉발시켰다. 그런데도 대한항공은 조 부사장을 옹호하는 것은 물론 책임을 승무원에게 떠넘기는 사과문을 발표해 논란을 더욱 가열시켰다. 당시는 더군다나 '갑질 논란'이라는 굶주린 사자가 혈안이 되어 주변을 살피던 참이었다. 해당직원들에게 진정성 있는 사과만 했어도 이렇게 큰 파장을 몰고 오지는 않았을 수도 있다. 해당직원을 망신시키고자 했던 의도와는 반대로 대한항공사가 미국 법정에 피소되었고, 국제적 망신까지 당하게 되었다.

평소 우리들도 생활 속에서 이 같은 소탐대실을 경험하고 있다. 건강진단만 주기적으로 잘했어도 막을 수 있었던 질병인데 검진을 미루다 큰 수술을 받기도 한다. 직장생활을 할 땐 은퇴 후를 생각하지 않다가 임박해서야 발등에 불이 난다. 당장 죽는다고 해도 남길 것도 별로 없는 재산임에도 유언장 하나 작성하지 않고 불시에 떠나 자식들만 싸우게 만들기도 한다.

큰 것부터 먼저하라

내가 어렸을 적, 옛날 시골 동네에 유리항아리를 만드는 노인 한 분이 있었다. 모래에다가 가성소다라는 가루를 넣고 가열해 녹여낸 액체를 쇠막대기에 찍어, 입으로 불어 유리항아리를 만들어냈다. 눈으로 보기에는 아무것도 없는 것 같은데 유리가 되어 나온다. 마치 시간도 이와 같다. 많은 사람들이 "시간이 없다."고 하지만 시간은 그 순간에도 흘러가고 있다.

하루는 유리항아리를 만드는 노인의 모습을 신기하게 바라봤다. 노인은 나를 보더니 "꼬마친구, 흠집이 난 유리항아리를 하나 줄 테니 여기다가 밤자갈, 콩 돌멩이, 모래와 물을 하나도 넘치지 않도록 채워봐." 라고 과제를 주었다. "예, 청소아주머니가 금붕어 어항 청소를 하는 것을 봤어요."라고 대답하고 자신만만하게 유리항아리 하나를 받아서 청소아주머니가 금붕어 어항을 청소하던 순서를 회상하면서 물, 모래, 콩 돌멩이 그리고 밤자갈을 순서대로 넣었다. 물은 물론이고 모래까지도 넘쳐 흘러버렸다. 가만히 지켜보던 유리항아리 노인이 말했다. "이 친구, 이게 아니지. 세상만사는 큰 것부터 챙겨야 하는 법이지. 밤자갈, 콩 돌멩이, 모래 그리고 물 순서대로 채워야 한다네. 그래야 빈틈으로 물이 흘러 들어가서 넘치지 않는 법이지."라고 일러주었다.

얼마 전 아내와 함께 베트남으로 해외여행을 떠나기로 했다. 여행 가방은 내가 챙기겠다고 큰소리치고 중요하다고 생각되는 것은 먼저 넣고 추가로 필요하다고 생각되는 물품을 차곡차곡 쌓았다. 남은 옷가지는 들어갈 틈이 없어서 처음부터 다 꺼내고 짐을 다시 쌌다. 먼 발치서 지켜보던 아내가 "큰 것부터 먼저 넣고 작은 건 틈새에 끼워요."라고 소리를 질렀다. 그렇게 잘하면 직접 해보라고 뒤로 빠지고 지켜봤다. 아내는 큰 것을 챙기고, 깨지기 쉬운 것을 옷가지 속에 감쌌다. 자질구레한 소품들을 비집고 틈새를 만들어 넣었다. 다 넣고도 공간이 남았다.

킹핀을 찾아라

일처리 잘하는 요령은 중요성 혹은 시급성을 저울질하여 큰일부터 혹은 소중한 것부터 챙기는 것이다. 그리고 난 뒤 틈새 혹은 자투리 시간이 있으면 나머지 중에서 필요한 사항을 챙기면 된다. 눈앞에 보인다고 먼저 챙기다가는 소탐대실하는 어리석은 일을 범할 수 있다. 눈앞 미끼에 물고기가 낚이는 꼴이다. 시간 관리도 굵직한 일부터 일정을 짜고 중간에 발생하는 사소한 일은 틈새시간을 활용하면 된다. 물론 자투리시간을 적극 사용해야 한다. "유능한 재단사는 첫째로 고객의 몸에 딱 맞는 옷을 만든다. 둘째로는 비싼 자투리 천을 남기지 않는다." 이것이 디자이너의 '신의 한 수'다.

인생도 자투리 시간을 활용하면 작고 소중한 행복, 잊히지 않는 사랑과 같은 사소한 보석을 챙겨 삶을 아름답게 할 수 있다. 1~ 10분이면 할 수 있는 일이 너무 많다. 전화 한 통으로도 가능한 축하, 격려, 칭찬도 있고, 메모 한 장으로도 가능한 위로도 있다. "5분 먼저 공격했다면 나라의 운명이 바뀌었을 것이다."라고 나폴레옹이 말했다.

"이 세상에 가장 말도 안 되는 건 '시간이 없다'는 말이다."라고 발명왕 에디슨은 말했다. 기원전 3,000년경에도 '시간이 없다.'는 묘비가 있었다. 가속화된 현대사회에 사는 우리에겐 더욱 시간이 없다. 시간은 원래부터 없었고 지금도 없다. 시간이란 인간이 만든 개념이기에 자기 스스로 만들어야 하는 것이다. 밀치고 틈새를 내는 것이 시간을 만드는 비결이다. 시간 관리는 여행 가방을 챙기듯이 큰 것부터 먼저 그리고 작은 것은 틈새에 끼우는 식으로 해야 한다. 휴식도 만들어야 생긴다. 사소하고 작은 일은 자투리 시간을 활용하면 대부분 가능하다.

일머리를 튼다는 것은 다음과 같다. 첫째, 같은 일이라도 요령 있게, 순리대로 흘러가도록 한다. 둘째, 예상되는 장애물을 사전에 제거한다. 셋째, 함정이 있다면 넘어뛸 긴 막대기라도 준비한다. 옛 여인의 올림머리를 풀어헤치려면 먼저 비녀를 뽑으면 쉽게 풀린다. 진주목걸이의 매듭을 풀어야 진주 낱알들이 쏟아져 내린다. 강물에 흘러가던 뗏목들이 한곳에 얽힌 경우에 비녀에 해당하는 나뭇등걸을 하나 치우면 스르르 풀린다. 이것을 푸는 것이 바로 일머리를 트는 것이다. 요사이 젊은이들의 전문용어로는 볼링게임에 5번(킹)핀을 강타하는 킹핀강타(kingpin striking)를 잘해야 한다.

정치나 행정에서 킹핀을 찾아서 풀면 관련된 문제들이 한꺼번에 해결되는 경우가 많다. 1980년 미국 뉴욕시 교통국장에 데이비드 건(David Gun)이 임명되었을 때 뉴욕시는 범죄도시로 악명이 높았다. 그는 범죄해소를 위해 많은 고민을 했다. 최소비용으로 최대효과를 낼 수 있는 '뉴욕시 악명 지우기' 방안을 찾아 헤맸다. 그 결과 낙서가 범죄환경의 단초가 된다는 사실에 착안해 낙서 지우기 사업을 강력히 추진했다. 결과는 놀라웠다. 낙서만 지웠을 뿐인데 범죄율이 확연히 줄어들었다. 낙서가 지워지면서 범죄도시라는 나쁜 이미지도 함께 지워졌다.

작고 사소한 디테일이 큰 차이를 만든다

영국 속담에 '작은 상자에 값진 보석'이라는 말이 있다. 중국 속담에 '촌철살인(寸鐵殺人)' 혹은 우리나라 속담에 '작은 고추가 더 맵다.'는 표현도 있다. 문장에선 단순하고 짧은 것이 복잡하고 긴 것을 빰칠 때가 많다. 이런 충격적인 표현을 시적이라고도 한다. 시(詩)란 사찰(寺)에서 쓰인 짤막한 말(言)을 뜻한다. 장구한 설법을 요약하여 딸랑 한 줄로 함축한 기둥의 법언, 가슴에 안고 사는 화두, 백 일 무언의 하(동)안거, 뿐만 아니라 암자와 산과 하늘이 서로 품고 안기면서도 말 한 마디 없다.

노벨문학상 수상후보자로 몇 차례 올라간 시인 고은의 '그 꽃'은 "내려갈 때 보았네, 올라갈 때 못 본 그 꽃!"이다. 일본에도 사무라이가 단칼에 목을 베는 듯한 열일곱 글자 이내로 쓰는 전통적인 정형단시 하이쿠(俳句)가 있다. 대표적인 몇 구절을 소개하면 다음과 같다. "허수아비 뱃속에서, 귀뚜라미가, 울고 있네.", "꽃잎 하나가 떨어지네. 어, 다시 올라가네. 나비였네!", "얼마나 놀라운 일인가. 번개를 보면서도, 삶이 한 순간인 걸 모르다니.", "나는 떠나고, 그대는 남으니, 두 번의 가을이 찾아오네.", "한밤중에 잠이 깨니, 물 항아리, 얼면서 금가는 소리." 등이 있다.

동양에서는 기원전부터 사자성어로 때로는 소설 한 권의 의미를 때로는 백세노인의 경험을 대신하는 교훈을 던져주고 있다. 불교 혹은 힌두교에서는 삼라만상의 섭리를 한 장의 그림으로 요약하기도 한다. 바로 '만달라' 그림이다. '만달라(Madala)'는 산스크리트어로 본질인 만달(Madal)과 소유의 라(la)가 결합되어 '본질의 것', 또는 '본질을 담고 있음'이라는 뜻이다.

앨버트 아인슈타인 '$E=mc^2$(에너지량=질량×빛의 속도)'라는 특수상대성을 수식 하나로 표현했다. 심지어 처칠은 "한 문장으로 청중에게 설명해서 설득하지 못하면 연설은 꿈도 꾸지 말라."고 했다. 작고 사소한 것이 중대한 역할을 하는 경우가 허다하다.

쪽지 한 장이 몰고 온 파문

2003년 크리스마스 시즌에 개봉한 영화 〈러브 액츄얼리〉는 스케치북을 통한 "메리 크리스마스(Merry Christmas)", "내게 너는 완벽해(To me, you are perfect)."라는 사랑고백으로 관객의 마음을 사로잡았다. 영화가 개봉된 지 한참이 흘렀지만 스케치북 고백씬은 지금도 종종 패러디되고 있을 정도로 인기를 끈 장면이다.

지난 2010년 11월 15일, 한 슈퍼마켓에 험악하게 생긴 남자가 들어왔다. 그는 아무 말 없이 종업원에게 작은 메모쪽지를 내밀었다. '소리 지르면 죽어. 돈 몽땅, 가방에 넣어!' 쪽지 한 장으로 아무런 방해도 받지 않고 조용히 볼일을 봤다고 언론은 전하고 있다. 2014년 12월 5일, 국회 문화체육교육위원회에서는 질의 답변하는 장관에게 해당부처 국장이 '여야 싸움으로 몰고 가야 한다.'는 쪽지를 건네다가 카메라에 잡혔다. 또한 국회 회의장에서 여당대표가 자신의 수첩 속에 'K.Y 사실 밝힌다.'라고 자신이 메모한 것을 보다가 주변에 대기했던 기자의 카메라에 찍혀 파문을 일으켰다.

1970년대에 초등교사로 근무했던 친구로부터 들었던 이야기이다. 4학년을 담임하던 때 스승의 날, 모든 학생들이 크고 작은 선물로 스승의 은혜에 감사를 표했다. 수업을 마치고 집으로 돌아가고자 선물을 챙기고 있을 때였다. 교실 안이 캄캄해지는 느낌이 들어 밖을 보니 비가 쏟아지고 있었다. 혹시나 아이들이 두고 간 우산이라도 없나 살펴보던 순간, 구석에 정말로 우산 하나가 세워져 있는 게 눈에 띄었다. 우산을 펼쳐든 순간, 쪽지 한 장이 바람에 날려 땅바닥에 떨어진 채 비를 맞고 있었다. 얼른 쪽지를 주워들어 보니 '선생님, 죄송해요. 부모님만 아프지 않아도……. 선생님 비 맞으면 안돼요. 소중한 선물도요.'라고 쓰인 아이의 삐뚤빼뚤한 글씨로 적혀 있었다. 엉거주춤 서서 쪽지를 읽고 다시 일어나다 옆구리에 꼈던 선물들이 주루룩 땅에 떨어져 대신 비를 맞고 있었다.

신도 악마도 디테일 속에 숨어있다

공무원사회는 보수성이 강하다. 공무원이란 헌법상 '국민에 대한 봉사자'로 규정하고 있다. 한 마디로 공복(公僕)이다. 주인과 노비와 관계를 현대적 법률용어로는 특별권력관계 혹은 근로자와 사용자, 최근 논란이 되는 용어론 갑을(甲乙)관계다. 동물에 비유하면 고양이와 쥐의 관계다. 지난 MB 정권에서는 '주인과 머슴'이란 말을 많이 했다. "으뜸이 되고자 하는 자는 먼저 섬겨라."라는 말까지 인용했다. 조직 내에서는 부하직원의 평가는 공헌도, 업무추진 역량, 실적이라고 하지만 솔직하게 말하면 대부분이 충성여부에 달렸다. 성경에도 이런 구절이 나온다. "네가 잘 하였구나. 착하고 충성된 종아, 네가 적은 일에 충성하였으니. 내가 많은 것을 네게 맡기리니. 네 주인의 즐거움에 참여할지어다." 충성에 대한 보답이 바로 신뢰다.

상사와 부하직원의 관계를 수학으로 표시하면, '10－1＝0, 100－1＝발등 찍은 도끼, 1,000－1＝죽일 놈'이다. 열 번을 잘 모셨더라도 한 번 실수를 하면 아무것도 아닌 것이 된다. 백 번을 충성했지만 한 번 역린을 건드렸다면 발등을 찍은 도끼가 된다. 수년 동안 '화원교도소 담장을 타면서'까지 모셨는데도 마지막 사소한 것 하나 안 들어줬다고 죽일 놈으로 매장시킨다. 공직사회에선 승진이나 영전을 위하여 상관에게 충성을 다하는 것을 속칭 '보험에 든다'고 한다. 한 명으로 안심이 안 되면 이중삼중으로 재보험을 들기도 한다.

상관의 자존심을 상하게 해 수년간 쌓았던 충성을 한 방에 무너뜨리는 것은 작은 디테일이다. 악마는 디테일 속에 숨어있다. 중국 저장성에서 냉동새우를 판매하던 중소기업의 이야기이다. 한번은 그 회사가 유럽의 수입업체로부터 수입을 거부당하고 손해배상까지 청구당하는 일이 생겼다. 냉동새우의 50억분의 1에서 항생물질이 발견되었기 때문이었다. 원인을 추적해보니 새우를 손질하는 한 여직원이 손에 습진이 생겨 바른 약이 원인이었다.

반면에 생각지 못한 사소한 일이 행운을 불러오기도 한다. 2008년 전국적으로 화물대란의 기미가 시작되었다. 국토건설부의 담당사무관이 화물운전기사와 같이 휴게소에서 식사를 하면서 대화하는 모습이 보도됐다. 이를 보고 MB 대통령은 무릎을 치면서 '영혼이 있는 공무원'이라고 그를 극찬했다. 면접을 보러 간 한 구직자는 면접을 마치고 나오면서 바닥에 떨어진 종이뭉치를 주워서 휴지통에 버렸다. 그 순간 면접위원들이 소리쳤다. "펼쳐서 읽어보세요." 쓰레기인줄 알았던 종이뭉치에는 '당신을 환영합니다'라고 쓰인 합격통지서가 적혀 있었다. 인성을 중시한 사장이 고안해낸 테스트를 통과했던 것이다.

직장상사부터 무장해제시켜라

과거 5.16 군사혁명 시절, 국가에서는 공무원들에게 '혁명공약'을 암기시켰다. "첫째, 반공을 국시의 제일로 삼고……. 넷째, 절망과 기아선상에서 허덕이는 민생고를 시급히 해결하고……."라고 줄줄 외웠다. 부하직원이 출장을 갔다 오면 "절망과 기아선상에서 허덕이는 민생고를 시급히 해결하고."라는 구절을 몇 번이고 외우는 직속상관이 있었다. 상관의 민생고를 먼저 해결하라는 압박이다. 시쳇말로 직장상사에게 보험금을 불입하라는 암시다. 만약 공단으로 출장을 다녀왔다면 우산공장 사장으로부터 받은 우산을 직속상관에게 상납하라는 거다. 아무것도 가져갈 것이 없는 때를 대비해 부하직원들끼리 십시일반해 공동기금을 마련하기도 했다. 당시는 쇄신의 칼날이 서슬 퍼렇던 때였음에도 이런 일들이 잦았다. 이권이 있는 업무처리를 하는 것을 비유해 '화원교도소 담타기'라고 했다. 담 밖으로 떨어지면 승진과 영전이지만 담 안으로 떨어지면 푸른 죄수복을 입어야 했다. 혼자서 모든 범죄를 뒤집어쓰고 교도소에 들어가는 것을 '독박을 쓴다.'고 했다. 대체로 직속상관를 위해서 뒤집어쓰는 하급직원을 '의리의 사나이 돌쇠'라고 했다.

기원전에도 승진을 위해 보험을 드는 사례는 비일비재했다. 중국 춘추시대 제나라의 간신 역아는 자신이 극진히 모시던 환공이 "산해진미를 다 먹어봤는데 사람고기만은 못 먹어봤다."라는 농담을 하자 자신의 네 살짜리 아들을 삶아 요리를 해서 받쳤다. 이렇게까지 절대 충성하는 데 환공은 감격하지 않을 수 없었다. 간혹 직장회식 자리에서도 직속상관에게 충성맹세는 하는 일이 있다. 가장 많은 흔한 사례로는 정보제공, 금품상납 등으로 직속상관의 환심을 사는 마전주구(馬前走狗)가 되는 것이다. 최악의 경우에 상관을 대신하여 독박을 쓰고 조용히 죽어주는 것이었다.

권문세가의 권력에 의해 고려라는 국가가 망국의 길을 걷는 모습을 지켜본 정도전은 '조선경국전'이란 법전에 공무원 독직죄에 한해 '가마솥에 넣고 삶아 죽임' 극형으로 규정했다. 이는 조선중기에 와서 경국대전으로 그대로 옮겨졌다. 그는 평소 공무원들이 스스로 토사구팽을 원한다고 봤다. 그렇게 해주는 것이 옳다고 생각했다. 지난 2013년 2월 25일 출범한 박근혜 대통령은 "공무원은 진돗개 정신을 가져야 한다. 한번 물면 죽어도 놓지 않는 근성이 있어야 한다."는 주문을 했다. 그래서 그런지 2014년 12월 4일 속칭 '청와대 문건 유출사건'으로 연유되어 검찰에 조사를 받던 한 비서관이 "나는 감시견이었다."고 했다. 이 같은 비유는 오늘만의 이야기가 아니다. 고려 말 익재 이제현은 관리를 "공직에 있을 땐 공산명월처럼 땅땅거리다가 물러나면 상갓집 개처럼 차이고 만다." 고 했다. 지금도 선거철마다 공무원은 '상갓집 개'로 매번 발길에 차인다.

상사의 역린을 건드리지 마라

2012년 상영한 영화 〈스파이〉에서는 "나는 당신이 아는 상사에게도 보험을 들었지만, 그 상사의 위에도 재보험을 들었지. 하나만으로 못 믿지." 라는 대공수사기관 직원의 대사가 나온다. 이어 "우리가 개란 말인가. 짖지는 말고 물고 뜯으라는 거지." 라고 불평불만을 늘어놓는다. 영화의 배경 당시는 정권말기의 레임덕이 심했던 때였다. 평상시 상사에게 보험 들기로는 속칭 눈도장(얼굴 내밀기)찍기 정도다. 하지만 근무평정기간이나 승진인사 때는 눈도장만으로는 부족하다. 초급을 다툴 경우엔 몸과 돈으로 도장을 찍어야 할 판이다.

직장생활에서 살아남고 싶다면 보험 들기보다 더 중요한 것이 있다. 상사의 역린을 건드리지 말아야 한다. 일본 속담에 '유능한 독수리는 발톱을 감춘다.'고 한다. 유능한 독수리는 절대로 남의 새끼를 키우지 않는다. 독수리가 남의 새끼를 키울 때는 먹잇감으로 삼고자 할뿐이다. 이와 같이 유능한 상사일수록 자기 사람만을 받아주고 키운다. 수백 번 보험을 들었다고 해도 사소한 언행으로 역린(逆鱗)을 건드리는 경우는 가차 없이 제거할 것이다. 평소 감추었던 발톱을 내고 부하직원의 숨통을 끊고 만다.

"역린 즉, 용의 목에 거꾸로 난 비늘을 건드리는 사람은 반드시 죽고 만다." 중국 춘추시대 『한비자』라는 책에 나오는 말이다. 신성한 용이나 아무리 유능한 상사라도 절대로 드러내거나 비판받고 싶지 않은 뼈아픈 곳이 있다. 아픈 곳을 함부로 건드려 목숨을 잃지 말라는 뜻이다. 영화 〈역린〉에서는 평소에 작은 일도 무시하지 않고 최선을 다해야 한다고 말한다. "작은 일에도 최선을 다하면 정성스럽게 된다. 정성스럽게 되면 겉에 배어 나온다. 겉에 배어 나오면 겉으로 드러난다. 겉으로 드러나면 이내 밝아진다. 밝아지면 남을 감동시킨다. 남을 감동시키면 이내 변화가 생기게 된다. 변혁이 일어나면 번창하고 화평하게 된다. 그러니 오직 세상에서 지극히 정성을 다하는 사람만이 나와 세상을 변하게 할 수 있는 것이다."

상사의 마음을 얻어라

군사적 용어인 무장해제란 첫째, 가장 먼저 마음(믿음)부터 얻어야 한다. 둘째, 손에서 무기를 내려놓아야 한다. 셋째, 서로 악수를 하고 손가락을 걸고 약속을 한다. 넷째, 약속한 사항에 대해서 수시로 알려주고, 눈으로 확인시켜 신뢰를 유지한다. 직장상사의 무장해제도 이런 수순을 밟아야 한다. 상사부터 무장해제시켜야 능력을 인정받을 수 있고 자기관리도 할 시간이 생긴다. 동시에 그 상사가 있는 한 전도는 탄탄하게 보장받을 수 있다. 그렇다면 어떻게 상사의 마음을 무장해제시킬 수 있을까?

일반적으로 마음을 얻는다는 건 대부분 상대방이 필요로 하는 도움을 줄 때이다. 평상시 상사가 하는 말에 적극 공감하며, 경청하는 모습을 보여야 한다. 가장 좋은 방법은 마음을 열고, 귀도 열며, 시선을 마주하며 맞장구를 치는 것이다. 판소리를 가장 흥겹게 듣는 방법은 "얼씨구~ 좋다", "잘한다" 등 추임새를 제때 넣는 것이다. 그래서 관객이 입으로 추임새 넣는 것을 '맞장구를 친다'고 한다. 적군의 장군을 잡고자 한다면 그가 탄 말부터 쏴야 한다. 상사의 마음을 얻고자 한다면 상사가 믿고 있는 심복의 마음부터 사로잡아야 한다. 마릴린 먼로를 더욱 요염하게 보이게 한 것은 입가에 난 작은 점이었다. 마찬가지로 사소한 언행일수록 더욱 신경을 써야 상대방의 마음으로 비집고 들어갈 수 있다.

직장에서 주변사람들로부터 마음을 얻는 사람을 살펴보면 다음과 같다. 남들이 하기 싫어하는 일을 자진해서 하는 사람, 눈치 보지 않고 먼저 망가져서 웃음을 주는 사람, 대화 시 경청하고 제때 맞장구를 치며 시기적절하게 반응하는 사람, 누구에게나 차별 없이 관심을 갖고 마음 문을 여는 사람, 상황이나 분위기가 진퇴에 빠졌을 때 대화나 행동의 최적 타이밍을 알아서 해결하는 사람. 매사에 맺고 끊음이 분명하되 용서하고 사과할 줄 아는 사람이다.

상사의 마음을 얻었다면 다음은 업무처리에서 신뢰감을 줘야 한다. 그래야 비로소 무장해제가 된다. 묵묵히 일하면서 신뢰를 심는 방법도 있겠지만 자신만의 '상사 무장해제 프로젝트'를 진행해 보는 것도 좋다. 첫째, 먼저 상사의 속셈을 알아야 한다. 만약 새로 부임해 온 상사가 직무대리로 왔다면 승진이 주요 관심사일 것이고, 좌천되어 왔다면 명예회복이 가장 큰 목표일 것이다. 둘째, 주변 지인 혹은 당사자와의 면담을 통해서 주요 관심사항을 파악해야 한다. 새로 온 상사라면 그 상사가 어떤 일에 관심을 두고 있는지부터 파악해야 한다. '중요사업목록(To-Do List)'을 작성해 면담을 요청하라. 비교적 단기간인 2~3개월 이내에 부서에서 꼭 해내길 바라는 사업에 관해 물어보고, 그 업무에 집중해야 새로 온 상사의 신임을 얻을 수 있다. 그 다음으로 기관장이 중점적으로 실시하고 있는 분야에서 할 수 있는 일을 찾는다. 여기에 추가하면 근무평가의 가점사항, 시범사업 등을 선별한다. 셋째, 중요사업목록에 대해서 설명하고 의견을 가감하며, 추진 의지를 표명한다. 또한 문제점에 대해 지원을 요청한다. 넷째, 주기적으로 보고를 드리고 약속한 기간 안에 일을 마무리한다. 이렇게 업무신뢰를 쌓아야 무장해제가 가능하다.

어떤 부서에 주무를 맡았다면 눈치도 빨라야 한다. 출장이나 문상 또는 접대 등을 대비해서 준비물을 항상 서랍 속에 구비해놓아야 한다. 급작스러운 문상을 위한 검정 넥타이, 귀빈 혹은 감사관 방문 등을 대비해 칫솔과 치약, 긴급한 상황대비를 위해 현금 수십만 원 정도, 출장 때는 목적에 맞게 정성을 담은 작은 선물, 상사의 명함이 떨어질 때를 대비한 상사의 명함 10매 내외, 식사 후 껌, 대화 중 필기도구 등은 늘 구비해놓고 필요에 따라 바로바로 찾아 쓸 수 있도록 해야 한다. 재깍재깍 조달해야 눈치 빠른 직원이 된다.

이외에도 미리 알아서 해야 할 일은 다음과 같다. 기관장이 방문했던 기관에 일주일 이내에 감사서한과 예물 배송, 업무 관련 보도를 내준 기자에게 일주일 이내에 전자우편으로 안부를 보내거나 감사카드를 우송해야 한다. 평소 관심을 표명한 분들에게는 명절 때 작은 성의 표시를 하는 것도 좋다. 병원에 장기 입원한 직원을 찾아가 위로하거나 평소 관심사항과 지론을 정리하여 언론에 기고하는 등 작은 이벤트를 해보는 것도 좋다.

위대한 척하면 위대하게 풀린다

유명한 감독처럼 행동하다가 세계적인 거장이 된 인물이 있다. 바로 스티븐 스필버그 감독이다. 여덟 살에 8mm 카메라를 선물로 받은 스필버그는 열 살부터 혼자 힘으로 영화를 제작했다. 열일곱 살에는 유니버설 스튜디오에 숨어 들어가서 사흘간에 스테프 얼굴을 다 익히고 들락날락 감독처럼 드나들었다. 훗날 그는 〈인디아나 존스〉, 〈쥐라기 월드〉, 〈라이언 일병 구하기〉, 〈트랜스포머〉 등을 제작하였고, 세계적인 거장이 되었다.

일하는 사람보다 일하는 척하는 사람이 더 높게 평가를 받는다는 말처럼 어떤 분야에서 최고가 되고 싶다면 성공하기 전에 이미 성공한 것처럼 행동할 필요가 있다. 일반 직장에서도 비일비재한 일이지만 군대나 공직사회에서는 유능한 사람이 승진하고 보직을 맡는 것이 아니고 충성도에 의해서 결정될 때가 많다. '직장이란 무능한 사람이 무능함을 드러낼 때까지 승진하는 곳'이라는 게 딜버트 법칙(The Dilbert's Principle)이다. 조직에서도 일하는 척, 유능한 관리자인 척, 돈 많은 척, 전문가인 척하면 그렇게 인정받게 된다.

조직사회는 척하면 척척 풀리는 곳이다. 책상 위에 전문서적이 수북하게 쌓여있고, 외국 전문잡지를 보라는 듯이 펼쳐놓고, 업무수첩에 끼워진 보조 자료가 두둑할수록 일을 많이 하는 사람으로 비춰진다. 이미 받았던 결재서류라도 옆구리에 끼고 관리자들이 지나가는 통로에 오가면서 깍듯이 인사만 잘해도 일 잘하는 사람이 된다. 면식이 있는 간부사무실에 들어가서 대화도 나누고 식사도 같이 한다면 금상첨화다. 척하는 사람에게는 예의바름과 정갈한 용모가 역량이다. 또한 그것이 업무추진력으로 비춰져 정말로 일이 척척 풀린다.

앨빈 토플러(Alvin Toffler)는 저서 『부의 미래』에서 고속도로에서 스피드건을 잡은 단속경찰관의 눈으로 기업, 시민단체, 정부조직, 학교, 유엔기구, 정치계, 사법부 등 9개 기관을 관찰했다. 그 결과 9개 기관들의 '혁신의 속도'를 측정해 이렇게 말했다. "혁신의 속도로 보았을 때 기업은 시속 100마일로, 정부조직은 25마일로, 학교는 10마일로, 정치계는 3마일로 달리는 것으로 드러났다. 이렇게 다양한 속도로 한 고속도로 위를 달리기 때문에 속도충돌이 생기기 마련이다. 혁신속도가 느린 사회일수록 권위, 보수, 충성, 인간관계, 관례 등의 브레이크가 많기 때문에 일하는 척하는 것이 참신한 일로 비춰지는 착시현상을 일으키고 있다." 그래서 척하면 척척 풀리는 세상이 되고 있다.

세상 어디나 마찬가지다. 미국 동부의 명문대학 유능한 교수들은 매년 10월 10일 부근이 되면 설레는 가슴으로 여행 가방을 싸놓는다고 한다. 혹시라도 노벨상 수상자로 초청을 받을 것에 대비한 행동이다. 뿐만 아니라 스웨덴 한림원에서 노벨상수상자 통보와 전화인터뷰를 하고자 한다면 즉각 응할 수 있게 대답까지 준비를 해놓는다. 평소에도 이렇게 두근거리는 가슴과 끓어오르는 열정으로 일한다고 한다. 실제로 노벨상 수상자 발표 결과, 수상자가 될 거라고 예측하고 행동했던 사람들이 대부분이라고 한다. 평소에 척했던 사람이 척척 풀린다.

스웨덴의 속담

태어난 지 채 백일도 되지 않는 어린아이에게 베갯머리 독서를 시작하는 나라, 네 살이 되기 전에 1,400단어를 구사해 앞서가는 지성인으로 키워나가는 나라가 바로 스웨덴이다. 스웨덴 유치원의 교육이념은 '고독을 즐기는 세계 지도자를 기른다.'로 아이들의 행복추구권을 강조하는 다른 나라와는 사뭇 남다르다.

왜 하필 고독일까? 세계 지도자는 절대적 고독을 극복하고 이를 향유해야 한다. 모든 것을 책임지고 어떠한 난관도 헤쳐나가야 하기 때문이다. 이런 교육이념과 전통이 결국 매년 세계지성의 향연을 스웨덴에서 개최할 수 있도록 만들었다. 자국의 과학자 노벨의 유언에 따라 세계 최고 지성들에게 노벨상을 시상하겠다는 발상부터 세계인의 주목을 받았다. 철통 보안으로 유명한 비밀 심사는 물론 이제까지 비리사건 하나 없이 철두철미한 추진력으로 밀고나가 그 자체만으로도 존엄성을 인정받고 있다. 이런 존엄성은 지구촌 지성과 지도자를 광분시키고 있다.

스웨덴 사람들의 사고와 언행은 속담에도 잘 녹아 응축되어 있다. 결혼관에 있어서는 '사랑 없는 인생은 여름 없는 한해다.' 긴 겨울날씨에 비해 토끼꼬리처럼 짧은 여름에 대해서는 첫사랑 연인처럼 환상적으로 좋은 이미지를 갖고 있다. '불행한 결혼은 한 사람은 이미 지옥에 갈 전도금을 받아 쥔 것이다.'라고 유화처럼 선명하게 말하고 있다. '처녀가 세 명의 청혼자를 차버리면 다음엔 제 발로 청혼해야 할 것이다.'라고 인간사회의 자연스러움을 말하고 있다. '사랑이 없는 젊은이, 지혜가 없는 노인 이들은 실패한 인생이다.'고 단정하고 있다.

삶에 대한 지혜로는 '행운의 여신은 그저 주지 않고 빌려준다.' '악마는 부자 집에 한번, 가난한 집에는 두 번 찾아간다'고 한다. 그래서 없는 사람의 입장에선 불행은 엎친 데 덮친다. '슬픔의 새가 머리 위를 지나가지 못하게는 못해도, 그 새가 당신의 머리에 둥지를 틀지 못하게는 할 수 있다', '서로 나눈 기쁨은 두 배나 더 기쁘고, 서로 나눈 슬픔은 절반밖에 슬프지 않다'는 그들은 평소 고통나누기를 통해서 자연환경의 악조건을 극복해 왔다. '아침이란 아가씨는 입에 황금을 물고 있다'라며 하루 중 가장 황금과 같은 아침시간을 헛되이 보내지 말라고 가르치고 있다.

'약한 자 중에서 가장 강한 자는 자기가 약하다는 사실을 잊지 않는 사람이다', '우리는 누구나 모자 밑에 바보를 넣어두고 있는데 어떤 사람은 다른 사람보다 그것을 잘 감추고 있다.' 잘난 체 했다가는 들통나는 수가 있다고 경고한다.

'요리사가 많으면 국 맛이 없다'는 말이 우리의 속담 사공이 많으면 배가 산으로 간다는 의미와 같다. '성경은 교화보다 오래 되었다.' 물질적인 것보다 먼저 지혜를 존중해야 한다는 뜻으로 많이 사용하고 있다. '성난 고양이는 살을 할퀸다'란 위험한 것을 스스로 알아서 피하란 뜻이다.

3장

스페인,
삶의
순례길에서 찾은
'진정한 나'

먼저 입구를 막고 있는 돌부터 치워라

스페인의 산티아고 순례길은 세계적인 카톨릭 성지 순례길로 지금도 전 세계 도보여행가들이 즐겨 찾는 일생에 꼭 한 번은 걸어야 할 순례길로 꼽히는 곳이다. 800km에 가까운 대장정으로 한 달에서 40일 남짓 걸어야 한다. 이 길고 긴 길을 대학생부터 노인들까지 다들 무엇인가 의미를 찾기 위해 떠난다. 성지순례는 선인들의 발자취를 찾는 과정인 동시에 삶의 의미를 찾아가는 수련의 과정이다. 순례를 통해서 사람들은 자아 즉, 진정한 자기의 모습을 발견하게 된다. 그리고 그 과정을 통해 자신이 처한 문제를 더 명확히 보게 되어 해결방안을 모색할 수 있게 된다. 때문에 성지순례는 순례자 자신에게 많은 의미를 던진다.

현재 우리나라의 취업선호도 1위가 공무원이라고 한다. 한창 진취적이고 미래지향적이어야 할 젊은이들이 공무원을 최우선으로 선호하는 사회는 희망적일 수 없다. 미국의 어느 행정학 교과서 서문에는 "관료제는 젊은이들의 아이디어와 열정을 끌어 땅에다 묻는 장의사다."라는 표현이 있다. 영국 속담에서는 '공무원이란 죽음의 길이다. 입도 눈도 귀도 언제나 막아야 한다.'라고 말한다.

영화 〈버틀러, 대통령의 집사〉에서는 "불필요하면 못 본 체하라. 듣지도 말아라. 단지 서비스만 해라."라는 대사가 나온다. 역대 백인 대통령을 모셨던 흑인 집사는 "백인의 눈으로 보아라. 그들이 좋아하는 것을 찾아라. 그들을 웃게 하라. 그리고 그들의 마음을 읽어라."를 신조로 삼고 평생을 살았다. 자신의 삶은 없었던 것이다.

공복은 동서고금을 막론하고 일반사회로부터 격리수용하는 동굴 역할을 한다. 공직사회 내에서는 특별법 혹은 계급제도라는 수의와 염포로 꽁꽁 묶는 것을 특별권력관계라고 미화하고 있다. 현대적 표현으로 좀비로 만든다. 좀비에게 진정한 삶이란 불가능할 것이다. 움직인다 한들 진정으로 살아 있는 삶이 아니다. 많은 젊은이들이 이런 상태로 살아가고 있는 것은 아닐까. 자신이 처한 현재 상황이 무엇인지 알고, 장애물을 치우는 법을 알아야 좀비 상태에서 탈출할 수 있다.

예루살렘에서 한 오리쯤 떨어진 베다니란 곳에 마르다의 동생 나사로가 죽어 무덤에 묻혔다. 죽은 지 나흘이 지나 시체 썩는 냄새가 진동했지만 예수는 나사로의 무덤으로 가 입구를 막고 있는 돌부터 먼저 치우라 했다. 그리고 동굴 안으로 들어가 시체를 묶는 수의와 끈을 풀게 했다. 그리고는 "나사로야, 나오너라!"라고 명했다. 이 성경 구절은 오늘날 우리에게도 시사하는 바가 크다. 대다수 사람들은 자신의 앞길을 막고 있는 장애물이 무엇인지조차 모르고 살아간다. 그러니 그 장애물을 어떻게 치워야 할지는 더욱 모른다. 조직사회에 빗대면 죽은 나사로는 꼬리표 붙이기, 소문내기 등으로 병들어가고 죽어가는 조직구성원에 비유할 수 있다. 그렇다면 어떻게 해야 무덤을 박차고 나와 진정한 삶을 살 수 있을까?

예수가 죽은 나사로를 살린 이야기에는 그 해결책 또한 담겨 있다. 첫째, 자신이 처한 상황을 인지해야 한다. 둘째, 앞으로 나아가는 데 장애가 되는 입구의 돌부터 치워야 한다. 셋째, 다시 회복할 수 있다는 믿음을 가져야 한다. 넷째, 자신을 옭아매고 있던 수의와 끈을 풀어야 한다. 다섯째, 동굴을 박차고 나와야 한다.

동굴에서 나와 나만의 마법의 돌을 만들어라

조직은 존립을 위하여 조직구성원에게 각종규정 및 위계질서 등으로 이중삼중 제한하는 굴레를 만든다. 특히 공직에 있는 사람이 일반인과 같은 비리를 저질렀다면 국민으로부터 받는 처벌과 조직구성원으로부터 받는 처벌을 이중으로 받게 된다. 여기에다가 시민의 감시, 언론의 되씹기, 체면손상 등으로 본인은 물론이고 가족들의 운신까지 폭을 좁힌다. 아집과 욕심을 버리지 못하면 자신도 모르는 사이에 동굴 입구를 막는 돌멩이를 쌓게 된다. 스스로를 굴 속에 가두는 꼴이다.

적을 막기 위한 난공불락의 요새가 적에게 포위되면 수족을 묶는 쇠사슬로 변한다. 적군 정탐에 시야를 가리고, 어떤 행동을 하든지 제한을 가하는 족쇄가 된다. 그러나 어떤 경우에는 술주정뱅이에게 아내의 잔소리가 술을 먹기 위한 핑곗거리가 되듯이 합리적인 제한이 더 자유로울 수 있다. 직장생활을 핑계로 친지의 관혼상제 참석에 소홀해도 넘어갈 수 있다. 박봉에 시달린다며 금전 지출에 인색해도 그러려니 받아들여진다. 마치 잘 날던 연의 연줄을 끊으면 나뭇가지에 걸리거나 땅에 처박히는 것과 마찬가지다. 연에게 연줄은 자유롭게 나는 데 장애물처럼 보이지만 실상은 반대다. 팽팽하게 당기는 연줄이 있기에 연은 역풍을 거슬러 하늘 높이 날아오를 수 있다.

사하라 사막에 사는 유목민인 투아레그족에게는 독특한 교육법이 있다. 이 부족은 일정한 때가 되면 10대 아이들 중 몇 명을 선발하여 어른들과 함께 혹독한 모래폭풍이 몰아치는 사막으로 여행을 보낸다. 사막 어딘가에 있는 신비한 '마법의 돌'을 찾아오게 한다. 태양이 철판 위에 콩을 볶듯이 사막의 열기는 사람들을 들볶는다. 한치 앞이 보이지 않는 모래바람이 몰아친다. 이를 뚫고 전갈과 코브라가 우글거리는 너덜겅 골짜기에서 밤을 보낸다. 태양열에 달구어진 돌멩이를 모아서 침대를 만들고, 그 위에 풀을 덮고 누워 잠을 청한다. 밤이 깊어지면 따뜻했던 돌들은 다 같이 변심이라도 한 것처럼 냉기를 내뿜는다. 영하로 떨어진 밤공기에 떨다보면 어느새 새벽이 다가온다. 동굴처럼 캄캄한 사막의 밤이 지나고 동녘에 해가 뜨면 또 다시 새로운 하루가 시작된다. 이렇게 험난한 행군을 한 지 수개월 만에 아이들과 어른들은 목적지에 도착하게 된다. 하지만 신비한 마법의 돌은 어디에도 없다. 실망한 아이들에게 어른들은 이렇게 말한다. "여행하면서 들인 너희들의 습관이 바로 마법의 돌이란다. 너희는 이제 어떤 고난 속에서도 자신과 가족을 지키는 신비한 능력을 지니게 되었단다." 이렇게 얻은 경험들이 삶에 '마법의 돌'이 된다는 것이다.

황금갑옷을 벗어 던져라

한편 우리가 지금 동굴로 생각하고 있는 것은 밖에 있는 사람들에겐 난공불락의 요새다. 시민의 입장에서 보면 특별권력관계는 갑질하는 예리한 창이다. 상명하복과 계급제는 보수적이고 자기들끼리만 보호하기 위한 방패다. 조직이란 밖에서 볼 때는 황금빛 갑옷같기 때문이다.

조직생활에서 은퇴는 냉혹한 현실에 알몸으로 던져지는 것이다. 조직사회에서 얻는 지혜와 경험은 쓸모없게 된다. 단지 입에 풀칠을 하는데 도움이 되는 정도다. 퇴직과 동시에 모든 걸 다시 시작해야 한다. 스타트 선상에 다시 서게 된다. 직장 혹은 공직에서 입었던 황금갑옷은 거추장스러운 장애물이 될 뿐이다.

서기 927년 8월 왕건은 신라 경애왕의 요청을 받아 기병대 5천명을 지원하기로 했다. 현재 대구 공산으로 급히 파견하였다. 후백제 견훤군은 왕경 경주를 학살과 방화로 온통 쑥대밭을 만들었다. 왕건은 먼저 공산에 와서 기다렸다가 퇴군하는 견훤군의 후미를 공략하겠다는 계략을 세웠다. 견훤은 이미 눈치 채고 역으로 입구를 막아 독안에 든 쥐를 만들었다. 결국 왕건은 견훤군에게 3중 포위되었다. 찍소리도 못하고 다 죽을 형편이었다. 이때 신숭겸이 왕건의 갑옷으로 바꿔 입었고, 그의 백마를 타고 지휘하였다. 견훤군이 왕건을 생포하고자 틈을 주지 않고 공격했다. 이 틈을 타서 견훤군 병사 복장으로 갈아입은 왕건은 무사히 탈출할 수 있었다.

위기 상황에서 살아남고 싶다면 지금껏 자신을 지켜주고 있다고 믿었던 황금갑옷조차 과감히 벗어 던져야 한다. 탈피하지 않으면 성체가 될 수 없는 매미처럼 한순간 알몸이 노출되어 새들의 먹잇감이 되는 위기를 겪어 넘겨야 한다. 안식처 같은 동굴에서 뛰쳐나오고, 황금갑옷을 벗어 던지기를 주저하지 않아야 새로운 기회를 맞이할 수 있다.

성공하고 싶다면 인정머리부터 갖춰라

낚시꾼들은 물고기가 모여드는 곳을 귀신같이 잘 안다. 그리고 물고기가 모여드는 곳을 물 좋다고 표현한다. 고기 입장에서는 먹이가 많아야 모여든다. 물고기뿐만 아니라 장사꾼, 날품팔이꾼, 술꾼, 심지어 노래방고객도 물 좋은 곳을 찾는다. 옛날 모래 속에서 금을 캐던 사금꾼들이 하는 말이 물고기가 모여드는 곳에 사금도 있다고 했다. 물도 인간처럼 마음이 쏠리는 곳이 있다. 사람이 사는 곳도 인간의 마음을 쏠리게 하는 곳이 있다. 이곳이 인심 좋은 곳이다. 사람에겐 살맛이 나는 곳이다.

플라비우스 요세푸스(Flavius Josephus)의 『유대전쟁사』에서 나오는 이야기이다. 종려나무 성읍이라는 뜻의 예리고는 풍성한 샘이 있어 주민들이 매우 친절했다. 그러나 이곳에 물이 혼탁해지자 병에 걸려 죽는 사람들이 생기더니 하나둘 마을을 떠났다. 하루는 성읍의 한 사람이 선지자 엘리사를 찾아가 "이곳 터는 아름다우나 물이 좋지 못하여 좋은 토산품을 얻지 못합니다."라고 말하자 엘리사는 새 그릇에 소금을 담아 오라고 했다. 그는 소금그릇을 가지고 샘의 원천에 가더니 소금을 쏟아 붓고 "토산품을 풍성하게 얻으라"라고 주문했다. 그 후 물이 예전처럼 좋아졌고, 이에 따라 토산품은 물론 사람들의 인정도 풍성해졌다.

여기서 소금이란 은유일 것이다. 소금은 세상을 썩지 않게 하고, 사람들을 살맛 나게 하는 인정이다. 인심 혹은 인정머리는 서로의 이해와 협조를 불러오고 웃음 꽃피는 세상을 만든다. 서로를 아끼고, 이웃을 내 몸같이 사랑하며, 양보와 행복이 넘친다. 지역사회를 위한 웃음, 희생, 사랑, 그리고 소통이 바로 소금이다. 하늘이 내린 자원이 풍성해도 물이 좋은 것만 못하다. 무엇보다도 사람들이 화합하는 것이 으뜸이다.

이탈리아 나폴리는 "평생에 한번은 나폴리를 보고 죽어라."라는 말이 있을 만큼 세계적인 미항이다. 그러나 역사적으로 강대국들이 서로 차지하려고 했던 군사적 요충지인 동시에 산업적 전초기지로 각축하던 곳이다. 때문에 지역주민들은 잦은 침략에 대한 저항과 배타적인 기질이 생겨났다. 오늘날은 조직폭력배들이 난립하는 바람에 도시가 황폐화되었다. 기존 기업체들은 이탈리아 내륙인 베니스 등으로 옮겨갔다. 공항, 항구, 교통의 기반이 뛰어나지만 인정머리가 없어 모두들 떠나고 있다. 인정머리가 없으면 살맛도 안 난다.

인정머리의 중요성

인정머리가 없는 행동은 마음을 상하게 한다. 때로는 배신감을 갖게 하고 반항심도 야기한다. 아내는 힘겹게 일을 하는데 모르는 척 텔레비전만 보고 있는 남편, 옆에 있는 형에게는 말 한 마디 없이 자기 돈으로 샀다고 혼자 다 먹어치워 버리는 아우, 평소 어려운 일이 있을 때마다 도와달라고 하더니 좋은 일은 독차지하는 동료직원 등 인정머리 없는 행동을 하는 사람들이 부지기수다. 밉다하면 업어달라고 하고,

먹을 때는 혼자 먹더니 아쉬울 때는 잊지 않고 찾아와 도움을 요청한다. 술은 다른 사람들에게 사주고 궂은일이 있는 현장에는 같이 가자고 한다.

2014년 4월 16일 세월호 사건이 터졌다. 그 여객선 객실에 대통령의 자식 있었다면 7시간이나 미적거렸을까? 내 일처럼 생각하고 행동하지 않는다면 인정머리가 없는 일이다.

인정머리란 인지상정(人之常情)이다. 인간으로 함께하는 정분이다. 상대방에 대한 작은 배려, 입장 바꿔 생각하기, 처지를 같이하는 마음, 아픈 가슴 어루만지기, 넘어지는 사람의 손목잡기, 따뜻한 말 한 마디, 눈길 주기이다.

식당 아주머니들은 인정머리 없는 손님의 백태를 이야기한다. 인정머리가 있는 사람들은 빈말이라도 잘 먹었다고 인사한다. 간혹 가다가 식탁용 티슈에 장미꽃을 그리고 '맛있게 잘 먹었습니다. 감사합니다.'라고 감사표시를 하는 사람도 있다. 일본 유명인 중 한 사람은 아예 감사카드를 가지고 다니면서 수시로 감사인사를 한다.

인정머리를 가장 눈물겹게 느끼는 사람은 아마도 청소아주머니 혹은 경비아저씨일 것이다. 이분들이 말하는 가장 인정머리 없는 사람은 자기들이 먹다가 남은 음식을 선심이라도 베푸는 양 강제로 먹으라고 싸주는 경우라고 한다. 그럴 때 이분들은 인생의 처절함을 느낀다고 한다. 빈말이라도 "수고 하십니다." 혹은 "감사합니다."라고 인사하는 사람이 오히려 고맙다고 한다.

인정머리는 디테일 속에 숨어있다

사람살이에는 큰 것보다 작은 것이 더 소중할 때가 많다. 눈에 보이지 않는 것이 더 중요한 때도 많다. 물건 나눔보다 마음 나눔이, 따뜻한 밥 한 그릇보다 따뜻한 말 한 마디에 더 감동을 받는다. 인정머리란 돈을 들여서 하는 것보다는 작지만 베푸는 마음씨, 배려, 관심, 눈길, 따뜻한 말 한마디 속에 담겼다. 사소한 디테일 속에 숨어 있기 때문이다. 명심해야 할 것은 같은 디데일 속에 배신이라는 악마도 숨어있다는 것이다. 사이가 좋았을 때는 맛있는 복숭아를 혼자 다 먹지 않고 먹다가도 주느냐고 좋게 볼 수 있다. 그러나 사이가 나빠지면 먹다가 먹기 싫으니 선심이라도 쓰는 양 준다고 오해한다.

중국에 '먹다가 남은 복숭아를 준 죄'라는 중국고사가 있다. 미자(彌子)라는 미남자가 영공(靈公)의 총애를 받았을 때는 먹던 복숭아 반쪽을 줬는데도 맛있는 것을 안 먹고 준다며 감동했다. 그런데 미워하는 사이가 되고나니 먹다가 남은 것을 준다며 불충한 대죄로 다스렸다.

직장이라는 좁은 공간에서 인정머리는 기본예절에 속한다. 때로는 평가항목에 없는 가점대상이 되기도 한다. 구조조정 혹은 해고를 해야 할 경우에는 더욱 크게 작용한다. 직장상사와 부하직원과의 관계에서도 작용한다. 크게는 중앙정부와 지방자치단체에서도 '보이지 않는 밴드(invisible band)'로 역할한다. 중앙기관과 지방자치단체의 인정머리로 통한 디테일을 소개하면 다음과 같다.

지방자치단체들은 중앙기관에서 업무차 출장을 오면 마중을 나가고 잠자리까지 형편껏 신경써준다. 그 지방에서 나는 귤, 참외, 곶감 등의 제철음식을 맛이라도 보도록 식사장소를 고심해 고른다. 콩나물국밥,

비비밥 등 한정식으로 대접하고, 태국선·한죽선·붓 등 지역특산물을 회식이나 식사 때에 나누어주기도 한다. 갈 때에도 기념품을 챙겨 환송하고 무사히 도착했는지 휴대폰으로 물어본다. 회식자리에서 술 취한 상사나 동료직원을 택시에 태워 보내주고, 귀가할 무렵에 잘 도착했는지 확인 전화해주는 것도 인정머리 있는 행동으로 상대방에게 감동을 준다.

이밖에도 무사히 행사를 끝마친 상사에게 커피라도 한잔 타드리면서 "고생 많았습니다." 혹은 "감사합니다. 덕분에 오늘의 행사도 무사히 마쳤습니다."라고 공치사하는 것도 윤활유 같은 인정머리다. 때론 포스트잇에 정갈하게 메모한 인사로 감사를 표현해보는 것도 좋을 것이다.

자신의 양심에 늘 귀를 기울여라

대다수 사람들은 한평생 눈에 보이는 것만 추구하다 인생의 말미에 서서 정작 중요한 것은 다 놓쳤음을 깨닫곤 한다. 인생에서 무엇이 정말 중요한 것인지 깨달았을 때는 이미 다 놓친 순간일 때가 많다. 그러나 안심해도 좋다. 신은 인간에게 가장 중요한 것은 몸과 마음에 감추어 두었다. 건강, 행복, 사랑, 희망, 평화와 같이 보이지 않는 것에 조금만 눈을 돌리거나 귀를 기울여도 돈 한 푼 들이지 않고 풍성하게 누릴 수 있도록 하였다. 생텍쥐페리의 소설 『어린왕자』에서 여우는 어린왕자에게 이렇게 말한다. "잘 가. 그럼 이제 내 비밀을 말해 줄게. 아주 단순한 거야. 마음으로 봐야만 제대로 볼 수 있다는 거야. 중요한 건 눈에 보이지 않아."

일상생활 속에서도 얼마든지 잃어버린 자신을 돌아보고, 상처받은 자아를 치유하며, 삶에 대한 새로운 의미를 찾을 수 있는 방법이 있다. 바로 '걷는 것'이다.

해마다 스페인의 산티아고 순례길(Camino de Santiago)을 걷는 사람들이 늘고 있다. 예수의 열 두 제자 중 야고보 성인이 복음을 전파한 길이 산티아고 순례길이다. 프랑스 남부 생장피드포트에서 피레네 산맥을 넘어 동쪽으로 800km 가량을 이동해 이베리아반도 동단 산티아고 대성당이 있는 산티아고 데 콤페스텔라(Santiago de Compestella)까지 길을 말한다. '별들의 들판(Compestella)'라는 이름과 산티아고(Santiago)가 합친 도시명이다. 종교적인 순례보다는 자기치유와 미래축복의 길이다. 산티아고 대성당의 순례자 사무소에서 찍어주는 '꼼뽀스텔라 증명서'는 중세기 면죄부처럼 앞으로 만날 인생의 고난에 대처하는 '마음의 방패'를 상징한다.

산티아고 순례길을 걸으면서 인생을 바꾼 대표적인 인물은 세계적인 작가 파울로 코엘료다. 파올로 코엘료는 1986년에 산티아고 순례 길을 걸었다. 지나온 길을 뒤돌아보듯이 과거와 자신을 몇 번이고 뒤돌아봤다. 갓난아이가 첫 걸음마를 하듯이 난생처음 걷는 곳의 새로움과 설렘이 마음 밑바닥에 깔렸다. 그 위엔 낯선 곳에서 오는 두려움과 생생함으로 범벅이 된 흥분이 성당벽돌처럼 쌓였다. 이 모두가 신비함으로 가슴을 뛰게 하였다. 그는 산티아고 순례길을 걷고 난 뒤인 1987년에 『순례자』라는 처녀작을 발표하였다. 2008년에는 『흐르는 강물처럼』을 발표하고 "연필에서 가장 중요한 건 밖을 감싼 나무가 아니라, 그 안에

든 흑심이라는 거야. 그러니 늘 네 마음속에서 어떤 일이 일어나고 있는지 그 소리에 귀를 기울이렴."라고 메시지를 던졌다.

그는 당시 순례길에서 얻는 영감을 자신의 작품 속에 고스란히 녹여냈다. 『순례자』에서는 "위협이 온다고 해도 내가 받아들이지 않는다면 아무것도 일어나지 않는다.", 『연금술사』에서는 "자네가 무언가를 간절히 원할 때 우주는 자네가 소망을 실현하도록 도와준다네.", 『흐르는 강물처럼』에서는 "꿈꾸던 인생을 살고 있습니까?"라고 말했다. 『다섯 번째 산』에서는 "무엇이든 시작해보세요. 그렇게 한다면 시간은 적이 아닌 친구가 될 테이니까요.", 『브리다』에서는 "실수로 인해서 세상이 움직이기 시작하였다. 실수를 두려워하지 마세요.", 『포르토벨로의 마녀』에서는 "집시처럼 마녀처럼 현재를 살아라."라고 적고 있다. 자신을 찾아가면서 혼자 되뇌었던 무수한 시간 속에 깨달은 보석 같은 어귀들이다.

자신에게 지은 죄는 하늘도 용서 못한다

어니스트 헤밍웨이(Ernest Hemingway)의 『노인과 바다』는 한 노인이 망망대해에서 대자연에 맞서 혼자서 악전고투하는 내용이다. 그러면서 그는 자기 자신과 수시로 혼잣말을 주고받는다. 마음과 가슴의 소리에 귀를 기울인다. "내 자명종은 내 나이다. 늙은이는 왜 그렇게 일찍 잠이 깨는지 몰라. 영원히 잠들 시간이 가까웠으니까 하루를 좀 더 길게 보내라는 걸까.", "오늘은 운이 좋은 날이지. 하루하루가 새로운 날이니까 말이야. 재수가 있으면 더욱 좋겠지만, 먼저 빈틈이 없어야 해. 그럼 운이 따를 때도 놓치지 않게 되지." 좋은 일일수록 입방정을 떨면

될 일도 잘 안 된다는 것을 알고 있었기 때문에 그 말은 입 밖으로 소리 내어 말하지 않았다. "이렇게 해서 새로운 걸 또 하나 배우는구나. 어떤 상황이든 방법이 있게 마련이지.", "이봐, 늙은이 자네야말로 무서워 말고 자신감을 갖는 것이 좋겠어. 자네는 지금 고기를 손아귀에 넣고 있다고 하지만 줄을 당길 수는 없지 않은가. 그러나 곧 회전하게 될 거야."라고 중얼거렸다.

동양에서는 예부터 양심의 소리에 귀를 기울이라고 강조했다. "성실 그 자체는 하늘의 길이나 자신에게 성실해야 하는 것은 인간의 도리다."라고 하였다. 지도자로 쌓아야 할 덕목 중에 "성실이란 자신을 속이지 않는 것이다. 악하면 악취가 나고, 좋으면 좋은 얼굴빛이 나타나기에 혼자 있을 때 자신에게 겸손해야 한다." 제왕서 대학이 가장 중시하는 지도자의 덕목이다. 아무도 보는 사람이 없다고 스스로를 속이는 일은 자신에게 죄를 짓는 일이다. 옛말에 "하늘에 지은 죄라도 처벌을 피할 수 있으나 자신에게 지은 죄는 면하고 살아날 길이 없다."고 했다.

시골 서당 훈장들이 강조하는 주자십회(朱子十悔)는 자신을 기만하는 대표적 사례들이다. 부모가 살아계실 때에 자식도리를 못한 것, 가족 간에 화목하지 못한 것, 손님 접대를 형편에 맞게 잘 하지 못한 것, 술기운 언행조심에 소홀히 한 것, 배울 때를 놓친 것, 좋을 때 훗날을 위한 대비에 소홀히 한 것, 평소 주색에 빠져 건강관리에 소홀히 한 것, 각종 문제와 위험관리에 소홀히 한 것, 잘 벌 때 저축하지 않은 것, 매사를 계획 없이 덤벙거리다가 실패한 것이다. 뒤늦은 후회는 아무리 해도 소용이 없다. 또한 자신에게 지은 죄이기에 스스로 용서할 수 없으니 그 누구도 용서할 수 없게 된다.

자신에게 귀를 기울여라

오늘날은 정보통신기술이 어느 때보다 첨단화된 시대이다. 그러나 정작 서로에게 관심을 쏟고, 귀를 기울이는 소통의 기회는 줄어들고 있다. 지구촌 어디든지 통화가 가능하게 되었다. 휴대폰이 생활 깊숙이 들어오면서 모임을 나가면 다들 문자소통에 열중하느냐고 정신이 없다. 서로 얼굴보자고 만났음에도 고개만 푹 숙인 채 휴대폰만 들여다 보고 있다. 인사도 들은 척 만 척이다. 가족 식사시간에도 휴대폰을 손에서 놓지 못하고 밥을 먹는다. 심지어 횡단보도를 건너면서도 눈은 신호등에 있지 않고 휴대폰에 있다. 뭔가 늘 열심히 말하는데 정작 진정한 대화가 부재한 불통의 시대를 살고 있다.

진정한 의미에서 정보통신기술이 없었던 조선시대보다 소통이 더 없다. 임진왜란 당시 앙숙관계라고 했던 선조대왕과 이순신의 소통을 생각하면, 파발이나 역참으로는 아무리 빨라도 서찰 하나 주고받는데 보름 이상 걸렸다. 그럼에도 평균 연 5회 이상 장계 혹은 서신왕래를 했다. 오늘날 우리나라 대통령과 해군장성 간 소통은 어떨까? 전화통화 한번이라도 했다는 보도가 없다. 그렇다고 연두순시를 할 때 '밥통속의 소통'을 하는 것도 아니다. 과거에는 가족의 밥상머리 대화가 있었다. 요사이는 잔소리로 들린다. 오랜만에 모여도 얼굴은 안 보고 ,스마트폰에만 시선을 쏟는다. 연인 간에 식사를 하는 데도, 부부간 침실에서도 손에서 스마트폰을 놓지 못한다.

타인과의 대화도 이런 지경인데 자신과의 대화, 즉 자기 자신의 내면에 귀를 기울이는 일은 더더욱 없다. 휴가를 내서라도 잃었던 자아를 찾아 떠나는 사람은 희귀하다. 일기쓰기로 했던 자기성찰은 유치원이

나 초등학교에서 끝난다. 공부할 시간도 없다는 이유다. 직장인들은 업무수첩을 활용하는 업무성찰은 아예 모른다.

업무수첩으로 자기성찰을 할 수 있는 방법을 살펴보면 다음과 같다. 첫째, 그날 하루를 되돌아보기로는 업무일지(수첩)에 메모, 일기쓰기, 시작과 마무리 명상 시간을 갖는다. 둘째, 삶을 되돌아보는 계기 만들기로는 10년 단위로 자서전 쓰기, 묘비 쓰기 및 개관록(혹은 사망보도) 쓰기, 혼자 산행 등을 한다. 셋째, 양심에 귀 기울이기로는 우중 걷기, 새벽 묵상, 묵언명상, 보행명상, 일기쓰기(성찰), 일출(석양) 기도하기 등이 있다. 넷째, 자투리 시간을 활용해 자신 돌아보기, 주변 살피기, 어제와 오늘 그리고 내일로 연장선 긋기 등을 글로 적어본다.

투덜거리면 오던 행운도 도망간다

복(福)이란 한자는 '한 사람(一口)이 가진 것이 열 사람(田=十口)으로부터 부러움(示)을 사는 것'이라는 의미의 상형문자다. 부러움이란 자신은 물론이고 남들이 평가한다. 복이란 결국 평가의 결과물이다. 옛 사람들은 오복(五福)으로 무병장수, 부귀영화, 건강과 평안, 수양과 덕망, 불운의 사고를 당하지 않음을 들었다. 그 잣대는 사람, 지역, 국가, 문화마다 다르다. 직장마다 다른 기준을 가지는 경우도 있다. 국가와 지역 간에도 천차만별이다.

사실 복이란 자신이 스스로 만들어낸 결과물이다. 작은 언행이나 습관이 만들어낸 것이기 때문이다. 평소 아무리 사소한 언행이라도 반복하다보면 습관이 되고, 습관은 천성까지 밀어낸다. 결국 습관이 복을 불러오고 운명이 되는 것이다.

매사에 투덜거리는 습관이 있었던 나에게 할아버지는 "이놈아 투덜거리지 마라. 복 나간다."라고 호되게 꾸중하곤 하셨다. 그러면서 들려주신 이야기이다.

옛날에는 섣달그믐날에 머슴들을 하루 쉬도록 하였다. 그런데 부잣집 호랑이 주인이 섣달그믐날 저녁에 "자네들 밤에 새끼줄을 꼬게."라고 지시를 내렸다. 다음날 정월 초하루에 아침 일찍 일어난 주인은 지난 저녁에 꼰 새끼줄을 들고 곳간으로 모이라고 했다. 저녁에 꼰 새끼줄을 들고 곳간으로 모인 머슴들 중에는 늘 투덜거리는 머슴도 있었다. 그는 밤새 건성으로 새끼줄을 꼬는 척만 했다. 그래서 만든 한 뼘도 채 안 되는 새끼줄을 가지고 곳간으로 갔다. 주인은 머슴들에게 말했다. "자네들이 어제 저녁에 꼰 새끼줄로 엽전을 꿰어서 집에 가지고 가게나. 가족들과 멋진 새해를 맞이하게."

몇 년 전에 건축회사 소장을 하다가 퇴직한 친구 녀석이 한 경험담이다. 퇴직 3개월을 남겨놓고 주변정리도 하고 업무마무리만 하면서 조용히 지내고자 했다. 그런데 사장이 부르더니 "자네, 마지막 작품으로 집 한 채를 짓게."라고 지시를 내렸다. '평상시에도 유별난 성격으로 힘들게 하더니 퇴임하는 직원을 끝까지 들들 볶는구나'하는 생각이 들어 불만이 터져나왔다. 그래도 차마 내색은 할 수 없는 노릇이었다. 사장은 몇 번이고 잘 되고 있느냐고 챙겼지만 오히려 평소보다 건성으로 지었다. 드디어 퇴직하는 날 사장이 그를 사장실로 불렀다. 그는 끝나는 날까지 잔소리냐고 투덜거리면서 안으로 들어갔다. 그런데 사장은 빙

그래 웃으면서 말했다. "자네 그동안 회사를 위해서 고생이 많았네. 자네가 지은 최대 걸작이겠지. 내가 자네에게 주는 선물이기도 하네." 사장은 이렇게 말하면서 집 열쇠를 던져주었다.

마흔이 넘으면 자신의 얼굴에 책임을 져라

출렁거리던 파도는 흔적도 없이 사라졌지만 해변에는 모래가 쌓인다. 모난 돌멩이들은 파도의 입에 빨려서 몽실몽실한 몽돌이 된다. 그리고 그 해변은 몽돌해변이 된다. 사람도 어떻게 살아가느냐에 따라서 얼굴이란 해변에 세월의 발자취를 남긴다. "마흔이 넘으면 자신의 얼굴에 책임을 져라."라고 링컨(A. Lincoln)이 말했다.

얼굴을 들여다보면 그 사람이 살아온 세월의 흔적이 보인다. 특히 얼굴 주름으로 살펴보면, 이마는 대양의 해변처럼 인고의 파도가 발자취를 남긴다. 주름이 많다면 성장과정이 그렇게 순탄하지 못했다고 볼 수 있다. 이마의 주름은 경제적 고난과 심리적 애로를 드러낸다. 미간은 높은 산의 협곡처럼 감성의 강물이 흐르는 곳이다. 미간의 주름은 스트레스를 많이 받았거나, 급한 성격 등으로 쉽게 분노했다는 표시다. 눈꼬리 부분은 웃을 때 접히는 곳이다. 이곳에 주름이 많다면 낙천적 성격의 소유자일 가능성이 많으며 남들보다 웃음이 많다. 입술꼬리 부분은 말을 할 때 생기는 주름이다. 이곳에 잔주름이 많다면 잔소리가 심하거나 남의 후일담을 많이 했다고 볼 수 있다. 주름은 그 사람의 습관을 말해준다. 매사에 투덜거리는 사람은 미간과 입술꼬리 부분에 주름이 많이 생긴다.

최근 미소친절이 무형의 관광자원으로 세계적 관심을 받고 있다. 특히 눈꼬리와 입술꼬리를 위로 올리는 미소는 백만불짜리다. 입은 하늘에서 내려오는 복을 담는 그릇이다. 그릇이 아래로 오목한(cap) 경우는 복을 받을 수 없다. 다물고 있는 입모양이 위로 오목해야(cup) 복이 담긴다. 뿐만 아니라 서양 사회학자들은 도시의 친절정도를 계량화 하는데 시민들의 입술꼬리가 위로 오목한지(cup), 혹은 아래로 오목한지(cap)로 판단한다. 더 나아가 위로 오목한 입술꼬리를 다시 각도를 재어 수치로 계산한다. 입술꼬리가 위로 올라갈수록 쾌활하고 낙관적인 경향이 높다. 기분과 의욕이 고조된 상태다.

허상이 실상을 대신한다

언행은 습관이 된다. 습관은 얼굴에 흔적을 남기고 모습까지 변화시킨다. 뿐만 아니라 다른 사람에게도 영향을 끼친다. 본인을 대신하는 허상(image)이 된다. 마치 상품의 가치나 품질을 보증하는 상표 혹은 브랜드처럼 개인적 이미지를 만든다. 부정적인 이미지는 더 각인이 잘되기 때문에 투덜거리는 말이나 행동을 항상 조심해야 한다. 과거에는 소유권을 표시하기 위하여 가축이나 노비에 낙인을 찍었다. 그러나 오늘날은 자기 스스로 만든 이미지에 낙인이 찍힌다. 이런 이미지를 바탕으로 주변사람들은 당신에게 뒷말 혹은 꼬리표 등의 상표를 만들어 붙인다. 예를 들어 투덜거리는 사람에게는 '투덜이', '불평분자', '재수 없는 사람' 등의 등록상표가 떡하니 붙는다.

고대 이집트에서는 미라를 만들 때 몰약으로 방부처리를 했다. 죽은 사람의 얼굴에는 생전의 모습을 본뜬 가면을 만들어 씌웠다. 얼굴 있는 영혼으로 영생하라는 의미에서다. 파라오는 죽어서도 황금 가면을 썼고, 일반인들은 죽어서도 흙 가면을 썼다. 이미지(image)란 죽은 시신의 가면(imago)에서 나온 말로 머릿속 혹은 가슴속에서 그려지고 느껴지는 허상을 말한다.

선거철만 되면 정치인들은 좋은 이미지를 만들기 위해 고군분투한다. 유권자들에게 얼마만큼 좋은 이미지를 심느냐에 따라 득표로 연결되기 때문이다. 이미지가 중요시 되는 것은 비단 개인뿐 아니라 상품도 마찬가지다. 특히 최신첨단무기는 이미지로 거래된다. 무기 로비스트 혹은 중개상들은 '대량살인무기 거래'라는 부정적 이미지를 지우기 위해 '세계평화를 위한 비둘기 보내기 운동'을 통해 이미지 변신을 꾀하고 있다. 좋은 이미지를 심는 만큼 무기가 더욱 고가로 판매되기 때문이다. 좋은 이미지는 고가의 수익을 안겨다준다.

무심코 한 말이 족쇄가 되어 옭아맨 경험을 누구나 한두 번쯤 해보았을 것이다. 무심코 "난 그거 못해요."라고 한 말이 습관이 되다 보면 정말로 할 수 없는 사람이 된다. 반복되는 습관은 천성보다 강력해서 시간이 흐르면 주인처럼 행세한다. 자신을 평가절하하는 행동은 자신의 가격표를 스스로 깎는 일이다. 자신이 만든 이미지는 스스로 새로운 이미지로 갱신하려는 노력 없이는 그 누구도 대신 지워줄 수 없다.

정치인들에게서 자신의 이미지를 멋지게 포장하는 법을 배울 필요가 있다. 무기거래상으로부터는 구식무기까지 새로운 이미지로 포장하여 고가로 판매하는 요령을 배워야 한다. 그러기 위해서는 구체적인 노력이 필요하다. 무기로비스트는 새로운 이미지를 만들기 위해서 현장견학, 평가모임, 시승경험 등의 이벤트를 기획한다.

꿈을 이루고 싶다면 셀프이미지(self-image) 작업이 필수적으로 동반

되어야 한다. 하버드 대학에 들어가고 싶다면 캠퍼스 견학, 도서관에서 책읽기, 잔디밭에 뒹굴기 등으로 먼저 가슴속에 하버드대학의 이미지를 생생하게 새겨야 한다. 만일 노벨상 도전을 꿈꾼다면 노벨상 시상식장에 참석해 봐라. 그렇게 하기 어렵다면 수상자 인터뷰, 노벨박물관 견학 등으로 노벨상에 대한 이미지를 먼저 만들어야 한다.

모방 없이는 창의도 없다

대영박물관에는 기원전 1500년경 아시리아의 전투장면 벽화가 걸려 있다. 특이한 점은 벽화 속 한 병사가 양가죽을 활용해 물속으로 잠수하는 모습이 그려져 있다는 것이다. 양가죽을 활용한 공기부양선으로 오늘날로 치면 잠수함에 해당한다.

기원전 300년경 이스라엘 엘라계곡에 선 다윗은 중무장한 거인 골리앗을 향해 물맷돌을 날렸다. 거인은 물맷돌을 맞고 한방에 쓰러졌다. 다윗의 물맷돌은 초속 35미터(35m/sec) 권총이었다. 물론 지금의 권총과는 모양, 재원, 추진력에서 근본원리가 다르다. 물맷돌의 추진력은 원심력에서 나오고, 권총의 추진력은 화약의 폭발력에서 나온다. 하지만 초당속력, 살상반경, 살상력은 동일하다.

"이미 있던 것이 후에도 다시 있었다. 이미 한 일을 후에 다시 했다. 태양 아래에 새 것이 없다. 무엇을 가리켜 이르기를 보라. 이것이 새 것이라 할 것이 있으랴. 우리가 있기 오래 전 세대에도 이미 있었다. 이전 세대들이 기억됨이 없으니 장래 세대도 그 후 세대들과 함께 기억됨이 없으리라." 솔로몬 전도서에 나오는 한구절이다. 오늘날 새로운 것이라고 해도 과거에 이미 있었던 것인 경우가 태반이다. 첨단이라고 해도 알고보면 과거의 것에 약간의 개량을 더한 것에 불과하다. 그러나 이러한 점진적 발전이야말로 창의인 것이다.

피카소는 밀레의 그림을 모사했다는 비난에 "예술은 도둑질이다."라고 했다. 『황무지』의 시집을 낸 시인 엘리엇(T.S. Eliot)은 "어설픈 시인은 흉내를 내고, 노련한 시인은 훔친다."고 했다. 달리 표현하면 "독창성이란 들키지 않은 표절이다."는 윌리엄 랠프 잉(William Ralph Wing)의 말이다. 너무 깊이 생각하면 창작이 나올 수 없다. 시나 소설은 필사에서, 미술은 모사에서 시작하기 때문이다.

신라 말 최치원이 당나라 빈공과에 응시했다. 시(詩) 제목이 '인생사희(人生四喜)'였다. 과거장에서 붓을 잡는 순간 최치원의 머릿속은 하얗게 지워졌다. 아무런 생각이 나지 않아 슬쩍 옆자리 당나라 친구의 시험지를 봤다. "오랜 가뭄에 단비가 내리는데. 타향살이 외로울 때 고향친구 만난 일. 신혼에 첫날밤을 맞이할 때. 장원급제해 금방에 이름이 올랐을 때."라고 적고 있었다.

최치원은 이들 앞에다가 두 글자만 더해 "칠년 동안 긴 가뭄에 단비가 내렸을 때. 천리타향 먼 곳에서 고향사람 만났을 때. 달도 없는 어두운 밤 방안에 촛불을 밝혔을 때(즉 결혼 첫날밤). 소년 장원급제하여 이름이 게시될 때"라고 적어냈다. 그 결과 빈공과에 장원급제하였다. 유사한 방안이 두 개가 제출되어 문제가 되었지만 진위의 시비를 가린 끝에 최치원이 먼저 썼다고 결론지었다.

기원전 2,000년 전의 비료

식물은 태초부터 대기 중의 탄소를 뽑아내어서 꽃도 피우고, 열매도 만든다. 인간은 이제 겨우 대기 중의 탄소를 적출하여 탄소섬유나 탄소소재를 만들고 있다. 식물에 비하면 아직은 초보단계에 해당한다. 자연의 위대성에 비해 인간의 창의성은 걸음마 수준이다.

기원전 2,000경 기록에는 "그가 번개 빛으로 자기의 사면에 두르시며, 바다 밑도 가리시며. 이런 것들로 만민을 징벌하시니라. 그는 번개 빛으로 그 두 손을 싸시고 그것을 명하사 푯대를 맞추게 하시나니."라는 묘사가 있다. 이 묘사는 지상의 방전과 대기 중의 전류가 번개 빛으로 바닷속의 인광석에 벼락을 쳐 인산이 생성되는 과정이다. 번개와 낙뢰가 많았던 해는 농작물이 풍성했다. 자연이 만든 비료가 뿌려졌기 때문이다.

오늘날 비료의 3대 요소는 질소, 인산, 칼리이다. 칼리는 땅 위의 풀이나 짚이 연소되어 연기로 하늘에 올라갔다가 빗물로 씻겨 강 혹은 바다로 흘러들어간 후 바다 밑에 퇴적되어 있다가 지각변동으로 융기되어 지표로 나온다. 질소는 대기 중 질소가 번개의 방전과 빗물에 의한 공중질소고정(atmospheric nitrogen fixation)을 통해서 질소비료로 지상에 떨어진다. 즉 땅에서 방전되었던 번개도 귀환방전(return stroke)으로 회귀한다. 이와 같은 자연현상을 선인들은 눈여겨보고 이를 이용했다.

창의란 스스로 터득하는 것

시골에서는 여름장마철이 되면 밖에 나가서 일을 할 수 없어 볏짚을 추려서 물을 축인 뒤에 짚방석, 소쿠리, 망태기 혹은 짚신 등을 만든다. 어릴 적 짚신을 삼으면서 아저씨께서 들려준 이야기이다.

짚신장수 아버지와 짚신장수 아들이 살고 있었다. 둘은 사이가 좋았지만 기술만큼은 절대 가르쳐주지 않았다. 짚신을 만들어 시골 5일장에 내다팔면 아버지의 짚신은 높은 가격에도 날개 돋친 듯 팔렸다. 그런데 아들이 만든 짚신은 더 싼 가격에도 불구하고 좀처럼 팔리지 않았다. 이상하게 생각한 아들은 아버지에게 비결을 물었지만 묵묵부답이었다. 아버지의 임종이 가까워진 어느 날, 아들은 마지막이라며 꼭 가르쳐 달라고 했다. 아버지는 가느다란 목소리로 "털~털~"하더니 세상을 떠났다. 며칠 후 아버지가 하신 말씀이 무엇인지 고민하던 아들은 무릎을 탁 치더니 짚신을 들었다. 그리고 짚신에 털 모양으로 붙어있는 작은 지푸라기를 모조리 뽑았다. 그러자 짚신이 훨씬 더 깔끔하게 보였다.

일본 막부시대에 천하제일의 명검을 만드는 명인이 있었다. 아들은 하루가 멀다 하고 아버지에게 명검제작비법을 물었으나 도무지 알려주지 않았다. 아들은 일이 없을 때 아버지의 대장간 일을 틈틈이 도왔다. 망치질을 해주면서 기밀을 훔치려는 심사였다. 아버지는 발갛게 단 쇠를 망치질하다가 물에 집어넣고 다시 끄집어내어 두드렸다. 여러 차례 관찰한 끝에 아들은 칼의 강도가 담금질에서 나온다는 사실을 깨달았다. 계속 유심히 아버지가 하는 것을 지켜보던 아들은 수온을 재보려고 새끼손가락을 물에 담궜다. 그 순간 아들은 외마디 비명을 지르며 쓰러졌다. 아들이 아버지 모르게 수온을 재려하자 아버지가 칼을 뽑아서 아들의 팔을 자른 것이다. 부자간에도 자신의 천하명검 기밀이 누설되지 않도록 한 것이다.

세종대왕과 이질간이고 조선조의 대표 선비 그림으로 유명한 강희안(姜希顔)이 있었다. 그의 동생은 강희맹(姜希孟)이다. 강희맹의 문집에 적힌 도자설(盜子說)이란 재미나는 일화가 있어 소개해본다.

옛날 한 도둑이 자기 아들에게 도둑질하는 기술을 전수했다. 아버지로부터 기술을 물려받은 아들은 자신의 기술이 더 낫다고 자부했다. 좋은 물건을 먼저 훔쳤고, 미세한 동작과 소음을 잘 간파하여 칭찬을 많이 받았다. 어느새 아들은 자신이 천하제일이라고 자만하게 되었다. 아버지는 아들의 자만심이 내심 걱정되었다.

어느 날 부자가 당대 최고의 부잣집을 털러 갔다. 정신없이 금은보화를 챙기는데 아버지가 갑자기 보물창고 문을 닫고 밖에서 자물쇠로 잠가버렸다. 영락없이 창고에 갇힌 아들은 창고 벽을 긁어 쥐 흉내를 내었다. 시끄러워 잠을 잘 수 없었던 주인은 쥐를 잡으려고 자물쇠를 열었다. 문이 열리자 도둑 아들은 기회를 놓치지 않고 문을 밀치며 도망쳤다. 주인은 소리를 지르고 온 식구가 모두 나와서 도둑을 쫓았다. 도둑 아들은 주위를 살피다 얼른 눈에 띄는 커다란 돌을 들어 냅다 연못에 집어던졌다. 깜깜한 밤에 풍덩하는 큰 소리가 들리니 집안 식구들은 도둑이 물에 빠졌다고 생각하고 쫓기를 멈췄다. 간신히 집에 돌아와 보니 아버지는 이미 와있었다. 아들은 화가 머리끝까지 나서 "아무리 민물짐승도 새끼를 버리지 않는데, 만물의 영장 인간이 어찌 자식을 곤경에 빠뜨립니까?"라며 아버지에게 따져 물었다. 그제야 아버지는 빙그레 웃으면서 말했다. "남에게서 얻어 배운 것엔 분명히 한계가 있다. 그러나 자기 스스로 깨달은 것은 창의적이라서 응용에도 끝이 없다. 큰 어려움을 당해야 의지와 지혜가 샘솟는 법이지."라고 마지막

신의 한 수를 가르쳐주었다.

도제식교육, 현장견학, 생산현장의 문제를 강의실에서 해결하는 행동학습(action learning), 혹은 생산현장과 교육장을 병행한 워크숍(workshop) 등이 경험을 중시한 교육방법이다. 이제는 이론위주에서 벗어나 '교육은 생활이고, 경험이다.' 라는 실용주의교육이 자리잡아가고 있다. 아직도 특수한 분야의 전문가는 반드시 경험을 통해서 얻는 경우가 많다. 경험이란 가장 비싼 학비를 요구하고 있다. "한 가지 경험을 하지 않으면 그만큼 지혜가 생기지 않는다."는 선인들의 말씀이 새삼 생각난다.

반드시 이길 수밖에 없는 판을 짜라

북산에 우공이라는 99세 노인이 있었다. 그런데 집 앞에 넓이가 칠백리, 높이가 만 길이나 되는 태행산과 왕옥산이 가로막고 있어 통행이 무척 불편했다. 어느 날 노인은 가족들에게 말했다. "우리 가족이 힘을 합쳐 두 산을 옮겼으면 한다. 길이 넓어져 다니기에 편리할 것이다." 가족들은 누구 하나도 찬성하지 않았고 노망이라고 생각했다. 노인 역시 뜻을 굽히지 않았다. 결국 다음 날부터 일을 시작했다. 노인, 아들, 손자가 흙을 지고 발해 바다에 가져다 버리고 돌아오는데 꼬박 1년이 걸렸다. 이웃 주민들은 "머지않아 죽을 사람이 어찌 저렇게 무모한 짓을 할꼬"하며 비웃었다. 그러나 우공은 "내가 죽더라도 아들, 손자, 그리고 후대가 계속할 것이오. 계속 깎다보면 언젠가는 길이 될 것이오."라고 하였다. 우직하게 한 우물을 파는 사람이 큰 성과를 거둔다는 우공이산(愚公移山)의 고사다.

황소 한 마리를 통째로 한입에 먹고자 하는 사람은 없을 것이다. 그렇지만 아무리 큰 코끼리라도 잡아서 한 입씩 먹으면 일 년이 걸리지 않아서 다 먹을 수 있을 것이다. 무슨 일이든지 한 번에 처리할 수 있는 일은 없는 법이다. 그런데 많은 사람들이 일을 한번에 처리하려고 애쓴다. 한 사람이 천 날이 걸려 지을 집을 천 사람이 하루 만에 지을 수는 없다. 일에는 먼저 해야 할 것이 있다. 기초 위에 쌓아올려야 한다.

원주 치악산 기슭에 가나안농군학교가 있다. 일본제국 통치시기에 김용기 선생이 개교하여 그의 후손들이 지금까지 운영하고 있다. 김용기 선생은 큰 뜻을 품고 중국 국민당 주석 장개석 장군을 찾아가서 포부를 말했다. 그러나 돌아온 대답은 따끔한 충고였다. "개미 한 마리가 중국이란 큰 빵을 먹는다면 가운데부터 먹지 않고, 주변부터 먹을 것이오. 먼저 한국에 가서 국민을 계몽하시오."

그래서 지은 학교가 이 학교이다. 당시 군사력으로 지배하는 일본에 산업역군으로 대항하겠다는 의미에서 농군학교라고 이름 지었다. 그동안 국가에서 주도했던 농촌계몽운동, 재건운동, 새마을운동, 사회정화, 바르게살기운동 등이 사라졌다. 그러나 이곳은 고인이 된 개척자의 유지를 받들어 '조국이여 안심하라.'는 정신으로 아직도 국민들을 일깨우고 있다.

생각을 뒤집으면 술술 풀린다

태산을 옆구리에 끼고 북해를 건너뛴다는 것은 불가능한 일이다. 그러나 노인을 위하여 길섶에 있는 나뭇가지를 꺾어서 지팡이를 만들어 드리는 건 불가능한 일이 아니다. 하지 않을 뿐이다. 누군가를 돕고 싶다면 나뭇가지를 꺾어 노인의 지팡이를 만드는 것과 같은 작은 일부터 실천해보라.

집안에 사과가 달랑 하나 남았는데 사과를 두고 아버지와 딸이 다투고 있었다. 아버지는 사과로 정물화를 그리겠다고 하고, 대학생 시인 딸은 사과를 보고 시를 짓겠다고 우겼다. 지켜보던 어머니가 나서더니 순서만 정하면 된다고 했다. 그러더니 사과를 모두 앞에 놓고 아버지와 딸은 그림과 시를, 작업이 끝나기를 기다렸던 어머니는 사과로 샐러드를 만들었다. 그날 저녁은 웃음꽃 피는 진수성찬이었다.

옛날 시골에 가난한 농부가 상을 처하고 예쁜 딸 하나에 의존해 살고 있었다. 이웃에 있던 부잣집 홀아비노인은 자기 나이도 잊고 그 딸에게 흑심을 품었다. 노인의 빚 독촉에 아버지도 딸도 더 이상 물러 설 여지가 한 치도 없었다. 노인은 꾀를 내어 동네사람들 앞에서 자신이 준비한 검정주머니에서 돌을 꺼내 돌의 색이 검정색이면 자신에게 딸을 시집보내고, 흰색이면 무조건 빚을 탕감해주겠다고 했다.

노인은 검정주머니를 보여주면서 광장의 돌 2개를 골라 집어넣었다. 딸은 아버지를 위해서 반드시 흰색 돌을 집어내어야 했다. 영리한 딸은 검정주머니 속에 들어있는 돌이 두 개 모두 검정색일거라고 확신했다. 어떻게 해야 이 난관을 피할 수 있을까 잠시 고민하다는 찰라 노인도 동네사람들도 빨리 집으라며 독촉했다. 딸은 동네사람들에게 공정하게 판단하도록 하고 동시에 노인에게 변명하지 못하게 재차 확인시켰다. "흰색 돌을 집으면 무조건 빚을 탕감해주시는 거시요? 그리고 한

가지 부탁이 있습니다. 영감님께서 먼저 돌을 하나 꺼내십시오. 그러면 제 몫은 나머지로 결정하겠습니다."라고 말했다. 듣고 있던 동네사람들은 고개를 주억거리며 그게 좋겠다고 했다. 그는 마지못해 그렇게 하겠다고 했다. 아니면 아가씨가 검정주머니를 확인하자고 하면 들통이 날 것이고 단단히 창피를 당할 게 뻔했다.

노인은 식은땀을 흘리면서 하나를 꺼냈다. 검정색이었다. "검정색이 나왔으니 검정주머니 안에는 반드시 흰색돌이 있을 것입니다. 빚을 탕감하게 되었네요. 감사합니다." 딸은 큰 절을 하고는 주머니를 군중 속으로 던졌다. 부잣집 노인은 그길로 곧장 집에 가 이름도 모르는 병을 앓다가 보름 만에 세상을 떠났다.

룰을 바꿀 수 없다면 판을 뒤집어라

옛날 창녕 땅에 신임현감이 부임하여 대충 짐을 풀어놓았다. 그리고 창녕도성 저잣거리를 순시하는데 두 사람이 서로 삿대질을 하면서 싸우고 있었다. 사연을 들으니 "이 사람이 내 돈 석 냥을 주었는데도 자기 돈이라고 돌려주지 않는다."고 하고, 상대방은 "흘린 증거도 없고, 임자도 없는 돈이라 내 돈이다."는 주장이었다. 신임현관은 잠자코 듣고 있다 손을 내밀며 말했다. "그럼 그 돈 석 냥을 내게 주게. 내일 이맘때 해결해주지." 둘은 날강도 같은 놈일세 하고 의아한 모양새였지만 신임현감이라니 어쩔 수 없이 판정을 맡겼다.

다음날 그맘때가 되자 세 사람이 약속한 곳에 모였다. 현감은 어제 받아간 석 냥에다가 한 냥을 더 얹었다. "자, 이제 두 사람이 두 냥씩 나눠 가지게. 자네도 한 냥 손해, 이쪽도 한 냥 손해, 그리고 나도 한

냥 손해일세. 아니면 석 냥을 내가 갖고 보관하겠네."라고 판정을 내렸다. 둘은 신임현감까지도 한 냥 손해를 본다는데 아무런 대꾸도 못하고 두 냥씩 갖고 가버렸다.

프랑스 루이14세 왕정 때 일이다. 왕은 세 명의 왕자들 중에서 가장 지혜로운 왕자에게 왕위를 물려주고자 "경마를 하여 가장 늦게 도착하는 말의 주인(왕자)을 세자로 간택하겠다."라는 교지를 내렸다. 그 교지가 왕자 궁에 전달되었다. 곧바로 장소와 시각을 정해 출발시켜 대궐 정문까지 경마했다. 질주본능이 강한 말을 늦게 가게 하려니 여간 어려운 일이 아니었다. 막내왕자는 판을 뒤집을 수 없을까 고민에 빠졌다. 그러더니 늦게 도착해야 이기는 경주를 가장 빨리 가서 이기도록 판을 뒤집자고 마음먹었다.

3일째 모두가 지쳐서 말을 나무에 묶어놓고 늘어지게 낮잠을 자고 있었다. 그런데 막내가 벌떡 일어나더니 미친 듯이 맏형의 말을 낚아채 큰 소리를 지르면서 달려갔다. 둘째는 그새 룰이 바뀐 건가 하는 생각이 들어 옆에 있는 말을 잡아타고 정신없이 달렸다. 첫째는 자기 말이 이미 없어졌기에 할 수 없이 막내 말을 타고 꼴찌로 달렸다. 말이 도착한 순서는 첫째, 둘째, 그리고 셋째였다. 왕위계승의 결정은 말이 가장 마지막 도착한 셋째 왕자에게 돌아갔다.

역사에서는 반드시 이길 수 있도록 판을 뒤집은 경우가 많다. 태조 이성계가 조선을 건국할 때 일이다. 이성계는 고민에 빠졌다. 도읍을 개성에 그대로 둔다면 망국의 고려충신들 손에 쥐도 새도 모르게 죽을 것이 뻔했다. 마수에 벗어나려면 한양으로 천도하는 것이 가장 좋은 방법이었다. 그래서 한양천도를 강력히 추진했다. 그러나 속내를 모르는 대부분의 대신들은 결사적으로 반대했다. 고민 끝에 어전회의에서 엽전을 던져서 결정하기로 했다. "앞이 나오면 한양으로 천도하고, 뒷면이 나오면 개성에 그대로 있기로 한다"고 두 차례 확인시켰다. 그리고 이성계는 엽전을 던졌다. 아무도 떨어진 엽전에 손을 대지 못하였다. 이윽고 다 같이 확인하니 '앞면'이었다. 엽전의 양면이 같았다는 기밀은 아직도 밝히지 않고 있다.

준비된 사람만이 기회를 붙잡을 수 있다

교육가 데일 카네기(Dale Carnegie)는 가난했던 어린 시절 한 유명한 보험세일즈맨의 사무실을 방문했다. 그 사무실 벽면에는 해변 백사장 그림이 걸려 있었다. 해변가에 온갖 준비가 다 된 배 한 척과 노 하나가 옆에 놓여 있는 그림이었다. 그림 밑에는 '예, 머지않는 미래 어느 땐가 반드시 밀물이 올 것입니다.'라고 적혀 있었다. 그는 그림을 보고 기회는 준비된 사람에게 반드시 온다는 신념을 가졌다. 기회(opportunity)란 영어단어는 라틴어 옵포르투(ob portu)에 어원을 두고 있다. 이는 당장이라도 바다로 떠날 수 있도록 완벽하게 준비한 배가 밀물을 기다린다는 뜻이다.

시간의 신 카이로스(Kairos)의 동상이 이탈리아 플로렌스 팔라초 메디치 광장에 서 있었다. 허나 현재는 없어졌다. 토리노 박물관 현관에서 부조로 방문객에게 시간에 대한 교훈을 주고 있다. 리시포스(Lysippos)가 부조를 조각하고 포세이디(Poseidi) 시인이 지은 경구이다.

"그댄 누구인가? 모든 것을 지배하는 시간이다. 그댄 까치발을 하고 서 있는가? 난 달려가고 있다. 그대의 발뒤꿈치에는 왜 날개가 달렸는가? 바람처럼 날아가기 때문이다. 그댄 오른쪽 손에 예리한 칼을 잡고 있는가? 나는 어떤 칼날보다도 예리하기에 날카롭게 결단을 하라고 인간에게 신호를 보낸다. 앞 머리칼이 왜 그대 얼굴을 덮고 있는가? 나를 만난 사람들이 앞에서(준비한 사람만이) 잡을 수 있도록 하기 위함이지. 맙소사 뒷머리가 대머리라니? 아무도 날 뒤에서 쫓아와서는 잡을 수 없도록 함이지……."

누구든지 준비하면 기회를 잡을 수 있음은 물론이다. 기회를 놓치지 않는다면 전쟁, 위기와 같은 국가적 환란 또한 극복할 수 있다. "생각이 옳다면 이를 적합한 때에 행동으로 옮겨야 하며, 능숙함을 자랑하다가는 실적을 상실할 수 있다. 오직 모든 일에는 다 갖춰야 할 것이 있는 법이다. 완벽히 갖췄다면 근심이 없게 될 것이다." 중국 은나라 고종이 어진 재상 부열로부터 들었던 일머리 트는 비법이다.

춘추시대에 정나라 도공이 주는 보물과 미녀를 완강하게 거절하면서 "평안히 지낼 때에도 위태로운 때를 생각해야 하고, 위태로운 때를 생각한다면 언제나 준비가 있어야 하며, 충분한 준비가 되어 있으면 근심할 일이 없다."라고 일침을 가하였다. 기회는 평소에 준비하고 만드는 것이다.

기회는 위기로 가장해 온다

1945년 8월 런던광장 육군 중령 존 브라운(John Brown)이 시계탑 앞에서 누군가를 초조하게 기다리고 있었다. 3년 전 그는 죽음의 공포 속인 전쟁터에서 우연히 젊은 여성작가 주디스(Judith)의 책을 탐독하게 되었고 그녀의 글에서 희망과 용기를 얻었다. 브라운은 주디스와 편지를 주고받다 사랑에 빠졌다. 한번은 브라운이 주디스에게 사진을 요청했다. 그러나 돌아온 답은 차가웠다. "못생겼다면 차버릴 생각인가요." 라고 호되게 질책만 당했다.

브라운은 전쟁이 끝나고 귀국하여 그녀에게 데이트를 신청했다. "런던 전철역 1번 출구, 정각 6시에 책을 들고 서 있을 게요. 당신은 가슴에 장미꽃을 달아주세요. 인연이라는 생각이 들면 아는 척하세요." 그렇게 주디스를 기다리고 서 있었다.

6시가 되기 3분쯤 전, 녹색 미니스커트를 입은 미녀가 지나갔다. 장미꽃은 없었다. 드디어 6시 정각이 되었고, 저멀리 장미꽃을 단 여인이 천천히 그것도 한쪽 다리를 잃고 지팡이에 의존해서 걸어오는 게 보였다. 거기에다 얼굴은 화상으로 일그러져있었다. 순간 심한 갈등이 찾아왔다. 잠깐 모르는 척 해볼까 생각했던 브라운은 그건 아니라고 마음을 다잡았다. '아니다. 원망의 대상은 독일군이다. 저 여인도 나와 같은 피해자다. 모르는 척 하는 것은 그동안 쌓았던 아름다운 추억과 시간까지 몽땅 배신하는 거야.'라고 마음먹은 브라운은 천천히 그녀에게 다가갔다. "안녕하세요. 전 브라운입니다. 당신이 주디스지요? 반갑습니다." 당황하며 쳐다보던 그녀가 말했다. "아니요. 제 이름은 페니예요. 전 부탁을 받고 나왔어요. 제게 말을 거는 분을 모셔오라고 하네요." 그녀를 따라 식당에 들어서는 순간, 녹색 미니스커트를 입고 지나갔던 미녀가 환한 웃음을 지으며 브라운을 반겨주었다. "오늘 일은 절대 비밀이에요. 당신을 실험했다기보다 우리만의 비밀 하나를 만들었다고 생각하고 오늘의 기억을 간직해 주세요."

첩첩산중 한 고찰에 일곱 살배기 동자승이 있었다. 워낙 장난꾸러기라서 부처상까지 장난감으로 가지고 노는 바람에 엄숙해야 할 법당이 난장판이 되었다. 어느 날 하루는 노승이 동자승을 불러다가 엄하게 벌을 내렸다. 법당 앞마당에 둥근 원을 그리고 동자승에게 "이 선 안에 있으면 5일간 굶기겠다. 밖에 나가면 쫓아버리겠다."라고 명을 내리고 법당에서 내려다보니 한참 고민을 하던 동자승은 해우소로 가 큰 빗자루를 들고 오더니 쓱싹쓱싹 동그라미를 포함하여 온 마당을 다 쓸어버렸다. 그리고는 "스님, 깨끗하게 다 쓸었습니다. 오늘 저녁 많이 주세요."라고 말하더니 그날 저녁 밥을 실컷 먹고 깊은 잠에 곯아떨어졌다.

옛날 고대 인도에서는 한 국왕이 신하들의 지혜를 보고자 대신들이 다니는 벽에다가 '누구든지 이 선에 손을 대지 말고 더 짧게 하여라.'라고 적었다. 그리고 선을 하나 그었다. 보름이 자니도록 누구 하나도 해결하지 못하였다. 우연히 벽 앞을 지나던 다섯 살짜리 개구쟁이 아이가 선이 그어져 있는 것을 보고는 그 선 밑에다가 쭉 선을 이어 그렸다. 아이는 물론 그 선이 어떤 선인지 몰랐다. 선 밑에 글자가 있다는 것도 몰랐다. 어린아이가 모르고 한 일에 누구 하나 뭐라고 할 수 없었다. 세상일도 이렇다. 실제로 위험하다고 본인이 받아들이지 않으면 아무런 일도 일어나지 않을 때가 태반이다.

관점을 바꾸면 기회가 보인다

미국 MIT 수학과 첫 강의 날이었다. 학생 한 명이 수업이 거의 끝날 무렵에야 들어와서 교수가 흑판에 판서해 놓은 수학문제 3개를 공책에 겨우 옮겨 적었다. 귀가하여 숙제를 하겠다고 풀어봤으나 하나 같이 쉽지 않았다. 3일간 집에서 꼬박 씨름을 해서 겨우 한 문제만 풀었다. 두 번째 강의시간이 되어 교수가 들어오자, 그 학생이 앞으로 나가 문제를 푼 노트를 제출했다. "교수님 죄송합니다. 겨우 한 문제만 풀고 두 문제는 못 풀었습니다." 교수는 의아한 표정을 짓더니 나와서 풀어보라고 자리를 비켜주었다. 학생이 문제를 풀고 설명한 후 들어가자 교수가 놀라며 말했다. "이제 이 강의는 자네가 하게나. 그 문제는 금세기까지 아무도 풀지 못한 미제였다네."

돌다리를 두드리기만 하다가는 결국 건너지 못한다. 완벽하게 준비하다가 기회를 놓치기보다 약간 무리하더라도 들이밀어야 성공한다. 니콜로 마키아벨리(Niccolo Machiavelli)는 『군주론』에서 운명의 여신은 여자이기에 조금은 무리하더라도 밀어붙이는 것을 내심 좋아한다고 했다. "두려워하지 말라. 너는 나와 함께 있으니. 과거의 일을 기억하지 마라. 보라. 나는 새로운 일을 할 것이다. 황야에 길을 내겠고, 사막에 강을 만들겠다." 과거에 얽매이지 말고, 두려워하지도 말며, 새로운 기회를 만들어나가라.

기회는 스스로 찾아오기도 하지만 얼마든지 만들어낼 수도 있다. 일상생활 속에서 말 한 마디, 행동 하나를 통해서도 기회가 만들어진다. "행동은 한 인간의 신체, 정서, 그리고 정신 상태에 변화를 가져다주는 약이다." 작게는 행동 자체가 인생일 때도 있다. "행동을 믿어라. 말이 아닌 사건에 의해서 우리 삶이 이뤄지기 때문이다."라는 격언까지 있다. 세상은 온통 기회의 문이다. 울려주길 기다리는 팽팽한 줄 같기도 하다. 서양 속담에는 '햇살이 있는 동안 건초를 만들어라.'라는 말이 있다.

만약, 지금 위기에 처했다면 그 위기를 뒤집어 기회로 만들어야 한다. 속수무책으로 당할 수밖에 없는 상황에 처했다 해도 정신만 똑바로 차리면 위기를 기회로 바꿀 수 있다. 반드시 이길 수밖에 없도록 게임의 룰을 바꾸거나 여의치 않다면 판을 뒤집어서라도 새판을 짜야 한다.

'진실의 순간'을 정면으로 마주하라

기원전 로마의 지배를 받았던 스페인은 콜럼부스의 신대륙발견을 계기로 15세기 말엽까지 세계 식민지의 절반을 차지하는 대항해의 시대를 열었다. 그러나 1588년 무적함대가 영국에 패함으로써 서서히 해외 식민지를 잃었다. 이후 제1차 세계대전과 내란으로 이어져서 힘든 시기를 겪었으며 프랑코의 독재가 이어졌다. 1975년 독재자의 사망으로 비로소 민주화 시대를 열었고 오늘날에 이르렀다.

로마시대부터 귀족들의 오락을 위해 시작되었던 스페인의 투우는 전국 500여 개소 경기장을 갖춘 서민경기가 되었다. 투우는 한 명의 투우사가 두 마리의 싸움소를 상대한다. 1회에 3명의 투우사가 진행하는데 한번에 20분 정도로 총 6번의 싸움이 있다. 새빨간 천을 흔들면 소가 돌진하도록 하는데 이것이 파세(pase)다. 투우사의 몸과 소가 아슬아슬하게 비켜나느냐에 따라 기량의 우열이 갈린다. 힘이 빠진 소에게 '진실의 순간(moment of truth)'이 다가온다. 소의 정면에서 투우사가 심장 위에 칼을 꼽는 의식으로 소의 운명은 끝난다.

스페인은 투우경기처럼 역사에서도 진실의 순간을 맛보기도 했다. 대항해시대는 스페인 여자들에게 잔혹한 시대였다. 바다를 주름잡았던 남자들은 투우사처럼 자신에게 열광했을지 모르지만 항해에 나가서 죽어서야 돌아오는 남편을 기다리는 여인들의 마음은 타들어만 갔다. 바다로 나간 이들은 '베사메 무초(Basame Mucho : Kiss me a lot)' 가사처럼 정열적인 삶을 살다갔을 것이다. 그러나 집에서 기다리는 아내에게 대가로 도착한 것은 싸늘한 남편의 주검이었다. 스페인의 아내에겐 바다에 나간 남편을 위해 "아내는 죽어서 바다의 조개가 되겠다."는 한을 남겼다.

스페인의 여인들은 이렇게 아픔을 이겼다

기원전 로마의 지배 때 로마의 병정으로 끌려간 남자들은 대부분 죽어서야 고향에 돌아왔다. 한편 새로운 세상이 펼쳐졌다는 대항해시대에는 '남자라면 모름지기 대서양 같은 꿈을 펼치기 위해 바다로 나간다.'는 열광의 시대였다. 또 한때는 형제자매가 서로를 죽이고 죽이는 내란의 시대를 겪어야 했다. 이런 역사의 흐름 속에서 여자들은 한없이 기다려야 하는 아픔의 세월을 보냈다. 삶이란 끝이 보이지 않는 지옥의 동굴이었다. 로마지배 시대에 남자들은 병정으로 끌려갔고, 여자들은 노비, 하녀, 전리품으로 살아야 했다. 그녀들은 '내 탓이요.' 혹은 '내 운명이다'라고 생각하며 숙명으로 받아들였다. 로마 귀족의 저택 문 앞에 깔려있는 도어매트처럼 밟히고, 탕탕탕 내리쳐지는 것을 당연한 일로 여기는 도어네일처럼 살았지만 '네 운명을 사랑하라'라는 삶의 철학을 가지고 버텨나갔다. 때로는 누구에게나 밟히는 돌계단처럼 혹은 성모마리아 석상처럼 감각 없이 살았다. 하루살이가 즐거운 하루를 살고자 모닥불에 몸을 사르는 것처럼 '이 순간을 즐겨라'라는 마음으로 투우사처럼 살았다.

그러나 사람이란 산다는 것이니, 숨을 쉬는 한 희망은 있었다. 희망을 가진다는 것은 '희망은 정신을 자극한다'는 사실이다. 인간답게 산다는 것은 배움이었다. 동양에선 산다는 것은 배우는 것(學生)이라고 했다. 보다 고상하게 표현하면 '진리탐구는 나의 빛.'이다. 로마 귀족이 쓰는 연필처럼 무뎌졌다 싶으면 매번 몸을 깎아 예리하게 하면서 아픔을 이겼다. 램프심지처럼 몸을 태워서 자신과 남을 위해 불을 밝혔다. 로마제국의 멸망을 지켜보면서 '힘보다 이성이 강하다.'는 사실을 역사를 통해서 봤다. 현세의 고통은 내세의 복락을 누리기 위한 수련이다. 예수가 사랑을 보여주기 위해 우리를 대신하여 십자가에 처형을 당했던 것처럼 '말이 아닌 사실'로 삶을 살았으며 아픔도 이겨내었다. 한 가지 분명한 건 어떤 고통의 순간도 지나간다는 것이다. 모든 것을 덮는 시간이 있기에 어떤 아픔도 깨끗이 상처를 아물게 할 수 있었다.

스페인의 속담과 여행의 노래

세계 곳곳에서 많은 사람들이 스페인 순례길을 걸으려고 찾아온다. 오늘날은 비단 종교적 순례만이 아닌 현실에서 아픔을 치유하고 미래의 면죄부를 얻고자 '현실적 순례'를 하는 이들이 이곳을 많이 찾는다고 한다.

스페인 속담에는 그들의 삶에 대한 지혜가 오롯이 녹아 있다. 먼저 삶에 대한 속담을 살펴보면 '백년이 차면 누구나 해골이 될 것이다', '양도 각기 제 짝이 있다', '친구사이에 금전거래는 원수를 만든다', '금전은 인간을 강하게 하지만 행복을 주지 않는다' 등이 있다. 기회에 대한 속담으로는 '누구에게나 행운은 오는 법, 포도는 때가 되어야 익는다', '시간은 용서를 하지 않는다', '천국엔 한쪽 문이 닫히면 다른 창문이 열린다', '달군 쇠는 빨리 두들겨라', '아침에 일찍 일어나는 사람은 신이 돕는다' 등이 있다. 이외에도 '소리 없이 흐르는 물이 깊다', '우연한 사고는 우연히 일어날 뿐이다', '연습은 명인을 만든다', '이웃 목장이 항상 더 푸르다', '많은 선원이 명령하는 배는 곧 가라앉는다' 등이 있다.

인생을 하나의 순례 혹은 여행으로 생각한다면, 이스라엘의 방황의 역사를 하나의 여행에 비유한 하임 이디시스(Haim Idissis)의 여행의 노래에 귀기울여보자.

"흔들림 없는 달빛 아래. 우리는 식량꾸러미를 잃어버렸네. 밤이면 시퍼런 칼을 들고, 달려드는 강도를. 막 한 가운데 흐르는 어머니의 피. 달을 증인 삼아. 나는 어린 동생들에게 약속하네. 조금만 더 조금만 더 가면 꿈이 이루어진단다. 곧 이슬라엘 땅에 도착할 수 있단다."

4장

베트남, 120년 싸움의 틈새에서 발견한 행복의 씨앗

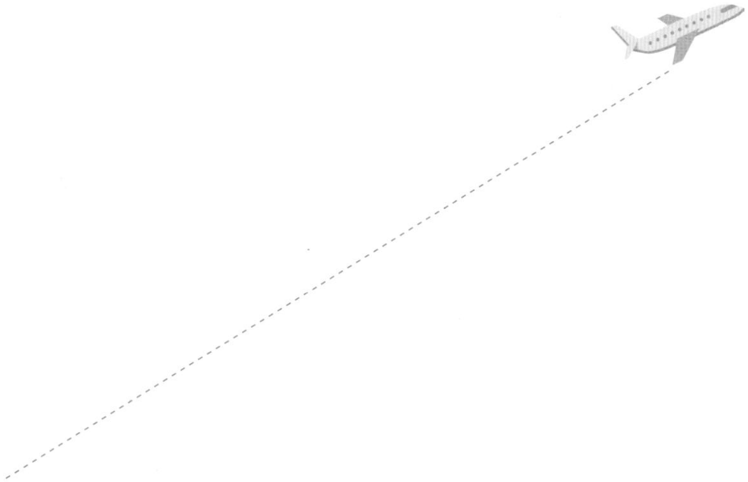

행복의 씨앗을 싹 틔워라

2012년 3월 대구시청 모 부시장과 점심식사를 했다. 대화 도중 4~5년 전에 모 구청 부구청장으로 재직 중에 있었던 일을 이야기해주었다. 어느 날 고등학교 동기생 친구가 찾아와 요릿집에 가 밥을 사주면서 "자네는 부시장감이야. 앞으로 부시장은 반드시 할 운명이라네."라고 생각지도 않았던 말을 불쑥했다. 식사를 끝내고 작별인사를 하는 순간, "부시장, 내가 자네에게 말씨를 뿌렸네. 반드시 결실을 거두게."라고 재차 각인을 시키더라고. 그래서 그런지 운이 닿았고, 이렇게 부시장 자리에 앉게 되었다고 했다.

말이 씨가 된 것이다. 베트남 틱낫한(Thich Nhat Hanh)의 저서 『화』에서는 "신이 사이공에 행복을 파는 가게를 열었다. 그곳엔 다 익은 행복이 아닌 행복의 씨앗만을 판다고 했다."라는 글이 나온다. 신이 특별히 사이공을 선택한 이유는 그곳이 행복과 희망의 불모지였기 때문이다.

사이공은 프랑스와 인도차이나 전쟁, 베트남 전쟁 그리고 캄보디아와의 전쟁을 한 120여 년의 전쟁사가 있다. 그래서 남자란 남자는 모조리 전쟁터로 끌려갔다. 집에 남은 여자들은 농사일을 도맡아 해야 했다. 설상가상으로 적군의 성노리개로 몸도 마음도 짓밟혀 성한 곳이 하나도 없었다. 인간사에 개입하지 않기로 했던 룰을 깨고 신은 이들에게 행복을 주고자 직접 가게를 열었다. 상처 입은 사람들의 마음에 치유와 희망의 말씨를 뿌리는 것이 시급했기 때문이다.

우리 조상들은 어릴 때부터 행복의 씨앗을 기르도록 했다. 말씨는 물론이고 마음씨, 솜씨, 그리고 맵시를 여성의 부덕으로 함양하게 했다. 글씨마저도 인격을 담는다고 서예를 익히게 하였다.

씨앗은 언제 어디서든 뿌린 대로 거둔다. "네가 말한 대로 그대로 이루어지게 하리라."라고 성경이 말하고 있다. 심지어 우리의 선조들은 '말에는 혼령이 있다'는 언령관념(言靈觀念)을 가졌기에 새해 정월 초순에 덕담을 해주었다. "올핸 자네가 득남을 했다지."라고 현재완료형으로 말씨를 뿌렸다.

말은 반드시 결실을 맺는다

탈무드에 나오는 이야기이다. 하루는 국왕이 시몬과 요한을 불렀다. 국왕은 시몬에게는 세상을 아름답게 하는 것을, 반대로 요한에게는 세상을 더럽게 하는 것을 찾아오도록 했다. 오랜 시간이 걸려서 시몬과 요한이 자랑스럽게 무엇인가를 들고 왔다. 국왕이 직접 시몬과 요한이 찾아온 것을 담았던 비밀상자를 열어보니 둘 다 똑같이 사람의 혀가 담겨 있었다. 말은 세상을 아름답고 유익하게도 하고, 더럽게 해치기도 한다. 성경에서도 "혀는 사람을 살리고 죽이는 힘을 갖고 있다"고 적고 있다. 말의 열매는 선과 악이며, 삶과 죽음이기도 하다.

동양에서도 '모든 화근은 입에서 나온다.'고 했다. 특히 임진왜란과 병자호란을 당하면서 나라에서는 "마음은 바위같이 하고, 입은 병마개로 틀어막듯이 하라."고 했다. 토정비결에 가장 많이 나오는 구절이다. 명심보감에서도 "입은 마개로 막은 것처럼 다물고 욕심은 만리장성처럼 굳건해야 한다."고 했다. 재앙의 대부분은 인간이 입에서 만든 것이고, 잘못 놀린 혀가 화의 근원이 되고 있다.

이집트에서 탈출한 이스라엘 백성들이 가장 많이 했던 말은 원망의 말이었다. 가나안 땅을 정탐하고 돌아온 사람들의 말은 불평과 원망의 소리였다. 심지어 민족의 지도자인 모세마저도 "패역한 너희여 들으라. 너희들을 위하여 이 반석에서 물이 나도록 해야 하느냐?"라고 원망하면서 지팡이를 하늘 높이 들어서 두 번 땅을 내리쳤다. 불평과 원망만 일삼았던 이스라엘 백성들은 며칠이면 갈 곳을 40년 동안이나 돌고 돌았다. 결국 불평만 일삼던 세대들은 가나안 땅에 살아서 들어가지 못한 채 다음 세대들에게 영광을 넘겨야 했다.

말은 말하는 사람은 물론 듣는 사람도 자승자박한다. 전달하는 사람과 전해들은 사람 모두에게 빠짐없이 영향력을 행사한다. 6.25동란 뒤에 우리 동네에 살던 한 아이가 폭탄을 주워 엿장수에게 팔아먹고자 탄피를 뺀다고 두들기다가 폭발해 죽었다. 아이 엄마는 울고불고 난리였다. 이웃들이 위로해도 막무가내였다. 그때 입바른 한 할머니가 한마디 했다. "나가 뒈지라면서 밤낮 욕을 해대더니 뭐가 서러워서 우느냐?" 말이 씨가 되어 말한 대로 되었다.

물론 좋은 선례도 있다. "이 아이는 저능아라서 학교에서는 도저히 못 가르치겠습니다. 어머니가 집에서 가르치시는 것이 좋겠어요." 선생님의 말에 아이의 어머니는 하늘이 무너지는 것 같았다. 그러나 아들에게는 내색하지 않았다. "넌 호기심이 너무 많아서 그렇단다. 다른 아이보다 뛰어난 점이란다. 넌 틀림없이 훌륭한 발명가가 될 거야. 엄마는 네가 자랑스럽단다." 아이의 어머니는 아이를 꼭 껴안아 주었고 모르는 것을 알 때까지 반복해서 가르쳤다. 발명왕 에디슨의 일화다.

특히 자기 말에 자승자박을 당했다고 세인들의 입에 오르내렸던 가수를 보면 '간다. 간다. 나는 간다'의 가수 김정호는 39세 별세했으며, '사(死)의 찬미(讚美)'의 윤심덕은 연인이던 극작가 김우진과 1926년 8월에 현해탄에 동반 자살했다. '애수의 소야곡'으로 유명한 남인수 가수는 '눈 감아 드리오리'를 마지막으로 41세에 눈을 감았다. '목포의 눈물'로 유명한 이난영은 49세에 비가(悲歌)를 부르면서 비운(悲運)에 갔다. 차중락은 29세에 '낙엽 따라 가버린 사랑'처럼 요절하였고, '비 내리는 장충단공원'의 가수 배호는 '마지막 잎새'를 부르고 1971년 11월에 신장염으로 별세했다. '태양의 흑점처럼 어두운 내 마음'을 부르던 양미란은 골수염으로 숨졌다. '산장의 여인'을 부르던 권혜경은 40대 후반에 가사처럼 독신이 되었다가 2008년 5월에 세상을 떠났다. 또한 '멍에'의 가수 김수희는 대마초사건으로 멍에를 쓰게 되었다.

이외에도 '곡예사의 첫사랑'의 박경애, '머무른 곳 그 어딘지 몰라도'의 박경희, '우울한 편지'의 유재하는 세상을 떠났고, '멀리 있어도'의 김상희는 미국으로, '바다가 육지라면'의 조미미는 일본으로 떠났다. '만남'의 노사연은 행복한 결혼생활을 하고 있으며, '세상은 요지경'이라는 노래로 유명세를 탄 신신에는 가사 속 "여기도 짜가 저기도 짜가, 자가가 판을 친다."처럼 사기를 당했다.

삼라만상은 말의 파동에 반응한다

영국 한 지방에서 나무 열두 그루를 심었다. 그리고 나무에다가 예수님의 열두 제자들의 이름을 붙여주었다. 놀랍게도 한해 뒤에 가서 보니 가룟 유다 나무가 죽어 있었다. 죽은 사유를 조사한 결과, 그곳을 지나가는 사람들마다 그 나무에다 가룟 유다의 행적을 생각하고 계속 저주를 했다는 것이다. "가룟 유다 나무야, 말라죽어라."라고 말한 대로 그대로 말라 죽었다.

이와 같은 사건이 미국 하와이 섬에서 일어났다. 한 원시부락에서는 나무가 너무 커서 사람이 직접 베어내기 어려우면 동네주민들이 아침마다 모여서 서로 손을 잡고 나무 주위를 돌면서 "나무야, 말라죽어라. 나뭇가지야, 아무도 다치지 않게 곱게 떨어져라."라고 악담을 한다. 한 보름만 지나면 거대한 나무가 말라서 죽고 나뭇가지는 밤중에 떨어져 있다고 한다. "사람의 입이 가장 예리한 톱날이다."라고 주민들은 입 모아 말한다.

에모토 마사루의 『물은 답을 알고 있다』에서도 좋은 음악을 들려준 물과 욕설을 한 물에 나타나는 현상을 실험한 결과가 소개되고 있다. 우리나라에서도 두 개의 컵에 양파 한 개씩을 각각 넣고, 한 곳엔 칭찬을 다른 곳엔 욕설을 한 결과를 언론에 발표한 적이 있다. 두 양파 컵은 물, 햇빛, 습도 등 다른 조건은 모두 동일했으나 듣고 자란 말은 상이했다. 칭찬을 받으며 자란 양파는 곧게 잘 자랐으나 욕설을 들으며 자란 양파는 굽고 제대로 성장도 못했다.

천재지변과 천재일우는 동전의 양면이다

일본민족의 특성을 한 마디로 표현하면 '비올 때 비질하는 민족'이다. 100가지 문제에 100개 대책(100문100책)의 평소대응으로 절호의 기회를 절대로 놓치지 않는다. 우리는 비오는 날을 '게으른 놈 낮잠 자기에 딱 좋은 날'이라고 한다. 반면에 일본사람들은 비오는 날을 '물청소하기 좋은 날'이라고 한다. 그들은 비오는 날을 물 뿌리지 않아도 먼지 하나 날리지 않고 물청소할 수 있는 좋은 기회로 본 것이다. 더불어 기분전환도 하고 가족 단합회도 열 좋은 기회로 보았다. 이처럼 일본은 사소한 디테일 하나까지 놓치지 않고 기회로 활용하는 민족이다. 그들의 속담 '유능한 독수리는 발톱을 감춘다.'에 담긴 지혜처럼 사소한 개인적인 감정문제는 물론이고, 국가적 전쟁과 같이 큰 문제를 해결하는 데 태풍까지 활용하곤 했다.

태풍을 '창조적 파괴'로 활용한 사례로는 13세기 여몽연합군이 몇 차례 일본정벌을 시도했으나 번번이 태풍을 만나서 좌절하고 말았던 것을 들 수 있다. 일본은 태풍을 '일본을 지켜주는 신'으로 생각하고 가미카제로 모신다. 바람축제를 하는 풍습까지 만들었다. 미국의 소설가 마가렛 미첼(Margaret Mitchell) 여사는 일본여행 중 바람축제를 목격했다. 깊은 인상을 받은 미첼은 '내일은 내일의 바람이 분다'라는 일본의 속담을 기억했다가 "어쨌든 내일은 내일의 태양이 뜰 거야"라는 말로 끝맺는 소설을 구상하여 『팬시 오하라』라는 제목으로 끝부분부터 처음으로 거꾸로 써내려갔다. 출판 직전 제목을 바꿔 『바람과 함께 사라지다』로 출간했고 문학계에 돌풍을 일으켰다.

지난 2002년 제15호 태풍 루사(Rusa)호가 일본을 강타하였다. 태풍으로 아오모리현의 사과 90%가 떨어졌다. 농사를 짓던 농민들은 한숨만 쉬었으나 한 사과농부는 천재지변(天災地變)을 천재일우(千載一遇)로 살리고자 고민했다. 궁리 끝에 그는 '떨어지지 않는 사과'라는 상표를 등록하였고 수험생을 대상으로 "태풍에도 떨어지지 않는 사과로 결코 떨어지지 않는 행운을!"이라고 스토리텔링해 합격기원상품으로 판매하였다. 결과는 대성공이었다. 평상시보다 무려 3배를 웃도는 높은 수입을 올렸다.

일본은 1860년대 메이지유신을 단행하면서 태풍과 지진으로부터 피해를 최소화하겠다는 국가개조 프로젝트를 240년간 지속하여 왔다. 하수구 하나라도 3m 이상 파 어떤 폭우에도 홍수가 범람하지 않도록 도시기반시설을 확충해왔다. 비상전달체계는 물론이고 어떤 천재지변에도 동요하지 않고 냉정히 철두철미하게 대응하도록 국민의 행동까지 고쳐 왔다. 이러한 위기관리 덕분에 어떤 천재지변에도 피해를 최소화하는 것이 가능하였다. 매년 같은 피해를 입고도 매년 피해복구를 반복하는 우리나라는 일본의 사례를 눈여겨 보고 배울 점은 배워야 할 것이다.

태풍도 활용하는 사람들

우리나라는 아시아대륙의 한반도에 위치하고 있어 봄에는 중국대륙의 고비사막 등에서 형성된 황사가 불어왔으며, 신라시대엔 흙비가 내렸다는 기록이 있다. 여름에는 태평양으로부터 매년 한 두 차례 태풍의 피해를 겪어왔다. 황사는 국토의 산성화를 방지하고 근해어장의 적조현상을 중화시켜왔다.

최근 매년 근해양어장에 심각한 적조현상 피해최소화를 위해 대형 선박으로 황토를 뿌린다. 2008년 12월 29일 '4대강 살리기 사업'을 착공하여 22조원을 투입하여 강물을 막는 바람에 흐르는 강물이 줄어들어 '녹차라테'현상으로 환경문제가 대두되었다. 이때를 맞춰 태풍과 폭풍우가 우리나라에 상륙하여 자연재해를 남겼다. 최근 통계를 기초로 하면 인명피해, 재산피해 등은 약 3조 원으로 추정된다. 반면 태풍을 해저부터 대기권까지 한반도를 대청소, 적조 및 녹차라테 현상을 일시에 제거, 식수 및 산업용수의 대량 공급 등을 환산하면 5조 원 정도나 된다. 일본 같이 자연재해에 대한 영구대책과 시설을 확충한다면 태풍도 국가번영을 위한 좋은 기회로 활용할 수 있다.

우리나라 역사에서는 일본처럼 태풍을 전략적으로 활용한 경우는 드물다. 그러나 아예 없었던 것은 아니다. 고려시대 강감찬은 거란족을 물리치는데 특수지형에 의한 강풍을 수십 년간 관찰하고 기록하였다가 활용했다. 귀주대첩에 패하여 퇴군하는 거란족을 전멸시켰다. 조선시대 세종 당시 태풍이 오기 직전 1419년 6월 20일에 이종무로 하여금 거제도에서 해류를 활용, 대마도 기습을 감행했다. 명나라를 교란하던 왜구정벌을 명나라를 대신하여 선제공격했다.

또한 조선시대는 가뭄이 심각하여 지방에서 거두어들인 조세를 한양으로 운송하지 못했다. 장마철 강물이 불어나는 시기를 활용하여 세

곡조운을 하였다. 앞으로 '물 부족 국가'로 분류된 우리나라는 태풍과 폭우를 적극 활용하여 국가부흥의 기회를 마련해야 한다.

지벗비엔 응번비엔

베트남의 공산주의 혁명가이자 독립운동가인 호치민은 자연현상과 지형지물을 적극 활용해 '베트남의 나폴레옹'이라고 불렸다. 태풍과 폭우와 같은 천재지변까지 활용하였다. 즉 가뭄 때에 댐을 만들어 놓았다가 홍수 때 야음을 틈타서 폭파해 우수기에 군수물자를 수송, 100m의 절벽 위로 탱크까지 분해해서 옮기는 등 난공불락의 요새를 구축해 적을 소탕해 나갔다.

한국은 베트남 전쟁 당시 미국의 용병으로 참전했다. 1964년부터 1973년까지 "한국전쟁 때 참전한 우방국에 보답하고, 베트남 전선은 한국전선과 직결된다"라는 안보차원에서 파병을 했다. 철수 당시까지 한국군 병력은 47,860명 하한선을 유지했다. 오늘날 베트남 사람들은 한국에 대해서 "승전국 베트남의 입장에서 패전국 미국의 용병이었던 한국군을 거론하는 것은 자존심을 상하는 말"로 치부하고 있어서 한국 입장으로서는 다행이다. 일본 침략에 사과하라는 우리말을 받아서 "한국은 먼저 베트남 민간인 학살부터 사과하는 것이 도리 아니겠는가?"라고 발언할 수도 있었을 것이다.

그러나 그들은 과거사를 대범하게 잊고 현재에 충실하며 미래를 향해 나아가고 있다. 베트남은 현재 태국, 말레시아, 한국과 함께 아시아의 4마리 호랑이로 성장하고 있다.

지난 2013년 박근혜 대통령이 베트남을 방문해 한·베트남 경제협력

만찬간담회에서 고 호찌민 주석의 좌우명 '지벗비엔 응번비엔'을 언급하였다. 변하지 않는 것으로 모든 변화하는 것에 대응한다는 뜻이다. 이 말을 통해 "한국과 베트남 사이의 우정과 신뢰가 변치 않는다면 어떤 변화와 도전도 능히 함께 대응해나갈 수 있을 것이다."라고 의미를 부여했다. 다음날 국빈만찬에서는 호치민의 어록에 있는 "폭풍우는 나무가 강하고 튼튼함을 보여줄 수 있는 좋은 기회임을 기억하라"라는 말은 인용하였고, "친구는 서로를 신뢰하고 한결같이 배려해야 한다."라고 덧붙였다.

베트남과 우리나라는 전쟁이라는 가슴 아픈 역사로도 얽혀 있지만 과거에는 좋은 영향력을 미치기도 했다. 베트남 혁명의 국부였던 호치민은 1924년경 중국 광둥성 광조우에 거주할 때 '리 투이'라는 가명을 쓰고 살았다.

마침 상해 임시정부에서 피신한 백범 김구를 만나 우정을 나눴다. 김구로부터 선물 받은 정약용의 『목민심서』를 얼마나 아꼈는지 언제나 지니고 다니며 애독했다. 프랑스군과 인도차이나 정글전쟁을 할 때도 그것만은 꼭 챙겨서 읽었다고 한다. 또한 모든 공무원에게 공직자의 수신지침서로 제시하기도 했다. 정약용의 삶을 인생의 롤모델로 삼았던 것이다.

앞뒤, 좌우, 안팎으로 뒤집어 보아라

일요일 아침, 그간 밀렸던 청탁원고를 마감하겠다고 마음을 굳게 먹고

책상에 앉아 글을 쓰는 중이었다. 그런데 아내가 장을 보러 간다며 다섯 살배기 아들 녀석을 데리고 들어오더니 아빠와 놀라는 말을 남기고 떠났다. "현수야, 아빠와 내기하자. 아빠가 신문을 찢어놓을 테니 다 맞춰놓으면 같이 놀아줄게. 아니면 혼자서 장난감을 갖고 놀아야 해." 라고 말하자, "으응~" 약속을 했다. 구독하고 있던 영자신문을 발기발기 찢어놓았다. 아직 한글도 모르니 영자 신문을 맞춰 놓기란 불가능하다고 생각했다. 그런데 이게 웬일인가? 10분도 되지 않아, "아빠 다 맞췄다. 같이 놀자."라는 것이 아닌가. 어찌된 일인가하여 자세히 보니 신문지를 뒤집어 뒷면에 있는 아파트광고 그림을 보고 그림퍼즐 맞추듯 재밌게 맞췄던 것이다. "아빠는 참 바보 같다. 이렇게 쉬운 걸로 내기를 하다니." 500조각 그림퍼즐을 마스터했던 실력이라서 '식은 죽 먹기'였다.

지구촌 생명체로 사는 방식에도 뒤집힌 경우가 종종 있다. 영화 〈업사이드다운〉처럼 식물과 사람은 뒤집힌 세상을 살고 있는 것 같다. 기호학적인 의미에서 사람의 머리카락은 식물의 뿌리와 같다. "검은 머리칼이 파뿌리가 될 때까지 백년해로하자."는 결혼서약도 있다. 영화 〈삼손과 데릴라〉에서 삼손의 힘은 하늘에서 머리카락을 타고 들어온다고 했다. 식물은 뿌리를 통해서 땅속의 영양분을 흡수한다. 또한 식물의 꽃은 사람의 성기에 해당한다. 그런데 꽃은 하늘을 향해 있는 반면 사람의 성기는 땅을 향해 있다.

시각을 뒤집으면 의외로 쉽게 해결되는 경우가 많다. 직장생활을 하다가 보면 상사로부터 지시를 받고 결과를 보고해야 할 때가 있다. 그런데 무엇부터 해야 하는지 이해는 고사하고 선배들에게 자문을 구해도 감조차 잡을 수 없을 때가 있다. 그럴 때는 고민만 할 게 아니라 꾸중 받을 것을 각오하고 직접 상사를 찾아가서 이해하지 못한 부분을 여쭤보면 쉽게 해결된다. 지시받은 사항을 자세히 메모해 지시에 맞추고 약간 보태서 보고를 드리면 유능하다는 평가를 받는다. 반면에 잘해보겠다고 지시받은 사항과는 딴판으로 현장담장자의 의견을 수렴해 보고하면 헛수고에다가 무능한 직원으로 찍힌다. 상사들은 보통 보수적인 성향이 크기 때문에 아래의 시각에 맞춘 해결방식(Button-up Method)을 무능하게 치부한다. 반면 상사 한 사람의 시각에 맞춘 문제해결방식(Top-down method)이 유효하게 적중한다. 그래서 '눈치가 빠르면 절간에 가서도 새우젓 국물을 얻어먹을 수 있다.'는 속담이 있다.

전후좌우로도 뒤집어 보아라

몇 년 전 공직에 있을 때 부동산중개사시험 감독을 갔다. 시험지를 수험생들에게 배부하고 수험생들이 문제를 푸는 동안 지문을 잠깐 보니 얼마나 긴 지 수험시간 내에 문제를 다 읽기도 어렵겠다 싶었다. 그런데 수험생들은 별 어려움 없이 시간 내에 그 긴 지문을 술술 읽고 답을 했다. 그것이 신통해 시험을 마친 후 한 수험생에게 넌지시 물어봤다. "지문이 너무 길던데 언제 저걸 다 읽고 확인했나요?"

그러자 40대 여성수험생 한 분이 피식 웃으면서 답변했다. "감독님처럼 옛날 수험생들이 하는 방식으로는 다 읽지도 못하지요. 지문이 긴 것은 문제부터 먼저 읽고 지문을 읽으면서 답변할 것을 체크하는 식으로 한 번만 읽습니다."

지문부터 쭉 다 읽고 답을 찾기 위해 다시 처음부터 지문을 읽는 예전 방식으로는 두말 할 것 없이 떨어지게 되어 있었던 거다.

미국 CIA정보요원 채용시험은 순간적인 재치가 필요한 시험이다. 1970년대 내가 대학생이던 때 CIA에 응시했던 한 미국인 대학동기생 이야기다. "막상 시험장에 들어가서 시험지를 보니 시험문제가 의외로 너무 쉬운 거야. 나이, 이름, 주소, 자신의 생활신조 등등 이런 쉬운 문제로 100문제가량 되더라고. 마지막 100문제까지 열심히 다 썼는데 마지막 장에 이런 지시문이 있더라고. '다 읽으신 분은 백지로 내세요.'라고……."

상황 판단을 할 때 급하다고 일부분만 보고 판단했다가는 돌변하는 상황에 대처하지 못하고 당하게 된다. 때로는 끝부분부터 먼저 체크해 보는 기지가 필요하다.

예전에는 신문을 볼 때 첫 장부터 차례로 읽었는데 최근에는 뒷면부터 본다. 또 예전에는 경중을 따지지 않고 꼼꼼히 다 봤는데 이제는 한눈에 들어는 것 위주로만 본다. 읽는 것에서 보는 것으로 바뀌었다. 그래서 신문사들도 첫머리나 중간에 요약하여 활자체를 달리해 한눈에 볼 수 있게 린 방식(lean style)으로 편집하고 있다. 빽빽한 글보다는 시선을 잡을 수 있는 그림(사진)을 많이 활용하고 있다. 중량감이 있는 논설문의 경우는 첫 단락에서 요약하는 리드방식(lead style)을 사용한다.

지혜로운 선인들은 인생을 끝(죽음)에 맞춰놓고 현실을 살았다. 속칭 출구기획(exit planning)을 했다. 즉 묘비명을 미리 지어놓거나, 만장을 자기 손으로 써놓고, 개관록(蓋棺錄)을 작성한다. 경제정책에서도 출구전략이란 것이 있다. 경기침체와 같이 불안정한 경제 상황에서 빠져나가고자 할 때 쓰는 각종 정책전략으로, 출구전략, 탈출전략, 비상전략 등으로도 불린다. 각국 정부와 중앙은행이 글로벌 금융위기 때 과도하게 풀린 자금을 경기가 회복할 때 부작용을 일으키지 않고 다시 회수하는 전략을 일컫는다.

고도성장의 연착륙을 시도하는 것이다. 아는 선배 중 한 분은 신춘문예에 출품하면서 심사기준을 정조준하여 집필했더니 최소 노력으로 당선되었다고 자랑하기도 했다.

입장 바꿔 생각하기

직장 상사들 중에는 자기 입장에서만 생각하고 지시하는 사람들이 많다. 부하직원의 처지는 아예 등한시한다. 같은 동료직원으로 있었을 때를 생각하면 '개구리 올챙이 시절을 잊는다.'라는 배신감마저 느낀다. 누구든지 관리자가 되고 나면 얼굴을 바꾼다. 자리가 바뀌면 입장도 주장도 바뀌야 산다. 계급사회에서는 승진과 동시에 경제적인 급여는 물론이고 주변 환경도 싹 바뀐다. 그간의 희생이 한꺼번에 보상된다. 특히 공무원의 경우는 경제적, 심리적, 관례적 예우까지 달라진다. 죽어서 제사를 지낼 때 쓰는 지방(紙榜)에도 사무관이상은 관직명을 쓸 수 있다. 가족의 신분적 택호까지도 바뀐다.

그러나 위치가 달라졌다고 역지사지의 정신까지 잊으면 안 된다. 상하 간에 불협화음은 대부분 상대방의 입장을 생각해보지 않기 때문에 발생한다. "입장 바꿔 생각을 해봐. 네가 지금 나라면 넌 웃을 수 있니?" 김건모의 '핑계'라는 노래 가사다. 상대방의 의도를 신통하게 알아낼 수 있는 비법이 바로 역지사지다. 성동격서의 극비의 전략도 '상대방의 입장에 있다면 어떻게 하겠나'하는 고민에서 알아낼 수 있다. 손자

병법에서 말하는 "상배방의 처지와 입장 바꿔 생각하고 자신을 대비하면 어떤 싸움에서도 지지 않는다."를 생각해보아야 한다.

안팎을 뒤집지 않아도 문제가 생긴다. 아내는 나를 너무 믿는 모양이다. 옷을 세탁을 할 때 무조건 세탁기에 집어넣고 돌려버린다. 볼펜, 만년필 등을 같이 세탁하는 바람에 와이셔츠를 못 입게 더럽힌 적도 있다. 지갑을 넣고 돌려 난감해진 적도 한두 번이 아니다. 가장 난처한 것은 휴대폰을 세탁해버리는 건데 그것도 무려 세 번이나 그랬다. 헤어드라이어로 말려서 감쪽같이 작동되길 망정이지 그렇지 않았다면 부부싸움으로 번졌을지도 모른다. 우리 아내는 실수를 해도 재치가 있어 천만다행이다. 단지, 옷을 안팎으로 뒤집지 않아도 이런 문제가 생긴다.

살면서는 익숙함을 뒤집지 않아서 문제가 발생할 때가 많다. 부부간의 권태기가 특히 그렇다. 그럴 때는 환경을 변화시키기 위해 여행을 떠나본다거나 참신한 이벤트를 열어 분위기를 바꿔보고 서로의 새로운 면모를 찾아보기 등으로 부부관계를 뒤집어봐야 한다. 큰 변화가 아니고 아주 작은 변화라도 효과는 만점이다.

나는 주말마다 아내와 함께 뒷산을 오르는데 10년 동안 하다 보니 그것도 지루해졌다. 아내도 마찬가지일 게 뻔했다. 그래서 변화를 줘야겠다고 생각하고 캔커피를 몰래 준비해 주머니 속에 넣고 갔다. 산 중턱에 올랐을 즈음 캔커피를 슬쩍 꺼내며 아내 손에 쥐어줬더니 아내가 드라마 속에서 본 장면이라며 웃음을 터트렸다. 우쭐해진 나는 그날 아예 몰아서 해보자 하고 아내보다 앞서가다 길바닥에 꽃으로 하트도 만들어보고 업어도 주었다. 다음날 밥상 위에 반찬이 달라져있었다.

목표가 있으면 한계는 없다

어릴 때 시골생활을 회상하면 겨울은 항상 춥고 항상 배가 고팠다. 농사를 지었지만 추수 때가 되어도 형편은 나아지지 않았다. 빌린 농토와 집터에 대한 임대료는 물론이고 춘궁기에 빌린 쌀을 갚기에 바빴다. 추곡으로 갚겠다고 한해 내내 외상을 했던 이장과 반장의 급여, 이발비용, 모둠으로 잡아먹은 돼지, 술값까지 다 갚아야 했다. 모자라지 않게 다 갚으면 천만다행이다. '빚이 살림 밑천이다.'라는 말로 스스로를 위로했다. 빚은 명년농사로 다 갚겠다고 다짐했다. 겨울철 점심은 고구마 하나 깎아먹는 걸로 대신했다. 마음에 점만 찍으면 점심이 된다지만 동짓달이 들어서면 밤은 유독 길고 춥고, 주린 배에서는 꼬르륵 소리가 요란해서 잠도 오지 않았다. 추위와 배고픔을 견디기가 고통스러웠다. 할아버지는 동짓날에 새하얀 한지 위에다가 여든 한 개의 동그라미를 그리셨다. 그리고는 사랑방 벽 한 구석에 붙였다. 춥고 배고픈 고통이 있을 땐 동그라미에 매화꽃 같이 빨간색을 입힌다. 하루에 하나씩 매화꽃을 피우면서 춥고 배고픔을 잊었다. '정자 앞에 드리운 수양버들이 진중하게 봄바람을 기다린다.'라는 시구를 하루 한 획씩 다 적었을 땐 추위도 배고픔도 다 지나가고 봄이 되었다.

이런 풍습은 우리나라에만 있는 것이 아니다. 아직까지도 베트남에서는 새해 설날에 지인들에게 봉오리 맺은 매화나무(분재)를 선물하는 풍습이 있다. 추운 겨울을 이겨냈으니 죽은 것 같은 꽃가지에 꽃과 잎이 피는 축복이 있기를 기원한다. 당나라 때 황벽선사가 지인들에게 "티끌세상을 벗어나는 일은 보통일이 아니다. 고삐 끝을 단단히 붙잡고 한바탕 일과 시름을 해야지. 한번 뼛속까지 파고드는 추위를 겪지 않고서야 어찌 매화향기가 코끝을 찌를 수가 있겠는가."라는 말로 삶의 고통을 표현했다. 마치 "눈물로 얼룩진 빵을 먹지 않고서 인생의 참맛을 모른다."라는 독일 괴테의 말과도 같다.

베트남에서는 아픔도 고통도 견디어야 할 때는 견뎌내야 할 목표 수만큼의 동그라미를 종이 위에 그린다. 목표를 하나씩 이루고는 동그라미에 하나씩 매화꽃으로 색칠한다. 그리고 기도하고 자축한다. 그들에겐 '100일소통도(百日消痛圖)'는 100일 기도다. 희망의 씨앗을 뿌린 결과로 핀 매화꽃이었다. 마치 우리의 수능 100일 작전처럼 어떤 슬픔도 100일을 기도하고, 축복하며, 희망을 꿈꾼다면 어느 정도는 견딜만해진다고 믿었다. 120년 동안 그들은 전쟁으로 인해 가족을 잃고 연인을 잃었다. 이렇게 하루하루 매화꽃을 피우면서 배고픔도 아픔도 이겨내었다.

매화 이야기가 나온 김에 생각나는 고사가 있다. 물 한 방울 없는 황야를 행군하는데 모두가 지쳐 쓰러질 지경이었다. 누군가 "저 산을 넘으면 거기엔 큰 매화나무 숲이 있어 매실이 많다. 빨리 가서 따먹자!"라고 외쳤다. 군졸들은 매실의 신맛을 생각하면서 입속엔 군침을 흘리면서 갈증을 넘겼고 기운을 차리고 황야를 벗어났다. 물론 산 너머에 매실나무 숲은 없었다.

가장 좋은 거름은 '두고 보자'라는 거름

어느 시골마을에 귀향해 농사를 짓는 젊은 부부가 있었다. 길섶 찔레나무 숲을 일구어 채전으로 마련해 무, 배추 등을 재배했는데 자라기도 잘 자랐고 맛도 좋았다. 길 가는 동네사람들이 그곳에서 일하는 그들 부부를 보고 "채소농사를 어떻게 해서 잘 지었습니까?"라고 묻자 대답은 하지 않고 웃기만 했다.

"무슨 비료를 주었느냐? 밑거름은 뭘 했느냐?" 등 자꾸 물으니까 마지못해 미소를 지으면서 "다른 것은 아무것도 없습니다. 단지 '두고 보자'라는 거름을 주었을 뿐입니다"라고 답했다.

평소에 젊은 부부가 농사일을 뭘 알겠냐고 업신여겼던 주민들은 얼굴을 붉히고 돌아갔다.

어느 날 우연히 검사로 퇴임한 친구를 만나 저녁식사를 같이 하게 됐다. 그는 검사생활이 우리가 생각하는 것처럼 그렇게 화려하고 멋진 것만은 아니라고 했다. 범인들을 기소하여 선고를 내리는데 이때에 죄수가 법정을 나가면서 기소한 검사에게 별의별 악담을 다 한다고 한다. 그중에 욕을 하거나 악담하는 사람에게는 심리적 부담이 전혀 없다고 한다. 그런데 아무런 말도 없이 눈을 맞추고 씨익 웃고 가는 죄수를 보면 온몸에 소름이 끼친다는 것이다. "두고 보자고 이를 바득바득 갈고 소리지르는 사람치고 뒤끝이 오래가는 사람이 없어. 그런데 말이 없거나 씩 웃는 사람은 꼭 보복을 하더라고."

『사기』에 와신상담(臥薪嘗膽)이란 고사가 있다. 양쯔 강 하류에 오나라와 월나라가 원수지간으로 각축하였다. 오나라 부차는 아버지의 원수를 갚고자 장작더미에서 잠을 자면서 복수의 의지를 다졌다. 또한 월나라 구천은 돼지 쓸개를 핥아가면서 복수를 다짐했다. 그들은 끝내 복수를 하고야 말았다. 작심삼일(作心三日)의 해이해지는 마음을 다잡고 목적을 달성하기 위해 고안해낸 방법이다. 와신상담은 시쳇말로 행동방아쇠다. 나쁜 습관을 고치기 위해 혹은 목적을 달성하기 위해 어떤 심리적 자극을 초래하는 의식이다.

나무 물고기 속에 피어난 훈훈한 인심

6.25동란 직후 시골에서는 여름에 드는 기제사를 위해 쌀 한 그릇을 한지나 비료부대 종이로 싸서 천정 대들보에 묶어놓았다. 그리고 그것만큼은 춘궁기에도 절대 먹지 않았다. 사돈어른이 오면 어쩔 도리 없이 반을 갈라서 식사대접을 했다. 그래도 나머지 반은 무슨 일이 있어도 남겨두었다. 어느 날 하루는 사장 어른이 방문하여 쌀밥을 먹어볼 기회가 생겼다. 어머니께는 나에게 "넌 삼대 외동아들이니 손님이 먹다가 밥을 남기면 네게만 몰래 주겠다."고 했다. 침을 삼키면서 문구멍을 뚫어 손님이 식사하는 것을 들여다보고 있는데, 반찬이 없었는지 밥에 다 물을 부어 먹겠다는 모습을 보고 그만 울음이 터졌다. "엄마, 손님이 밥에 물 말았다."라고 소리치면서 슬프게 울었던 기억이 난다.

봄철 기제사날이 나가오면 어머니는 산나물을 해다가 제사음식을 마련했다. 조기 같은 물고기는 돈이 없어서 못 샀다. 그래서 이웃집에 가 진짜 물고기와 똑같이 만든 나무조기를 빌려서 제사상에 놓고 첫 닭이 울기 전에 기제를 지냈다. 날이 밝기도 전에 음복음식과 같이 나무조기도 돌려드렸다. 뿐만 아니라 결혼식엔 나무기러기 한 쌍도, 장례식 때엔 나무꼭두각시 네 쌍도 빌려가면서 온 동네사람이 함께 썼다.

초등학교 졸업식에 어느 유지 한 분이 하셨던 축사가 생각난다. 거지 부자가 다리 밑에서 선달 그믐날을 보내고 있었다. 밤중에 사람들이 분주하게 쏘다니는 것을 보고 아들이 아버지에게 물었다. "아버지, 다

들 왜 저렇게 분주하게 다닙니까?" 그러자 아버지가 대답했다. "새해가 오기 전에 빚을 갚으려고 서로 돈을 꾸고 갚고 하는 거란다."

그러자 아들이 웃으면서 말했다. "아버지 우리는 참으로 다행입니다. 갚을 빚이 없으니까요." 아들의 이야기를 듣고 아버지는 한술 더 떠서 말했다. "그래, 이것이 다 아비 덕이란다." 연사는 이 이야기를 마치고 나서 "없어도 넉넉한 마음을 가지는 것이 진정한 부자다."라고 덧붙였다.

베트남에는 이처럼 '마음이 부자'임을 상기시키는 말이 많아서 좋다. 몇 구절을 소개하면 다음과 같다.

어머니: 신이 없는 곳에 그를 대신하시는 분

아오자이(白衣): 근심과 걱정도 날려버리는 바람의 옷

태풍: 농작물을 튼튼하게 자라게 하는 신의 다독거림

친구: 무겁거나 힘에 겨운 것 뭐든지 같이 나누는 사람

행복: 씨앗이 싹트고 자라는 과정 그리고 그 꽃에 대한 즐거움

위기: 되도록 피해야 할 이 또한 지나가는 소나기

인생: 진흙탕에 굴려도 이 또한 좋은 것

말: 자신은 물론 듣고 전하는 사람까지 베는 칼날

사과: 다 지고도 판을 뒤집는 전술 혹은 하나 주고 열을 빼앗는 야바위놀이

욕심: 먹어도 배가 고픈 코끼리, 마셔도 갈증만 나는 고래

여행: 도중에 미녀도 만나고 행운도 만나는 걷기

남편: 박수쳐 훈련시켜야 할 돌고래

간절한 마음이 기적을 빚는다

2014년 4월 16일 진도 팽목항의 병풍도 앞 해상. 탑승원 전원 476명 중 172명만 구조되었다. 국민들의 간절한 바람까지도 침몰시키며 그 이상의 생존자는 한 명도 나오지 않았다. 누구의 책임이냐를 두고 한동안 공방이 벌어졌다. "가만히 있으라"는 지시를 내리고 자기들만 빠져 나온 무책임한 선장과 선원들, 엉뚱한 교신으로 골든타임을 놓친 해경, 허둥대기만 하고 미숙한 대처로 질타 받은 정부, 전원 구조했다고 방송을 내보내더니 탑승인원마저 수시로 변하게 내보냈던 언론. 국민이 지켜보는 가운데 불과 몇십 미터 아래 수심에 있는 사람들에게 손길 한 번 내밀지도 못했다. 인재였다.

지난 2003년 2월 18일 대구지하철중앙역에서도 192명의 사망자, 21명의 실종자, 151명의 부상자를 낸 대참사가 있었다. 그때도 기관사는 "가만히 있으라."라는 지시방송을 하고 정작 본인은 열차 문을 잠그고, 열쇠까지 뽑아 도망쳤다. 대구지하철기관사는 체포되어 업무상 과실치사로 금고 4년 6개월을 선고받고 형기를 마쳤다. 이번 세월호 선장은 체포되어 강화된 법률에 의해 2심에서도 사형선고를 받았다. 그러나 떠난 망자는 돌아올 줄을 몰랐다.

이런 사건들이 반복되며 사회적으로 지도자에 대한 불신이 치솟았다. "가만히 있으라."라는 지도자의 말만 믿다가 많은 사람들이 죽어나갔기 때문이다. 불신의 사례는 이번만이 아니다. 1950년 6월 25일 북한군과 소련군의 남침이 감행되었다. 6월 27일 "북한 괴뢰군을 국군과 미군이 연합하여 의정부 이북으로 격퇴하였으니 국민들은 안심하고 생업에 종사하라."라는 국가지도자의 대국민방송이 전파를 탔다. 그러나 정작 그들은 몰래 한강을 건너고 곧바로 북한군이 추격을 못하게 할 목적으로 철교를 폭파해 끊었다.

지도자의 간절한 의지가 있었다면 상황은 달라졌을 것이다. 2010년 8월 5일 칠레 산호세광산에서는 70만 톤의 암석과 토사가 중간갱도에 붕괴하여 33인의 광부가 지하 700미터에 갇히는 사고가 발생했다. 국가의 수장인 대통령은 직접 나서 현장에서 진두지휘를 하고 세계를 향해 구호를 요청했다. 첨단장비와 구호대원을 파견하여 69일 만에 한 사람도 다치지 않고 무사 생환했다. 세계인들이 지켜보는 가운데 기적 같은 감동의 드라마를 연출하였다. "생명은 끝에서도 길을 뚫는다. 모든 위대함은 행복 속에서가 아니라, 시련 속에서 태어났다. 사람은 어떠한 최악의 조건에서도 삶의 의미를 찾을 수 있다."라는 빅터 프랭클(Viktor Frankl)의 말을 회상하게 하였다.

외적보다 무서운 적

1592년 5월 23일, 조선이 건국된 지 200년이 되던 해에 일본은 '명나라를 칠 테니 길을 비켜라'라는 대의명분을 내세웠다. 속셈은 맞아떨어졌다. 육군 15만8,700명, 수군 9,000명, 후방경비 1만2,000명을 동원해 조선을 침략하였다. 일촉즉발의 시기에 조선은 왜구에 맞서 싸우는 것은 고사하고 자기들끼리 싸우느냐고 혈안이 되었다. 집안싸움으로 살인청부업자를 불러들인 꼴이었다.

김훈의 『칼의 노래』를 보면 만리타국 조선 땅에서 이름도 없이 죽어간 왜군 젊은이들의 절박한 심정 묘사가 나온다. 그들은 그 절박함을 자신의 칼에다가 새겼다. "말은 비에 젖고 청춘은 피에 젖는구나." 또한 "청춘의 날들은 흩어지고 널린 백골 위에 사쿠라 꽃이 날리네."라고 탄식했다. 주군을 위한 희생이지만 개개인 인생의 꽃을 피워보기도 전에 죽음을 맞이해야 한다는 비통함을 피로써 토해내고 있었다. 가렴주구(苛斂誅求)를 일삼는 관리는 왜군보다도 더 냉혹했다. 포로로 전리품 신세가 되어 왜병이 된 조선의 백성들이 왜군의 절반을 넘어섰다. 부모형제를 죽이는 전투에 참여하고도 새벽이면 왜장들의 전공을 입증하기 위한 수급이 된다. 평시엔 창고에 모아놓은 조선백성의 목을 소금에 절였다가 귀국선에 실어서 주군에게 보였다. 그것보다는 조선지원군이라는 진린 제독에게 본국과 조선에 전공을 올리는데 쓰라고 뇌물로 조선백성의 수급을 바쳤다. 살아있는 백성들에게 왜군보다도 더 원수는 먹고사는 끼니였다. 목구멍이 조선 관리고 왜병이었다. 몇 끼를 굶어도 끼니때는 찾아오고, 먹을 것이 동나 죽어가는데도 어김없이 끼니때는 찾아왔다. 나라의 전쟁도 평정되었지만 배불리 먹었으면 하던 순수하고 간절한 바람도 짓밟히고 말았다.

영화 〈국제시장〉에서 주인공 덕수는 6.25동란 및 1.4후퇴로 중공군이 인해전술로 밀어붙이는 상황 속에 부산행 마지막 군함 한 척에 몸을 실어야 했다. 서로 살고자 하는 군중들로 얽혀 아수라장인 난리통에서 아버지가 마지막 당부를 한다. "이제부터 네가 가장이다. 어머니와 동생을 잘 돌봐야 한다."

덕수는 부산국제시장 고모가 운영하는 '꽃분이네' 가게를 찾아서 신세를 져야만 했다. 가장에게 나이가 있을 턱이 없다. 껌팔이, 구두닦이, 아이스께끼 장수 등 안 해본 것이 없이 생활전선에 뛰어들었다. 서독광부로 갔을 때는 지하 3,000미터 막장으로 가며 "살아서 땅 위에서 만나자."라는 말로 아침인사를 대신했다. 이렇게 가난을 벗어나고자 했던 간절함이 오늘을 있게 한 거름이 되었다.

특히 우리 역사는 어머니들의 절박함으로 점철됐다. 임진왜란 당시 지원군으로 온 명나라의 지원병들에게 성노리개로 꽃 같은 아가씨를 대접하면서 왜군을 격퇴해 달라고 애원했다. 그러나 명나라 지원병들은 왜군장군들과 화친을 빌미로 이권만을 챙겼다.

국제정세의 변화를 읽지 못한 조정대신들은 병자호란이란 외침까지 야기했다. 싸움은 멈추지 않았고, 국왕은 항복을 선언했다. 조선의 여성들은 노예로, 성적노리개로, 상품으로 거래되었다. 천신만고 끝에 귀향한 여인들에게는 환향녀(還鄕女)라는 악명을 뒤집어씌워 스스로 죽게 하였다. 오늘날 욕설로 하는 '화냥년'은 절박한 여성의 역사를 담고 있는 구슬픈 말이다. 뿐만 아니라 일본제국 당시엔 정신대 혹은 종군위안부로 제국군의 군화에 짓밟히게 하였다. 해방 이후에도 미군들의 성적하수구로 내몰면서도 정작 '양깔보'라고 몹쓸 말을 붙였다. 불행하게도 지금 이 순간도 우리네 어머니들의 간절함은 그 시절과 다를 바가 없다.

간절하지 않으면 신도 들어주지 않는다

가난한 부부는 아들 지미의 뇌 수술비를 감당할 수가 없었다. 집을 팔고 작은 집으로 월세를 들어가도 수술비는 턱도 없었다. 모두가 잠든 늦은 밤, 어머니는 한숨을 쉬며 아버지에게 한탄하듯 말했다. "기적이라도 일어나면 모를까요……." 잠결에 어머니 얘기를 들은 여섯 살배기 누나는 어떻게 해서든지 사랑하는 남동생을 꼭 살려야겠다고 마음먹었다. 다음날 아침 소녀는 자신이 보물단지처럼 아끼던 저금통을 깨서 동전 몇 닢을 손에 꼭 쥐고 약국을 찾았다.

아이는 약사처럼 보이는 사람을 붙들더니 "동생이 뇌수술을 해야 산데요. 기적이면 살 수 있데요. 기적이란 약을 주세요. 동생을 꼭 살려야 해요."라며 손에 꼭 쥔 돈을 내밀었다. 그는 아무 말도 할 수 없어 잠시 동안 멍하니 서 있었다. "돈이 모자라면 나중에 커서 꼭 갚을게요." 너무도 간절한 요구에 그는 차마 소녀를 외면할 수가 없었다. 그래서 소녀에게 부모님을 꼭 좀 만나보고 싶다고 부탁했다. 그는 다름 아닌 뇌신경 전문가 칼 암스트롱 박사였다. 동생이 운영하는 약국에 들렀다가 동생 대신 잠깐 일을 봐주던 참에 소녀를 만났던 것이다. 암스트롱 박사의 도움으로 지미는 뇌 수술을 받았고 다행히 예후가 좋아 건강하게 회복할 수 있었다. 어린 누나가 그토록 간절하게 바라던 기적이 찾아온 것이다.

외국의 한 자전거 경매장에서 이런 일이 있었다. 어린이용 자전거를 경매하는데 한 아이가 맨 앞줄에 앉아 손을 번쩍 들고 "5달러요!"라고 외쳐댔다. 다른 사람들이 20달러를 외쳐도 그는 줄곧 5달러만을 더 큰 목소리로 외쳤다. 네 번째도 마찬가지였다. 누가 봐도 그 자전거를 간절하게 갖고 싶은데 가진 돈이 5달러뿐이라는 절박함이 느껴졌다. 보다 못한 경매사가 아이에게 말했다. "얘야, 자전거를 사고 싶으면 20달러 혹은 30달러쯤을 불러야 해." 그러자 아이가 말했다. "아저씨, 제가 가진 것은 이것뿐예요. 우린 아빠는 실직 당했고, 엄마는 아파서 돈을 보태주실 수 없어요. 하나뿐인 동생한테 자전거를 꼭 사준다고 약속했단 말이에요." 아이는 실망한 듯 힘없이 고개를 떨구었지만 자전거를 포기하지 않았다. 경매는 계속되었고 소년은 더 크게 "5달러요!"라고 외쳤다. 주변 사람들이 수군대기 시작했고 더 이상 손을 드는 사람이 없었다. 경매사는 기쁜 마음으로 "다섯, 넷, 셋, 둘, 하나, 끝!"이라고 외쳤다. 결국 자전거는 소년에게 돌아갔다. 소년의 동생은 훗날 세계 최고 권위의 사이클 대회인 '투르 드 프랑스' 대회에서 최초로 7연패(1999년~2005년)를 한 사이클 선수 랜스 암스트롱(Lance Armstrong)이었다.

명화를 그리고 싶다면 붓부터 깨끗이 씻어라

조직사회에는 '비록 새우잠을 잘지라도 고래 꿈을 꿔야 한다.'는 아집이 있다. 다른 조직보다 많은 인력과 예산을 확보하고, 실적도 앞서가기를 바란다. 긍정적으로는 발전의 원동력이 되는 측면도 있으나 실상을 들여다보면 필요 이상으로 자원을 낭비하게 되고 생산성을 떨어뜨리는 결과를 불러올 때가 많다. 전체적으로 보면 균형이 깨져 불만과 불평의 원인이 된다. 개인적 측면에서도 잡동사니를 모았다가 쓸모없어 버리는 소동을 낳는 바람에 핵심을 놓치는 결과만 초래한다. 지나친 욕심은 마치 어린아이가 어른 옷을 입으려는 것과 같다. 한껏 욕심을 부려봤자 행동거지에 장애만 된다. 옷자락에 걸려서 넘어지거나 옷섶에 눈이 가려서 앞을 볼 수 없게 된다. 조직에서도 필요 이상의 예산과 인력은 이런 현상을 초래한다. 유능한 양복재단사는 입는 사람에 맞춰서 행동이 편하고 입는 사람의 품격마저 높이는 옷을 만든다. 동시에 천한 조각의 자투리도 남기지 않는다.

딱 필요한 것만 확실하게 챙겨서 최소비용(노력)에 최대효과(성과)를 내는 것이 더 중요하다. 목표 없이 하는 일은 '하기는 많이 했는데 막상 남들에게 내놓을 것도 없고 본인에게도 기억되는 것이 없는' 격이다. 상다리가 부러지도록 많은 음식을 차려놓았는데 정작 젓가락 가는 것이 없다. 한 가지 음식이라도 맛있게 먹도록 해야 손님이 문전성시를 이룬다. 한 마디로 한 가지만 '똑 부러지게' 하라.

붓부터 고르고, 먼저 씻어라.

우리 속담에 '인생은 일장춘몽이다.'라는 말이 있다. 미국 시인 헨리 롱펠로(Henry Longfellow)도 "인생은 한 편의 공허한 꿈."이라고 했다. 서양화가들의 표현을 빌리면 '꿈이 그려진 한 장의 그림'에 불과하다. 특히 조직에서는 정해진 역할을 해야 하기에 캔버스, 붓, 그림물감 등 도구로 각자의 기능을 하는 것에 비유해볼 수 있다. 조직을 캔버스에 비유하면, 예산 및 주변 환경은 그림물감이다. 조직의 구성원은 그림을 그려야 한다는 점에서 그림붓이다. 관리자는 연필로 밑그림을 그리고 선 안에 색칠을 하는 화가일 수 있다. 구상과 아이디어, 처리 혹은 일하는 방식, 관리 및 평가과정, 핵심과제 선별 및 절차, 의견수렴 및 소통 등 전체적인 그림이 제대로 색깔을 내도록 하자면 먼저 붓부터 깨끗이 씻어야 한다.

우리의 선조들은 예로부터 씻는 의식을 중시하였다. 종교의식뿐만 아니라 군중의 모임에서는 반드시 손 씻기를 통해서 질병(악마, 나쁜 습관 등)을 막았다. 발 씻기는 효도, 존경, 충성과 사랑의 의미로 표현하였다. 씻는 의식을 통해 일상의 구태의연을 벗어던지고 참신한 세상을 꿈꾸었다. "새로 얼굴을 씻는 사람은 반드시 갓을 벗어서 먼지를 떨 것이고, 새롭게 목욕을 하는 사람은 옷을 벗어서 먼지를 털어낼 것이다."라고 생각했다.

2001년 취임한 미국의 부시(George W. Bush) 대통령은 임기 중에 한 폭의 멋진 그림 같은 정치를 하기를 꿈꿨다. 그러자 정책자문을 맡았던 도날드 케틀(Donal F. Kettl)은 "멋진 그림을 그리고자 한다면 먼저 붓부터 씻으십시오."라고 자문했다. 수채화를 그리려면 수채화에 적합한 붓부터 골라야 한다. 많은 초보자들이 자주 실수하는 것이 귀찮다고 붓을 씻지 않는 것이다. 먼저 붓부터 씻지 않고서는 결코 원하는 색감을 낼 수 없다. 나중엔 검정 색칠만 하게 된다. 크게는 국가를 경영하고 작게는 조직을 관리하는 데 있어 자신만의 밑그림을 그렸다면 반드시 붓부터 씻어라. 그래야 고유한 색채를 낼 수 있다.

붓 씻기의 구체적인 작업

조직에 필요한 붓 씻기를 살펴보면 다음과 같다. 첫째, 부정적인 마음가짐을 씻어야 한다. 둘째, 사고방식과 행동거지에서 구태의연을 씻어야 한다. 셋째 비효율적인 일하는 방식을 씻어야 한다. 넷째, 작업환경 및 인간관계에서 형식적이고 낭비적인 요소를 씻어버려야 한다.

최근 직장에서는 일하는 방식에서 비효율적이고 구태의연한 형식과 참신한 아이디어를 접목하고 있다. 화려하고 거창한 일보다는 작은 것부터, 쉬운 것부터, 눈에 보이는 것부터 시도한다. 과거에는 모양새 있고 대의명분이 있는 것부터 손대었으나 현재는 실익이 있고 노력대비효율이 큰 파급효과가 있는 디테일부터 개선한다. 관리자는 교통신호등처럼 명령만 하고 지켜보던 구태에서 벗어나 솔선수범한다. 같은 일이라도 보다 합리적이고 효율적으로 하려면 순서와 절차를 개선하고, 고객의 시각으로 처리하도록 해야 한다.

일하는 방식의 개선에서는 계획으로 끝나는 것을 방지하기 위해 계획수립 때는 반드시 체크리스트와 성과평가를 위한 KPI(실적평가지표)를 작성해 결과를 평가한다. 성과에 따른 보상과 처벌을 이행하여야 하며, 각종 여건과 국내외정세의 변화를 즉각 수시로 반영하는 연동계획을 마련해야 한다. 모든 일을 다 하고자 욕심을 내기보다는 핵심과제를 추진하여 파급효과가 지속되게 킹핀 전략을 구사해야 한다.

개인도 자신의 꿈을 실현하기 위하여 이제까지 사용하던 전략적 사고방식, 적극적 행동, 순서와 타이밍을 통한 일머리 틀기, 소통과 역지사지, 빈틈과 핵심을 찾아서 디테일에 충실하기 등 노력이 필요하다. 지금껏 형식적이고 비효율적이던 것을 던져버리고 '새 술을 새 부대에 담자.'는 각오로 참신함을 장착해야 한다. 때로는 간단히 붓 씻는 것으로도 개성이 뚜렷한 그림을 그릴 수 있다. 마치 물로 포도주를 만드는 기적과 같은 결과를 가져올 수 있다.

네트워크 시대를 사는 지혜를 배워라

삼베, 무명 혹은 모시 등 실을 자아서 베를 짜던 시대에는 사람이 태어나서 죽는 것을 실에 비유했다. 출생과 삶을 실을 자아서 베틀에서 베를 짜는 일에, 죽음을 짠 베나 실을 가위로 자르는 모양에 비유했다. 옛날에는 집집마다 쌀바가지 위에 한지를 덮고 무명실타래로 묶어서 삼신할머니를 모셨다. 실타래와 같이 생명을 점지하고 가위로 자르듯이 죽음을 가져온다고 믿었다. 그래서 우리 조상들은 생사를 명줄이라고 불렀다. 결혼도 청실과 홍실을 맺는다고 했다. 삶이란 즐거움과 슬픔으로 꼬여진 실타래라고 생각했다.
조선시대 어의들이 왕비나 공주의 병세를 볼 때 실타래를 통해 진맥하고 임신 및 병환을 진단했다. 출생은 아기가 실마리를 손에 쥐고 이 세상에 나옴이고, 죽음은 생명의 줄이 끊어짐이다. 그래서 돌잡이 상에도 실타래를 빠지지 않고 올렸다. 아기가 실타래를 잡으면 명이 길다고 축하했다.

그리스 신화에서도 제우스와 테미스 사이에 태어난 세 자매가 생명의 실을 다루었다. 막내 클로토는 베틀에 실을 감아서 베틀작업(할당)을 했다. 둘째 라케시스는 헝클어진 실을 풀고, 팽팽하게 당기며, 단단하도록 꼬기도(측정) 했다. 맏딸 아트로포스는 둘째 혹은 막내가 주는 실타래와 천을 가위로 자르는 작업(파괴)을 했다. 사람의 생명이란 막내 손에서 태어나서 둘째 손에 옮겨져 희로애락의 삶을 살다가 마지막으로 맏딸 손에서 파괴되고 만다. 만약 오늘날 대량생산의 시대에 생명의 신화가 생겨났다면 어떨까?

인형공장에서 막내딸 생산부장의 손에 의해서 다양한 인형을 생산된다. 둘째딸 판매부장의 손에 의해서 소비자에게 넘어가서 활용된다. 마지막으로 맏딸 폐품수거부장의 손에서 유통기간이 지난 제품을 수거해 소각 혹은 용해한다. 이 세 딸을 우리의 선인들은 삼신할머니로 표현했던 것이다.

실에 관련된 또 하나의 그리스 신화는 아리아드네의 실타래다. 아테네의 왕자 테세우스는 미노타우로스를 죽이고자 마음먹고, 제물로 가장하여 크레타섬으로 잠입하였다. 그를 사랑하던 아리아드네는 미노타우로스가 살고 있는 복잡한 미로에서 살아 돌아온 사람이 없다는 사실을 알았다. 그녀는 괴물을 죽여 없앨 방책으로는 칼을, 복잡한 미로를 무사히 빠져 나오는 방안으로는 붉은 실타래를 고안했다. 아리아드네는 테세우스에게 칼과 실타래를 주면서 들어갈 때부터 붉은 실타래를 풀어서 괴물을 죽인 후 미로에 홀리지 말고 빠져 나오도록 당부했다. 이처럼 실타래란 복잡한 문제를 쉽게 해결하기 위한 사전 대책강구다. 어떤 일을 추진하기 전에 예상되는 문제, 복병, 장애물 등을 미리 예상한다. 이에 대해 위기관리, 대응과 대책을 강구하는 지혜는 아리아드네의 실타래가 기원이다.

거미줄(web)과 그물망

낚시꾼들은 낙시줄 끝 바늘에 미끼를 끼워 던져 고기를 낚는다. 열대지방에서는 바나나박쥐를 잡기 위해서 나무 사이에 그물망을 쳐놓고 바늘을 꽂아놓는다. 마치 거대한 거미줄에 참새 혹은 제비가 걸리는 모양이다. 오늘날 눈에 보이지 않는 전산망을 웹(web)이라고 한다. 웹을 거미줄에 비유할 수 있다. 인간관계는 그물(net)에 비유할 수 있다. 작게는 개개인 한 사람이 다른 사람과 연계되어 있으며 크게는 조직의 구성원으로 사회의 일원으로 거미줄 혹은 그물에 연결되어 있다.

옛날에는 물고기를 잡는데 그물을 쳐서 한꺼번에 여러 마리를 잡거나 낚시로 한 마리씩 잡았다. 그물에 비하면 낚시는 세월을 낚는다고 할 수 있다. 성경은 바다, 물고기, 배 등의 비유를 통해서 많은 지혜를 전하고 있다. 구체적인 세상의 사실을 비유해 영적(추상적)인 것을 쉽게 이해시켰다. 물론 일면에서 감춰진 하늘의 기밀을 진정한 그 신비성을 훼손하지 않고자 함도 있었다.

중국 『육도삼략』에서는 강태공이 인재 등용하는 것을 낚시에 비유했다. 즉 "좋은 미끼를 놓아주고 큰 물고기를 낚듯이 국록을 많이 줘서 유능한 인재를 활용하라."고 설명하고 있다.

그래서 오늘날은 거미줄처럼 사전에 대비하고 각종 네트워크를 통해서 파급효과를 극대화하는 네트워크 경제시대다. 과거는 부지런히 일해야 하는 개미의 시대라고 한다면 오늘날은 참신한 아이디어로 혹은 세계를 하나로 잇는 웹이나 네트워크를 활용하는 거미의 시대다. 과거에는 문제를 제기하는 사람만 설득하면 됐지만 최근에는 집단화, 언론을 통한 확대 재생산, 제2 혹은 제3의 문제까지 파급되고 있다. 문제가 발생하기 전에 거미처럼 사전에 네트워크를 마련하고 대응해야 할 때가 되었다.

합리적 제한으로부터 오는 자유

이런 연관은 법률, 각종제도, 조직규정, 관례, 인습, 예의범절, 혹은 게임 규칙(rule)으로 존재한다. 개인적 일면만을 보면 한 사람의 발전과 성장에 직접적 제한이 되기도 하나, 다른 면에서는 지원하고 협동하여 공동발전을 도모하기도 한다. 마치 개인이 하늘을 마음껏 날고자 하는 연이라면 이런 제한은 연줄에 해당한다. 연은 연줄이 있기에 역풍을 거슬러 하늘 위로 날아오를 수 있다. 연줄을 끊으면 바람에 휩쓸려 약간 날아오르다가 결국 땅으로 떨어진다. 연줄에 해당하는 자승자박은 학교교육, 결혼, 종교, 각종 의무 등이 있다.

하버드대학에서는 신입생 등록, 기숙사 등 시설 사용에 있어 제한을 두는 것이 보다 합리적이라고 한다. 미국의 대법원에서는 "공공의 안녕에 대하여 부도덕하고 유해한 것을 가르치는 것은 국가가 금지할 수 있다."고 선언하였다. 또한 하버드 총장들은 "합리적인 제한이 오히려 자유롭게 한다."는 결론을 내놓았다. 조직생활에 있어서 조직구성원에게 자율과 자유를 제한하는 것 같으나 조직발전을 통해서 개인의 성장이 보다 자유로워진다.

목표가 분명해야 헛고생하지 않는다

1960년대 국민학교(현 초등학교)를 겨우 마치고 생계를 위해서 농사를 배웠다. 소를 몰고 밭에 가서 밭갈이를 했다. 밭골을 타는데 주정뱅이의 걸음처럼 지그재그 모양이었다. 이를 지켜보시던 일흔 고령의 아버지가 소의 코뚜레를 잡고 앞에 서라고 하시면서 조언했다. "먼저 건너편 밭섶에 있는 돌이나 나무를 푯대로 삼고, 그것을 향해서 똑바로 가거라." 그리고는 말이 끝나자마자 "어데~데~" 하시면서 소를 몰았다. 밭골은 공책의 줄처럼 반듯반듯해졌다. 점심식사를 하면서 "밭갈이하는 데 푯대를 정하는 것처럼 인생도 목표를 정하면 똑바른 삶이 되겠지."라고 하신 말씀이 지금도 생생하다.

기원전 330년경 마케도니아제국의 필립2세(Phillip Ⅱ)왕은 주변국 정벌을 위해 격렬한 전투를 벌였다. 그는 적군들이 벌벌 떨 정도의 맹장이었는데 하루는 적병의 화살로 오른쪽 눈을 잃었다. 신출귀몰한 일이라서 몇 번이고 생각해봐도 의문이 풀리지 않았다. 그는 부하들을 시켜 적군이 쐈던 화살을 찾아오라고 명했다. 화살을 자세히 살펴본 그는 비로소 그 이유를 알 수 있었다. 화살마다 '필립의 눈을 향해(Toward Phillip's Eye)'라는 목표가 적혀있었다.

영국과학협회가 아일랜드 더블린에서 개최되었다. 과학자 토마스 헉슬리(Thomas Huxley)는 처음으로 오는데다가 늦게 도착하였기에 허둥지둥하였다. 회장으로서 기조연설을 놓치지 않으려고 서둘러 기차에서 뛰어내려 대기 중인 이륜마차에 황급히 올라탔다. 그는 마부에게 큰 소리로 "시간이 급하니 빨리 가 주세요."라고 주문했다. 마차는 최고 속도로 달렸다. 한참을 가던 중 헉슬리가 황급히 놀라며 물었다. "그런데 어디로 가고 있는 거죠?" 그러자 마부가 멋쩍게 웃으며 대답했다. "글쎄요…… 목적지를 말씀하시지 않아서 그냥 앞으로 달리고 있습니다만. 어쨌든 최대한 빨리 마차를 몰고 있습죠." 결국 회장은 기조연설을 회의 중간에 했다.

정글의 법칙에서 배우기

인간이 지구상에 출현한 것은 겨우 30만년 정도 된다. 인류보다 수십억 년 앞서서 척박한 환경과 치열한 생존경쟁을 극복하면서 살아온 동물이 숱하다. 이들로부터 정글의 법칙(약육강식)을 배워본다면 어떨까? 인도네시아 정글에 사는 검은손기번 원숭이는 자기 영역에 다른 원숭이가 들어오지 못하도록 암수가 함께 혹은 가족 모두가 노래를 한다. 단합된 힘을 과시하는 것이다. 특히 암컷의 목소리는 소프라노라서 멀리까지 들리기 때문에 강렬한 위력을 발휘한다. 암컷의 노랫 소리가 들리지 않으면 적들은 검은손기번 원숭이들이 아프거나 사고가 났다는 걸 금세 알아차린다. 곧이어 영역쟁탈전으로 이어지고 가족몰살이라는 끔직한 싸움이 예견된다. 그래서 검은손기번 원숭이들은 그전에 스스로 영역을 내놓고 떠난다.

아프리카 사자의 사냥현장을 목격하면 사자가 왜 정글의 왕이라 불리는지를 알 수 있다. 첫째, 주변 자연환경과 공격대상의 성향을 파악해 사냥감을 정한다. 둘째, 자연여건을 활용한 협공전, 추격전 등 전략을 수립한다. 셋째, 최악을 대비하는 전시위기관리를 한다. 먼저 기린이나 코끼리 같은 큰 동물을 사방에서 협공하여 무리가 흩어지게 한다. 이때 어리거나 늙어서 대열에서 뒤처져 낙오된 놈을 집중 공격한다. 기린이나 코끼리가 몸집이 크다는 점을 이용해 도망치기 어려운 나무숲이나 바위가 많은 곳에 숨어 있다가 기습하기도 한다. 넷째, 사냥이 끝나고 먹이를 먹는 순간에도 기습반격이 있을 수 있으므로 끝까지 긴장의 끈을 놓지 않는다. 허점을 주지 않는다는 거다.

사자의 위기관리 능력은 실제로 매우 철두철미하다. 먹이를 100% 포만상태까지 먹지 않고 70%정도만 먹는다. 그 이유는 비만방지도 있지만 적의 기습에 대비해 날쌘 몸을 유지하기 위해서이다. 사자는 엄한 양육법으로도 잘 알려져 있는데 어린새끼가 태어나면 일부러 언덕 아래로 굴려서 기어오르게 한다. 약한 놈을 도태를 시키기 위한 테스트이다. 약한 새끼가 약점이 되어서 사냥감이 되거나 가족의 평화를 해칠 수 있기 때문이다.

또한 사자는 일단 목표를 정하면 풀벌레 한 마리를 잡더라도 최선을 다하고 전력투구한다. 빈틈은 곧 죽음을 의미하기 때문이다. 뿐만 아니라 휴식할 때는 콧구멍을 쥐가 긁어도 모를 정도로 충분히 충전한다. 이렇게 철두철미하게 최선을 다하는 사자도 3일에 한 번 정도 먹을 뿐이다. 때로는 일주일 이상 사냥에 실패하거나 최악의 경우는 코끼리, 들소, 기린 등의 뒷발에 차여서 다치거나 죽기도 한다.

한편 꿀벌은 꿀을 모으는 데만 몰두한다. 동물학자들은 호박벌이 형태상 몸에 비해서 날개가 작아 날 수 없다고 한다. 그러나 호박벌은 자신이 날기 부적합하다는 사실을 모르는 데다 꿀 모으는 일에만 열중하기 때문에 날 때까지 날갯짓을 해 결국은 날아오른다. F15 전투기를 생산하는 맥도널 더글러스 정문에는 이런 말이 적혀있다. "호박벌은 기체공학상 날기 부적합하다. 그러나 현실은 호박벌의 승리다."

될 때까지 해보고 난 뒤에 판단할 일이다. 날기 어려운 조건을 가지고도 부지런하게 날아다니는 호박벌이 있는 반면, 멀쩡한 날개가 있으면서도 날지 못하는 동물도 많다. 이들은 해보지도 않고 포기한 족속들이기에 잠시 편할지는 모르나 먹잇감이 되기도 그만큼 쉽다.

사격장 표적처럼 구체화하라

일반적으로 꿈을 크게 분류하면 무엇이 되겠다(to be), 무엇을 하겠다(to do), 무엇을 갖겠다(to have)로 나눠볼 수 있다. 꿈의 목록을 만들어 보면 대부분 무엇을 해서(to do) 그를 통해서 무엇을 가지거나 또는 무엇이 되는 것이다. 그래서 꿈의 목록(dream list)은 해야 할 일 목록(to-do list)과 거의 같다.

먼저 꿈을 잡는다는 건 글로 적거나, 그림을 그리거나 혹은 대상물을 사진으로 찍으면 된다. 꿈을 적는 것은 한 단어로도 혹은 보다 긴 문장으로도 표현할 수 있다. 꿈은 휘발성이 강해서 생각날 때 곧바로 메모해야 한다. 그림, 사진, 모형 혹은 조감도를 그린다면 더욱 구체화가 되었기에 더욱 생생하게 꿈을 간직할 수 있다.

꿈을 성취하기 위해서는 목표와 기한을 설정해야 한다. 사격선수가 과녁을 명중시키기 위해서는 먼저 표적에 집중해야 한다. 명중시킬 표적이 바로 목표(target)다. 험하고 높은 산은 하루에 오를 수 없기에 중간지점을 정해서 오르듯이 중간목표를 정해야 한다. 예를 들어 올림픽사격경기에서 금메달을 따기 위해서는 먼저 국가사격대표선수로 선발되어야 하고, 다음으로 아시안게임에서 금메달리스트가 되어야 하듯이 중간목표가 있어야 한다. 작은 성취는 다음 목표를 쟁취하는 데 원동력이 된다. 일단 작은 성취를 이루고 나면 도미노게임처럼 큰 성취까지 줄줄이 성공을 맛볼 수 있다.

삼국지에서 제갈공명은 국왕에게 출사표를 던지며 자신의 꿈(야망), 목표, 책임소재를 분명히 설명하며 설득하였다. 이순신은 "아직도 신에게는 12척이나 되는 전선이 있습니다."라는 장계로 어려운 현실을 극복하고 최선을 다하겠으니 더 이상 발목을 잡지 말고 지켜봐 주길 선조에게 당부했다. 한편 자신의 의지와 중간목표를 점검하기 위해서 난중일기를 작성하였으며, 손자병법 및 오자병법을 곁에 두고 수시로 자문을 구했다. 즉 '기록이라는 인류의 최고 멘토'로부터 지혜를 빌려서 23전 23승의 역사를 써내려갔다.

2010년 남북한이 극한상태로 대치했다. 북한군의 사격훈련에 남한 김관진 장관의 사진이 사격표적이 되었다. 이에 반해 김관진 장관은 자신의 집무실에 북한인민무력부장 김격식 사진을 걸어놓았다. '언제나 나를 표적으로 지켜보며 호시탐탐 노리고 있다.'라는 사실을 구체적 가시화했다. 군사작전 상황실에는 지도 혹은 모형도를 갖다놓았다. 그 위에서 아군과 적군이 대치하고 있는 모형무기를 배치해서 눈으로 확인했다. 작전 상황실을 한때는 지도를 붙여놓고 작전한다고 해서 맵룸(map room)이라고 했다. 개인의 꿈을 성취하기 위해서는 군사작전을 방불케할 정도로 자신의 꿈을 명확하게 해야 한다. 전시상황실처럼 구체화된 목표, 전략과 전술은 물론이고 첨단장비, 각종기술까지 총동원하여야 한다.

강바닥을 박차고 솟아올라야 산다

어릴 때 시골에서 성장한 나는 무더운 여름철이 되면 개울로 달려가 옷을 홀라당 벗어던지고 물속으로 뛰어들곤 했다. 어느 날은 소낙비가 와 물이 많이 불어났는데도 아무 생각 없이 뛰어들었다가 죽을 뻔한 경험이 있다.

물속이 얼마나 깊던지 자꾸만 빠져 내려갔다. 사람은 물에 빠지면 본능적으로 살려고 바동거리다 힘이 빠져 죽는다. 나 역시 물속에서 허우적거리다 죽겠구나 싶은 찰라 "끝까지 가라앉았다가 바닥을 박차고 물위로 솟아올라야 산다."라는 말이 뇌리를 스쳤다. 그래서 몸의 힘을 빼고 아래로 내려갔다. 발바닥이 개울바닥에 닿자마자 사력을 다해서 박차고 물위로 솟아올랐다. 저승에 다녀오는 순간이었다. 그 뒤로 직장생활을 하면서 슬럼프에 빠졌을 때도, 첫사랑의 연인으로부터 실연을 당했을 때도 그때의 경험을 떠올리며 '강바닥을 박차고 솟아올라야 산다.'라는 말로 스스로를 위로하곤 했다.

어느 여름날, 시골 나무그늘 밑 정자에 동네사람들이 모여 끼니때도 잊고 라디오 중개방송을 듣고 있었다. "찼다. 찼다. 차범근 연신 슈팅~ 골!"이라는 연호를 외치며, 배고픔도 잊고 응원했다. 뿐만 아니라 김기수, 홍수환 선수의 복싱에도 끼니때를 잊고 신명나게 응원했다.

어른이 되고 난 뒤에 비로소 당시의 배고픔에서 솟아났던 절박함이 원동력이 되었다는 사실을 깨달았다. 마음껏 배우지 못하고, 크게 가진 것은 없어도 '두고 보자.' 혹은 '나라고 못할 리 없다.'라는 힘이 솟아났다.

스티브잡스는 스탠퍼드 대학에서 졸업생들에게 한 연설문에서 "늘 바보처럼 겸손하고 배고픔을 느껴라."라고 했다. 배고픔보다 더 절박한 것은 없다. 배불리 먹고 싶은 소망만큼 간절한 것이 없다.

겨울철 산천에 눈이 수북하게 내리면 동네 꼬마들이 몽둥이를 들고 야산으로 토끼몰이를 나가곤 했다. 토끼는 앞다리가 짧아서 위쪽에서 내리막으로 몰아붙이면 눈 위를 데굴데굴 구른다. 그러나 잡으려들면 사람보다 훨씬 더 빨리 도망치기 때문에 여간 잡기가 어려운 것이 아니다. 저녁에 할아버지께 토끼사냥을 이야기해 드렸더니 웃으시면서 "토기 똥구멍이나 봤나?"라고 놀리셨다.

할아버지는 한때 우리 동네에서 으뜸가는 포수였다. 할아버지는 토끼를 쫓아 온 산을 헤집고 다니느냐고 애만 쓴 내게 토끼잡이 이야기를 들려주셨다. "총을 맞은 토끼를 사냥개로 추격해도 절대 못 잡는단다. 사냥개는 주인에게 잘보이기 위해서 그저 하는 척하고 돌아오지만, 토끼는 죽음이라는 절박함이 눈앞에 닥쳐왔기에 죽을힘을 다해 탈출하기 때문이지."

632년 신라 서라벌에서는 덕만공주가 선덕여왕으로 추대되었다. 당시 귀족들은 '갖고 놀기 좋겠다.'는 속셈에 마음대로 주물려고 했다. 연일 전쟁으로 피 흘리는 병정들, 신음하는 백성들, 권력 잡기에 혈안인 귀족들, 물불을 가리지 않는 모리배들……. 모두가 썩어서 온 나라가 문드러져 녹아내리고 있었다. 마치 말기암환자를 개복하던 집도의가 썩지 않는 곳이 하나도 없어 메스를 놓고 마는 상태였다. 그렇다고 손 놓고 강 건너 불구경하듯 볼 수만은 없는 노릇이었다. 선덕여왕은 자장율사에게 신의 한 수를 가르쳐 달라고 청했다. "뭔가 하겠다는 마음부터 먹어라."라는 한 구절을 받아들었다.

그 후 선덕여왕은 마음을 단단히 먹고, 왕경 서라벌을 국명으로 사용하던 것을 '새로운 천년을 펼치자'라는 의미로 신라로 정하고 개명축복부터 했다.

내려놓고 비워야 앞으로 나아갈 수 있다

베트남은 천연자원이 풍부해 고대 중국의 지배를 오랫동안 받아왔다. 근대에 접어들어서도 프랑스의 점령을 받았다. 프랑스군 통치에서 벗어나고자 인도차이나 전쟁을 치렀다. 친미 정권에서 벗어나고자 베트남 전쟁으로 국력을 소모하였다. 모든 것을 빼앗겼다. 남은 것이란 상처투성이인 몸과 마음뿐이었다. 그럼에도 원망하지 않고 스스로 다독거렸다. 다 죽지 않아서 다행이라고 감사해했다. 사죄받기보다 먼저 손을 내밀었다.

한국에 대해서도 "가난 때문에 패전국 미국의 용병으로 와서 목숨팔이를 했을 뿐이다."라고 생각하고 있다. 종군위안부 과거사로 일본과의 외교가 냉각상태인 우리나라 입장에서라면 "한국군 5만 병력이 주민을 학살하고 부녀자를 겁탈한 것에 대한 사과를 하라."라는 주장도 함직하다.

우리도 베트남의 정신을 참고할 필요가 있다. 일본이 종군위안부 문제제기에 대해 사과하지 않는다는 이유로 국정을 마비시키는 것은 과거에 매여 현재를 놓치는 일이다.

베트남의 젊은이들은 절박한 현실을 극복하고자 동분서주하고 있다. 그 모습을 잘 느낄 수 있는 것은 〈행복을 찾아서〉라는 영화이다. 주인공 크리스 가드너는 세일즈맨이다. 그는 아들 크리스토퍼에게 말한다. "누구라도 네게 '넌 할 수 없어'라고 말하게끔 하지 마. 그게 나라도 말이야. 꿈이 있다면 그걸 지켜야 해. 원하는 게 있다면 쟁취하는 거야. '넌 할 수 없어'라는 소리를 들을 땐 정말 그 사람은 끝났다고 생각해."

베트남인들은 절박한 현실을 간절함으로 극복하고 있다. 앞뒤 보지 않고 꿈을 향해 돌진하는 모습이 멋지고 부럽기만 했다. 영화를 보며 베트남의 희망을 보았다. 지금처럼 간절한 마음으로 일한다면 머지않아 개도국을 벗어날 것이고 더 이상 서글픈 외침도 없을 것이다.

지금이라는 현실을 벗어던지고, 쓰레기 같은 상처를 지워버리는 마음은 절박하다. 절친한 친구로부터 국제전화가 왔다. 시골에서 가정 형편이 어려워 중학교 진학은 꿈도 못 꾸고 초등학교 졸업 후 읍내에 있는 한 가게에서 점원으로 일했던 친구다. 그러나 성실히 최선을 다해 일한 결과, 주인집 딸과 결혼하게 되었고 남부럽지 않게 살았다. 그런데 이제야 편하게 살만하니 말기암환자로 선고를 받았다.

그 친구가 이곳 베트남에 와 휴양 삼아 일을 하는데, 독종답게 남의 집 설거지를 한다고 했다. 그는 자신을 병들게 한 것이 과거의 고통스러웠던 기억이란 생각이 들어 머릿속의 과거를 모두 지우려고 애쓴다고 말했다. 힘들었던 기억은 물론 마음속 응어리까지 내려놓고 비웠다고 한다.

무거운 십자가를 지고 살아가는 사람

지난 1996년 행정업무상 도쿄의 한 유치원을 방문했을 때 일이다. 이야기를 나누던 중 원장이 "일본에서는 미혼모들이 아이를 낳아서 원 앞에 두고 가면, 아이 사진을 찍어둡니다. 또 당시 입었던 옷가지랑 물건들을 보관해놓아요. 그리고 아기의 성격을 닮은 상징물을 하나 만들어 주지요."라고 말했다.

어디에 쓰려고 보관하는 거냐고 묻자 "아이가 성장하면서 실패의 경험을 하거나 사고를 당하는 등 어려운 일에 처했을 때 '너는 이렇게 죽음까지도 극복한 사람이다, 지금의 기적을 만들었으니 이번 어려움은 별 것 아니다.'라고 격려해주기 위해서지요."라고 했다.

일본의 어머니들은 아이들이 유치원에 다닐 때 쓴 공책을 보관했다가 자식이 난간에 봉착했을 때 "유치원 다닐 때는 이 정도밖에 못썼는

데 지금을 봐라. 얼마나 발전했느냐. 모든 게 다 이렇다."라고 격려한다고 덧붙였다

베트남 사람들의 인정이 녹아내린 속담들

유네스코 세계자연문화유산에 등재된 하롱베이는 신의 정원이라 불릴 만큼 아름답기로 유명한 곳이다. 1992년 상영된 프랑스 전쟁 당시, 이곳에서 촬영한 영화 〈인도차이나〉에서 기구한 운명과 사랑의 장난이 전개되었던 곳이다. 플랜테이션의 농장여주인 엘리안느는 양녀로 까미유를 입양한다.

그녀는 까미유를 친딸처럼 사랑해 프랑스 상류 사회식 교육을 시키고 남다른 애정을 베푼다. 한편 프랑스의 해군장교 장밥스티스는 야망을 가지고 사이공에 오는데 우연히 엘리안느와 만나 뜨거운 관계로 발전한다. 그러나 운명의 장난인지 까미유도 장을 연모하게 된다. 이 사실을 알게 된 엘리안느는 까미유를 서둘러 왕족의 친족과 결혼시키려 하나 까미유는 이를 뿌리치고 장을 찾아간다.

혼돈의 역사 속에서 까미유는 장의 아들을 낳게 되고, 엘리안느는 사랑하기 때문에 모든 것을 용서할 수 있다는 마음가짐으로 까미유와 손자를 받아들인다. 그러나 애달픈 엘리안느에 비해 까미유는 냉담하기만 하다. "엄마와 그이를 생각했지만 슬픔만 있을 뿐이에요." "제가 살아온 곳으로부터 떠나고 싶어요. 행복으로부터 떠나고 싶어요."라는 카미유의 하소연은 가슴을 출렁이게 한다.

영화는 한 남자를 사이에 둔 두 여인의 사랑과 전쟁과 식민지 사회에서 일어날 수 있는 가슴 아픈 멜로를 이야기하는 듯하다. 하지만 영

화 속을 좀 더 자세히 들여다보면 프랑스와 인도차이나의 관계, 지정학적 특성 때문에 외국의 침략과 지배를 자주 받아온 베트남의 가슴 아픈 역사를 담고 있다.

베트남의 젊은 여성들이 입고 있는 흰옷 아오자이는 '바람에 날려 보낸다'는 의미에서 만들어진 옷이다. 전쟁, 천재지변, 가난 그리고 점령군들이 남긴 모든 상처도 아픈 영혼까지 바람에 날려버리지 않고서는 살수 없었다는 절박함에서 만들어졌다. 이젠 베트남 인근 중국남부 지방에서도 대풍의(大風衣)를 즐겨 입는다.

베트남에는 '말하는 법보다 먼저 먹는 법을 배워라.'라는 속담이 있을 만큼 먹고 사는 어려움을 많이 당했다. 베트남의 지혜를 담고 있는 속담을 몇 개 소개해본다. '배고플 때 한 숟가락은 배부를 때 한 그릇과 같다', '칼에는 두 개의 날이 있으나 사람의 입에는 백 개의 날이 있다', '다정하게 말하는 것은 돈이 한 푼도 들지 않는다', '슬픔은 나누면 줄고, 기쁨은 나누면 커진다.'

이외에도 '쇠가 쇠를 먹고 살이 살을 먹는다', '덩치 큰 사람 백 명보다 간이 큰 사람 한 명이 낫다', '내일과 내세가 어느 것이 먼저 찾아올지 우리는 결코 모른다' 등이 있다.

5장

캄보디아,
킬링필드의
절망을 희망으로 바꾼
간절함

간절함이 모든 것을 이긴다

캄보디아는 고대 인도 산스크리트의 말로 캄부자(Kambuja) 즉, '황금의 나라' 혹은 '평화와 번영의 나라'라는 뜻에서 유래했다. 아름다운 이름과 반대로 캄보디아는 내전과 외세에 짓밟혀 피로 물든 슬픔의 역사를 간직한 나라다. 캄보디아는 지리학상 인도차이나 반도에 위치한 나라로 제국주의가 팽창하던 시절에는 서구인에게 유린당해 근대화의 기회를 놓쳤고, 이데올로기 전쟁으로 다시 한 번 국가가 황폐해져 세계에서 가장 낙후한 지역으로 전락해버린 곳이다.

특히 캄보디아의 역사를 말하자면 '킬링필드(killing field)'를 빼놓을 수 없다. 크메르루주의 지도자 폴 포트는 1975년 4월 미군이 베트남에서 철수함에 따라 약화된 캄보디아의 친미 론 놀 정권을 몰아냈다. 당시 폴 포트가 정권을 잡자 론 놀 정권의 부패에 염증을 느끼고 있던 국민들은 환영하였다. 그러나 폴 포트는 새로운 농민천국을 구현한다며 도

시인들을 농촌으로 강제 이주시켰고, 화폐와 사유재산 및 종교를 폐지했다. 이 과정에서는 사회정화 차원에서 과거 정권에 협조했다는 이유로 지식인, 정치인과 군인을 학살했다. 뿐만 아니라 국민개조라는 명분으로 노동자, 농민, 부녀자까지 죽였다. 살아남은 사람들도 초죽음을 당했다. 부모의 죽음을 보복하려 들지도 모르니 싹부터 자른다는 의도로 어린아이들까지 학살을 감행했다. 이렇게 하여 800만 명의 전 인구 가운데 4분의 1에 해당하는 200만 명 이상이 학살을 당했다. 이런 살육은 튜얼 슬스랭, 청악 등 전국 200여 곳에서 잔행이 저질러졌다. 그래서 이곳을 죽음의 현장 즉, 킬링필드라고 한다.

물론 우리나라도 왕권군주시대엔 권력 장악을 위해 역적이란 대역죄를 덮어씌워 구족을 멸하고 그들의 시체와 가옥은 불살랐다. 거주지는 연못을 파서 보복의 싹마저 없앴다. 대표적인 사례로 고려왕조가 조선왕조로 옮겨오는 과정 72명의 고려충신들이 개성 두문동에서 불사이군(不事二君, 충신은 두 명의 임금을 섬길 수 없다는 뜻)을 주장해 끝내 불에 타 죽었다. 고려의 권문세가들의 부패, 가렴주구 등에 진절머리를 내었던 백성들은 쌍수를 들고 환영하였다.

이곳 캄보디아도 장기간의 외침에 의한 프랑스군의 점령지, 내전의 지속, 베트남 전쟁에다가 부패한 정권에 쌓였던 울분이 일시에 폭발했다. 그러나 새로운 정권에 대한 환영은 자신들의 죽음을 독촉한 결과가 됐다.

자신이 던진 부메랑에 맞아죽다니

오래전 시내버스 안에서 들은 이야기다. 30대 워킹 맘이 자신의 4살짜리 딸아이를 친정어머니에게 맡겼다. 아이를 맡긴지 3개월이 지난 어느 일요일 오후, 아이 엄마가 딸아이 목소리를 듣고 싶어 전화를 했다. 어린 딸아이가 전화를 받아 반갑게 이야기를 나누다 "외할머니는?"이라고 물었다. 아이는 또랑또랑한 목소리로 "디비져 잔다."고 거침없이 대답했다. 기가 찬 엄마는 아이에게 할머니를 "깨워보라."고 말했다. 말이 끝내기도 전에 아이는 "잠자는 걸 깨우면 지랄할건디."라고 하더란다. 일전에 텔레비전 광고에서 어린 딸이 아빠가 하는 일을 못마땅해 하더니 "내가 못 살아. 내가 못 살아."라고 엄마가 평상시 자주 하던 말을 그대로 따라하는 장면이 나왔다. 자기도 모르는 사이에 물들기 마련이다.

킬링필드 사건을 목격한 우리나라에서도 비슷한 사건이 있었다. 1980년 5년 17일 비상계엄령이 발효되었다. 8월 4일에는 사회악 일소 특별조치를 단행했다. 삼청5호계획으로 국민개조교육이라는 명분 아래 무자비한 인권탄압이 자행됐다. 국민개조교육은 4주일에서 6개월간 실시되었는데 1981년 1월부터 6만755명을 체포하여 A, B, C, D 급수별로 나눈 뒤 군부대 연병장과 병영에서 특별교육을 실시하였다. 삼청교육대에서는 현장사망자가 52명, 후유증으로 인한 사망자 397명, 정신장애 등 상해자 2,678명이 발생하였다. 1980년 5월 14일 광주시민의 시위가 확산되자 공수특전단 투입 진압계획을 하였고, 18일 자정을 기해 광주시내 주요기관에 제31사단 병력을 투입, 공수여단 추가 투입 등으로 시민진압작전을 전개하였다. 2001년 12월 18일 기준 피해자는 사망 218명, 행방불명자 363명, 상이자 5,088명, 기타 1,520명으로 총 7,200여명의 살상자가 발생했다.

우리나라는 지난 1950년 6.25동란이란 이름으로 3년간, 전쟁에서 인민재판이란 미명 아래 피아간(彼我間, 저편과 이편의 사이)에 수십만 명의 국민학살을 자행했다. 전쟁이 발발하자 사상범이나 북한보도연맹 관련 죄수들을 재판도 없이 교도소에서 끌어내어 산골짝에서 수천 명씩 학살했다. 밤사이에 피아가 바뀌면 부메랑이 되어 자신이 죽어야 하는 처지가 되곤 했다.

상처를 승화시키는 웃음꽃

캄보디아는 국민의 98%가 불교를 믿는 불교국가다. '나마스테'라는 인사말을 인도나 네팔보다 더 많이 들을 수 있다. 그래서 그런지 불교에서 말하는 '염화시중의 미소'가 몸에 배어있는 것 같다. 9세기부터 12세기에 불교 왕국을 이루었던 유적과 관습이 남아 있다. 앙코르 톰의 옛 도시에 위치한 타프롬이란 사원은 불교 왕궁이었다. 108번뇌를 녹인다는 의미에서 108개의 웃는 불상을 조각하여 탑을 만들었던 곳이다. 현재는 52개의 미소상이 남아있다. 해맑고 행복하게 웃는 모습만은 세월의 풍파도 해치지 못했다. 근심과 걱정을 녹여서 행복으로 만들었다. 이곳이 바로 미소로 번뇌를 녹여서 행복을 만드는 용광로였다. 스펑나무(Spung tree) 여러 줄기가 한곳에 의지하여 강력한 줄기를 만들었다. 이곳은 강우량은 많아도 토질이 척박해 식물이 살기는 어려운 모양이다. 여러 나무줄기가 한 곳에 모여서 연리지를 형성했다. 이곳 사람들은 '기생나무'라고도 한다. 무너져 내린 불탑 한 가운데 스펑나무의 연리지 사이에 활짝 미소 짓는 천사(압살라)의 얼굴이 보인다.

16세기 이탈리아에서 코메디아 달라르테(Commedia dell'arte, 이탈리아

희극)의 캐릭터 중 하나였던 페드롤리노(Pedrolino)라는 어릿광대가 있었다. 17세기에 프랑스로 들어와 현지화되면서 피에로(Pierrot)로 불렸다. 비록 광대놀음이지만 처음에는 한없이 진지한 역할이었으나 19세기에 들어와서 웃음을 주는 데 포인트를 두었다. 극작가들은 처음에는 피에로를 통해서 '괴로움을 참아내며 살아가는 비극적인 인간의 군상'을 보여주려고 의도했으나 시간이 지나면서 '겉으론 웃고 있지만 속으론 울고 있는' 이미지가 되었다. 캄보디아에서는 "피에로의 눈물은 진주가 된다."고 한다. 웃으면서 살아가는 사람만이 슬픔을 녹여서 값진 삶을 살 수 있다는 뜻이다. 또한 피에로처럼 항상 웃어야 주인공의 삶을 살 수 있다고 믿는다. 이곳 사람들은 마치 빅토르 위고(Victor Hugo)의 『웃는 남자』와 같이 가슴 깊은 곳에 큰 아픔을 안고 살지만 웃음을 잃지 않고 살아가고 있다. 이곳에선 아픈 상처가 웃음으로 승화되어 꽃이 되고 별이 된다.

리더가 바로 서야 조직이 산다

우리 사회는 철두철미하게 1등만을 기억한다. 남극탐험하면 1911년에 인류사상 최초로 남극점에 도달하는 데 성공한 아문센을 떠올린다. 아문센과 스콧의 치열한 경쟁을 조명한 다큐멘터리가 나오기 전에는 2등으로 도착한 스콧을 아는 사람은 극히 드물었다. 비록 남극횡단에는 실패했지만 서로 상반된 리더십으로 주목받는 두 탐험가가 있다. 빌흐잘무르 스테팬슨과 어니스트 섀클턴이 그 주인공이다. 1913년 빌흐

잘무르 스테팬슨이 이끄는 캐나다의 칼럭호는 북극으로, 1914년 어니스트 셰클턴이 이끄는 영국의 인듀어런스호는 남극으로 떠났다. 하지만 두 탐험대 모두 바다가 갑자기 얼어버리는 바람에 얼어버린 바다에 갇히고 말았다. 엄청난 추위는 물론 식량과 연료가 떨어져가는 극한 상황에 맞닥뜨리자, 탐험대장인 스테패슨은 "열흘 안에 돌아오겠다"는 편지만 남기고 도주했다. 탐험대는 결국 리더십의 공백 속에서 우왕좌왕했고, 속임수와 거짓말, 도둑질, 이기심이 난무한 가운데 결국 전원 사망했다. 사고 5년 후 모습을 드러낸 스테팬슨은 "승무원들이 보급품을 밖으로 꺼내 안전지대에 이를 수 있을 것으로 확신하고 떠났을 뿐"이라고 비겁한 변명을 늘어놓았다.

반면, 영국의 인듀어런스호의 어니스트 섀클턴은 선장에게 지급되는 특식을 없애고 먹을 것을 대원들과 공평하게 나눴다. 뒤처진 사람도 버리지 않고 직접 챙겼고, 목숨이 달린 위험한 상황에서는 자신이 앞장섰다. 대원들이 절망에 빠지지 않도록 게임과 운동을 권장하기도 했다. 그의 헌신적인 모습에 나머지 대원들도 서로를 위하고 아끼게 되었다. 섀클턴은 구조를 요청할 6명의 선발대를 만들어 1,200km나 떨어진 남극대륙 끝자락에 있는 사우스조지아섬에 도착한다. 그리고 도끼 하나와 밧줄에 의지해 해발 3,000m의 빙산을 올랐다. 추위와 배고픔 속에서도 36시간을 자지도 않고 걸었다. 마침내 1916년 10월 8일, 634일 만에 인듀어런스호의 대원 28명이 모두 무사히 영국으로 귀환했다. 비록 남극대륙 횡단에는 실패했지만, 그들의 여정은 지금까지도 영광스러운 실패로 기억되고 있으며 섀클턴은 '위대한 리더'로 회자되고 있다.

2010년 10월 10일, 칠레 산호세 구리광산 갱도 붕괴로 인하여 지하 700m에서 69일 동안 갇혔던 광부 33명 전원 무사귀환한 사건이 세계의 이목을 끌었다. 전 세계에 생중계되어 지구촌 인류에게 기적의 현장을 보여주었다. 그들이 지하에서 사투하는 동안 지상에서는 대통령이 직접 나서 현장을 진두지휘했다. 우왕좌왕하다가 골든타임을 놓치지 않기 위해 가능한 모든 방법을 동원했다. 세계방송매체를 통해서 공개적으로 구조전문가, 첨단기술 및 최신장비 지원을 요청하였다. 산호세는 첨단구조기술의 경연장이 되어 NASA에선 최첨단구조장비와 우주식량, 아이팟 영상전화기 등이 보내졌다. 각국에서는 정예구조팀을 파견하였다.

한편 지하갱도에서도 생존을 위한 치열한 싸움이 지속되고 있었다. 물과 식량의 부족, 암흑으로 밀폐된 공간, 섭씨 33도와 90%의 습도도 힘들었지만 희망의 줄을 놓지 않는 일이 가장 힘들었다. 19세부터 63세까지 대원들의 연령도 제각기였다. 작업반장은 이들에게 반드시 살아서 나간다는 확신을 심어주었다. "33인이 살아나가서 비행기로 관광을 떠나자."는 약속을 했고, 이것은 희망의 끈이 되었다. 장기간 생존을 위해 참치 두 숟갈과 우우 반 컵으로 이틀을 버텨나갔다. 서로 위로하며 유머로 감정자제, 단결, 협동 그리고 인내심을 잃지 않도록 했다. 가족과의 편지쓰기, 극한상황을 일기로 남기기까지 했다. 체력적 극한의 위협을 극복하기 위해 끊임없이 움직이게 하였으며, 서로 깨워주면서 의식을 찾고 버텨나갔다. 작업반장은 "내가 최후에 나가겠다."고 공언했고 실제 그렇게 행동했다. 최악을 대비한 결과는 최선으로 나타났다. 고립 16일째 드릴작업 소리가 들렸고, 17일째는 메모쪽지로 지상과 연락이 닿았다. 이후에 식량, 의약품 등이 공급됐다. 그 사이 지상의 정예구조팀은 암산을 세 군데 천공하여 관통하는 데 성공했다. 69일째 구조캡슐 피닉스를 통해 한 사람도 다치지 않고 지상으로 끌어올리는 데 성공했다.

10년을 기다려야 맛 볼 수 있는 감

일반적으로 감나무를 심으면 7년은 넘어야 열매가 열린다고 한다. 그리고 최소한 10년은 기다려야 제대로 된 감 맛을 볼 수 있다. 그러나 성급한 사람은 그해에 심고 바로 따먹을 수 있는 감이 없나 생각한다. 그래서 감모양인 토마토를 일년감이라고 했다. 감과 토마토는 모양은 비슷하지만 맛은 분명히 다르다. 그 맛의 차이는 참고 기다림의 차이다. "인간에게 가장 좋은 기도는 참고 기다림이다." 석가모니가 한 말이다. 기도만 하며 꿈이 저절로 이뤄지기를 바라지 말고, 목표를 위해 기획하고 행동해 결실을 도모하라는 뜻이다.

기다림이란 초가집 처마에서 똑똑 떨어지는 물방울이 물받이 댓돌을 뚫는 것과도 같다. 결코 포기도 하지 않고 중단하지도 않으며 늦더라도 꾸준히 해야 한다. 생텍쥐페리의 『어린 왕자』에서 여우는 "기다림은 가슴 두근거림이다. 약속을 하면 며칠 전부터 기다림에 설레이고 가슴 두근거리는 행복이 있다."라고 했다.

통일 전 동독에서 활동을 했던 앙겔라 메르켈(Angela Merkel)은 현 독일 총리다. 2005년 11월 22일 제2차 좌우대연정으로 제8대 총리로 취입하였으며, 2009년 9월 27일 기민당, 기사당 및 자민당의 흑황연정에 성공해 연임에도 성공하였다. 취임 1년 만에 경제성장률을 높였고, 실업률을 한 자릿수로 내렸다. EU 정상회의가 결렬위기에 있을 때 유렵조약을 타결시켰다. G8(선진8개국)회의에서도 지구온난화대책 논의를 주도하였다. 2015년 3월에는 일본제국의 식민지전쟁 역사에 대해 참회와 사과를 권유했다. 그녀의 '기다림의 리더십(Waiting Leadership)'은 세계가 인정하고 있다. 기다림의 리더십을 요약하면 다음과 같다. 첫째, 보기에도 거창해 보이는 큰 계획보다는 일자리 창출 혹은 건강보험 개혁과 같은 작고 손이 많이 가지만 꼭 필요한 것부터 단행했다. 둘째, 초조해하거나 서두르지 않았다. 2000년 기민당과 기사당의 연정정권에서는 후보자 자리까지 양보했다가 2005년에 비로소 기회를 잡았다. 셋째, 자신이 앞장서 갈등해소와 동요진정으로 '균형을 맞추는 일'에 주력했다.

좀처럼 남을 공격하거나 비난하는 법이 없고, 유연성과 실용성을 바탕으로 문제를 해결해나가는 기다림의 리더십을 실천하는 앙겔라 총리는 2015년 포브스 선정 '세계에서 가장 영향력 있는 여성' 1위에 뽑히기도 했다.

도전하는 사람만이 꿈꾸던 인생을 살 수 있다

1954년 1월 29일 미국 미시시피 코지어스코 작은 마을에서 10대 흑인 미혼모가 홀로 아기를 낳았다. 사생아로 태어난 아이는 여자 아이였다. 아이는 겨우 9살이 되던 해에 사촌으로부터 강간을 당했고 14살에는 미혼모로 아들을 낳았으나 그 아이는 2주일 만에 죽고 말았다. 그녀는 이발사 아버지를 따라 테네시로 보내졌다. 그녀의 삶에는 자신이 할 수 있는 것은 하나도 없었다. 있다면 꿈도 몸도 짓밟히고, 희망과 순결도 빼앗기며, 슬픔과 절망으로 짓이겨지는 것뿐이었다. 그녀는 고등학교를 다니면서 라디오 프로그램을 간신히 얻었다. 열아홉 살이 되어서는 저녁뉴스의 공동캐스터로 일을 시작할 수 있었다. 그녀는 즉흥적 감정전달이 탁월해 인정을 받게 되었고 덕분에 낮 시간 토크쇼로 옮겨졌다. 자신의 이름을 따서 토크쇼 명칭을 '오프라 윈프리 쇼'라고 부르게 되었다.

1983년 낮은 시청률로 30분짜리 아침 토크쇼 진행자로 시작했지만 불과 한 달 후에는 시카고에서 가장 인기 있는 토크쇼, 곧 이어 전국적으로 방영되는 '오프라 윈프리 쇼'를 진두지휘하는 진행자가 되었다. 1986년부터 2011년 5월까지 미국 CBS-TV에서 '오프라 윈프리 쇼'를 25년간 5,000회 진행하면서, 미국 내 시청자만 2,200만 명에 달하고 세계 140개국에서 방영되었던 '토크쇼의 여왕'이 되었다. 이후 잡지·케이블TV·인터넷까지 거느린 하포(Harpo: Oprah의 역순) 주식회사를 창립한 회장이 되었다. 흑인 여성으로서는 처음으로 경제전문지 포브스로부터 재산 10억 달러 이상의 부자 중 한 사람으로 지목됐다. 이후 2012년까지 4년 연속 포브스가 뽑은 '고수익 유명인' 1위에 오르며, 미국 내 유명인사 중 최고의 연수입을 달성했다.

그녀는 삶에 대해서 "조금도 위험을 감수하지 않는 것이 인생에 가장 위험한 일임을 믿어라.", "여러분이 할 수 있는 가장 큰 모험은 바로 여러분이 꿈꿔오던 삶을 사는 것이다."라고 말했다. 어떤 실패도 시련도 그녀에겐 기름진 토양이 되고 거름이 되었다. 불우한 어린 시절을 보내며 꿈도 희망도 짓밟혔지만 마침내 자신이 꿈꿨던 인생을 만들고 말았다. 오프라 윈프리의 도전은 단순히 토크쇼의 여왕으로만 머물지 않았다. 흑인 최초의 『보그』지 패션 모델이 되기도 했으며 1991년 달리기를 통해 107㎏이던 몸무게를 2년 만에 68㎏으로 줄여서 화제가 되기도 했다.

그녀의 성공기는 '인생의 성공 여부가 온전히 개인에게 달려 있다'는 '오프라이즘(Oprahism)'을 낳기도 했다. 그녀는 "도전은 우리로 하여금 새로운 무게중심을 찾게 하는 선물입니다. 맞서 싸우지 마세요. 그저 중심을 잡을 수 있는 다른 방법을 찾아보세요."라고 조언한다. "할 수 없을 것 같은 일을 하라. 실패하라. 그리고 다시 도전하라. 이번에는 더 잘해보자. 넘어져 본 적이 없는 사람은 단지 위험을 감수해본 적이 없는 사람일 뿐이다. 이제 여러분 차례다. 이 순간을 자신의 것으로 만들어라."라고 외친다. 그리고 "당신이 바라거나 믿는 바를 말할 때마다 그것을 가장 먼저 듣는 사람은 당신이다. 그것은 당신이 가능하다고 믿는 것에 대해 당신과 다른 사람 모두를 향한 메시지다. 스스로에게 한계를 두지 마라."고 말하고 있다. 그녀의 도전은 지금도 현재진행형이다.

2012년도 우리나라에 상영한 영화 〈더 그레이〉에서 오토웨이는 알래스카 석유 시추공들을 위협하는 늑대들을 사살하는 임무를 부여받은 전문경호원이다. 그는 일행과 함께 휴가를 내어 고향으로 가고자 비행기를 탔다가 사고를 당했다. 비행기는 알래스카 어딘지도 알 수 없는 설원 속으로 곤두박질쳤다. 살아남은 사람은 7명. 영하 30도 이하의 혹독한 추위, 두려움과 눈보라 속에 남겨졌다. 살기 위해서 남쪽으로 이동하는데 거대한 자연은 상상 이상으로 덫이 되어 그들을 위협했다. 늑대떼들도 그들을 먹이로 보고 달려들었다. 한 명씩 죽었고 늑대에게도 2명이나 잡아 먹혔다. 1명은 물에 익사했다. 3명이 남아서 개울을 건너면서 지나온 과거와 앞날을 얘기한다. 그들마저 하나씩 죽어갔다.

마지막 혼자 남겨진 오토웨이는 신에게 외쳤다. "내게 보여주세요. 죽는 날까지 당신을 믿겠습니다. 그리고 부르면 기도하겠습니다. 재기랄 그렇지 않다면 내가 나를 믿을 수밖에 없다니." 누구도 대신할 수 없는 자신과의 싸움이었고, 운명에 대한 도전이었다. 그는 몇 차례 절망했다. 그러나 그때마다 아내가 했던 말이 떠올랐다. "겁내지 말아요(Don't be afraid)." 정신을 차리고 본 순간 그는 늑대들의 소굴로 찾아들었다. 죽은 동료들의 지갑을 나란히 정리하고, 자신의 지갑도 뒤집어 아내의 사진을 본다. 그리고 운명이라도 받아들이지 않겠다는 각오로 최후의 도전을 시도한다. 어릴 때에 아버지가 지어준 달랑 넉 줄짜리 시 "한 번 더 싸워보세. 마지막 폼나게 싸워보세. 오늘 하루 살아보고 죽으세. 오늘 하루 살아보고 죽으세."라는 시를 외치면서 작은 약병을 깨뜨려 예리한 칼날처럼 손가락에 끼우며 늑대와 일전을 준비한다. 죽음을 코앞에 둔 상황에서도 절대 포기하지 말고 맞서 싸워서 뛰어넘겠다는 주인공의 의지가 인상깊었다.

도도새가 멸종된 이유

아놀드 토인비(Arnold Toynbee)는 『역사의 연구』라는 12권에 달하는 방대한 저서에서 인류의 역사에 중요한 역할을 한 26군데의 문명 발상지를 대상으로 연구, 분석한 결과를 담았다. 한마디로 창의적인 소수 엘리트 지도력에 의해 자연의 도전한 결과의 산물로 문명을 이룩하였다. 뿐만 아니라 문명의 발상지는 풍요한 자연환경이 아닌 척박한 환경에서 싹을 틔웠다. 이집트는 원래 아프리카 북부지역에 수렵생활을 하고 있었는데 강우전선이 유럽으로 옮겨감에 따라 급격히 사막화가 진행되었다. 원주민들에게 선택의 순간이 다가왔다. 과거의 수렵생활에 안주하거나, 농경이나 유목으로 생활방식을 바꾸거나, 거주지를 이동하는 것 중 택해야 했다. 안주를 고집한 부족은 그대로 머무르다 죽음을 맞이했고, 생활방식을 바꾼 부족은 유목민이 되었다. 마지막으로 생활터전을 바꾼 부족은 독사가 우글거리는 밀림으로 옮겼다. 나일강변 밀림에서 목축과 농경을 하면서 이집트문명과 수메르문명을 일구어 나갔다.

인도양 작은 섬 모리셔스는 도도새가 살기 좋은 천국이었다. 먹이도 사방에 지천으로 널려 있었고, 어느 하나 잡아먹고자 달려드는 천적도 없었다. 위급한 상황이 없으니 날려는 의욕도 생기지 않아 점점 날개가 퇴화되고 있었다. 그러던 중 1500년경에 포르투갈 사람들이 모리셔스 섬에 도착하고 보니 이상하게 생긴 새가 멍청하게 사람들을 보고 있었다. 20kg가량 되는 도도새는 사냥감으로 적격이었다. 죽어가면서도 멍청하게 바라보기만 하여 '바보 멍청이'이라는 뜻의 포르투갈어 도도(Dodo)란 이름을 붙였다. 지금은 지구상에서 멸종되었다.

날개가 있다고 다 날 수 있는 것은 아니다. 명문대학 하버드를 나왔다고 다 성공할 거란 믿음은 천만의 말씀이다. 날개가 있는 닭, 거위, 오리, 타조 등은 날개가 있어도 쓰지 않고 결국은 사람들의 먹이로 잡혀 죽고 만다. 하버드 대학에서는 수업시간에 도전 게임이나 스토리텔링을 많이 한다. 갑자기 교수는 100달러짜리 지폐를 흔들면서 "50달러와 바꿀 사람"이라고 하니 모두가 의아하여 멍청하게 쳐다봤다. 교수가 실성하지 않았나? "100달러와 바꿀 사람."이라고 다시 말하자 그제야 웃으면서 기회를 놓쳤다는 사실을 알게 된다. 이렇게 단순한 행동으로 돈 버는 기회를 포착하는 도전마저도 못하고서는 사회에서 어렵고 복잡한 도전을 할 수 있겠는가.

지금 이 순간을 온전히 누려라

어느 날 지혜롭기로 소문난 솔로몬 왕이 아무도 모르게 성 깊은 곳에 숨겨두었던 마술카펫을 꺼냈다. 솔로몬은 마술카펫을 타고 구름 위 높이 솟아있는 성스럽고 웅대한 성벽 앞에 도착했다. 그곳에서부터는 마술카펫으로도 날아오를 수 없었고, 성벽 주위는 사방이 절벽이라 오도가도 할 수 없는 신세가 되었다. 솔로몬은 주변을 두리번거려봤으나 경계병도 인기척도 전혀 없었다. 그저 성문 위에는 '지금의 성(Now Castle)'이라는 황금으로 만든 현판이 걸려있었고, 성문에는 다음과 같은 대자보가 적혀있었다.

"'지금'이란 시간은 당신을 기다려주지 않는다. 길바닥에 떨어져 있는 금화를 주워 지금 당장 여행을 떠나라. 그토록 보고 싶은 연인을 찾아가 선물하라. 왜냐하면 당신이 이 세상에서 누릴 수 있는 시간은 지금밖에 없기 때문이다. 지금 이 시간에 할 수 있는 일이라면 후회 없이 모두 다 하라. 인간은 수많은 시간 가운데 오직 '지금'만을 사용할 수 있다. 과거도 미래도 사용할 수 없다. 지금 당장 사용할 수 없기에 과거와 미래는 더 아름답게 보일 것이다. 마치 황금으로 치장한 아름다운 공주처럼 말이다. 그에 비해 지금인 현재는 먼지구덩이와 땀에 젖은 더러운 하녀처럼 보일 수도 있다. 그러나 신은 당신에게 오직 지금의 시간만을 허락하셨다. 어쩌면 지금 당신은 고통, 가난, 위기에 봉착해 있을 수도 있다. 하지만 즐겨라. 손에 잡히지 않는 과거와 미래를 바라보며 신세한탄만 하고 있지 말고 당신이 누릴 수 있는 유일한 시간인 지금 이 순간을 온전히 누려라."

솔로몬은 성벽 앞에서 성문을 죽어라 두들겨 봤으나 여전히 꼼짝도 하지 않았다. 벽에 기대 힘껏 밀어 봐도 소용이 없었다. 생각 끝에 성벽을 타고 기어 올라가려고 했지만 너무 미끄러워서 발조차 붙일 수 없었다. 미친 듯이 소리를 질러도 메아리조차 울리지 않았다. 별 수 없이 이대로 죽는구나 하는 생각이 드니 왕궁에 두고 온 모든 것이 그리웠고 후회가 되었다. 당장 뭘 해야 할지도 모르니 아무 일도 손에 잡히지 않았다.

솔로몬은 황금과 보석이 넘쳐나는 왕궁과 손 하나 까닥하지 않아도 입안의 혀처럼 시중을 들어주는 시녀들도 지금 이 순간에는 다 쓸데없다는 것을 뼈저리게 느꼈다. 무기력함에 넋을 놓고 있는 동안 어느덧 해는 서산으로 기울고 있었다. 저무는 해를 보며 솔로몬은 땅바닥에 손가락 글씨로 묘비명을 써보았다. "지금 여기서 하라(Now Here Do)."

글자를 적고 막 일어서려고 허리를 펴는 순간, 석양을 받아 글자가 황금빛으로 빛났다. 이상한 생각이 들어 그곳을 파헤치자 황금상자 하나가 나왔다. 그리고 그 속에는 성문을 여는 황금열쇠가 있었다.

지금을 잡아라

전통을 중시하는 보수적인 남학교 웰튼 아카데미에 존 키팅이 영어 선생님으로 부임 받아 왔다. 짜인 틀에 따라 강행군하는 수업방식에 지쳤던 학생들에게 키팅은 매우 특별한 존재였다. 그는 월트 휘트먼의 시 제목인 '오 캡틴, 나의 캡틴'을 따서 학생들에게 자신을 '캡틴'이라 불러달라고 했다. 또 학생들에게 "현재를 즐겨라. 너의 인생을 특별하게 만들어라."라는 특별한 정신을 불어넣기도 했다. 그리고 과거 학창시절의 동아리 '죽은 시인의 사회'라는 고전문학클럽을 제안해 학생들에게 운영하게 했다. 그의 특이한 교육방식은 학교와 학부모 입장에서는 기존의 전통과 보수성을 파괴한다고 생각했다. 그래서 사사건건 키팅과 대립각을 세웠다.

"신들이 그대 혹은 나에게 무슨 운명을 줄 것인지 알려고 하지 말게나, 미래가 무엇이든 간에 우리에게 주어진 운명을 견디는 것이 훨씬 훌륭한 것이라네……. 지금 우리가 말하는 동안에도, 질투하는 시간은 이미 흘러갔을 것이라네. 오늘을 붙잡게. 미래에 최소한의 기대를 걸면서." 키팅은 호라티우스의 송가 일부를 멋들어지게 읽고, 그 끝 구절 "현재를 잡아라, 가급적 미래란 말을 최소한만 믿어라."라고 강조했다. 1989년작 영화 〈죽은 시인의 사회〉에 나오는 명대사다. 그의 말은 오늘, 현실에 살아야 하는 우리에게도 자각을 던지고 있다. "카르페 디엠(Carpe Diem), 지금 살고 있는 현재 이 순간에 충실하라."

한때 "'오늘'은 어제 세상을 떠난 사람이 그토록 바라던 내일이다."라는 말이 유행처럼 번졌던 적이 있다. 대다수 사람들에게는 하도 많이 들어서 더는 새로울 것도 없는 이야기로 들리겠지만, 임종을 도와주는 호스피스나 죽어가는 환자에게는 여전히 폐부를 찌르는 간절함으로 들릴 것이다. 지금 이 순간 옆에 있는 가족에게 손을 내밀어 용서를 빌고, 사과를 하며, 사랑한다는 말을 할 수 있는 순간이다. "당신 덕에 행복했노라. 그래서 감사하노라."라고 말할 수 있는 소중한 시간이다. 임종의 순간은 짧다. 짧기에 더욱 소중하다. 단지 임종을 앞둔 급박한 순간이 아니더라도 매순간, 지금 이 순간은 무엇보다도 소중한 시간이다. 내일이 올지 내세가 올지 그 누가 알겠는가.

지금 말하세요

요즘 사람들을 보면 행동하기 전에 말부터 멋들어지게 하는 경향이 있다. 그러다 결국 말만 하고 행동으로는 다 옮기지 못하는 경우가 태반이다. 예로부터 동양에서는 언행의 일치를 중시했지만 근래에 들어서는 소통정치, 표현정치의 영향을 받아서인지 립 서비스가 더 중시되는 경향이 있는 듯하다. 행동보다 말의 중요성을 강조하다보니 빛 좋은 개살구마냥 실속이 없는 경우도 많다.

그러나 말을 먼저 함으로써 얻게 되는 장점 또한 많다. 성경의 창세기에 보면 이런 구절이 나온다. "하나님이 이르시되 빛이 있어라. 하시니 빛이 있었다." 또한 "태초에 말씀이 계시니라. 이 말씀이 하나님과 함께 계셨으니."라고 적고 있다. 말을 함으로써 생각을 하고 행동을 하게 한다는 의미이다. 씨앗에서 싹이 트고 자라서 열매라는 결실을 맺듯이 말은 행동으로 열매를 맺는다. 그래서 우리의 선인들은 말을 말씨라고 했다. 아름다운 꽃을 보고 싶다면 꽃씨를 뿌려야 하듯이 행복을 바란다면 행복한 말씨를 뿌려야 행복이란 결실을 얻을 수 있다. 그만큼 말을 소중하게 여겼다.

어렵게 생각하지 말고 지금 당장 말해보라. 빈손으로도 맨입으로도 할 수 있는 게 말이다. 말하는 것처럼 쉬운 일이 없으나 어떤 사람들에게는 말처럼 어려운 일이 또 없다. '말을 하지 않으면 귀신도 모른다.'라는 중국 속담이 있듯이 말하지 않으면 아무도 모른다. 사랑하는 사람이 있다면 지금 당장 사랑한다고 말해보라. 시간은 결코 기다려주지 않는다. 섭섭한 일이나 사과하고 용서할 일이 있다면 지금 당장 전화기를 들어 보라.

직접 말하는 게 어렵다면 편지도 좋다. 가까운 사람에게는 오히려 표현하지 않는 경우가 많다. 그만큼 가까우니 다 알겠거니 하는 마음에서다. 말하기가 쑥스럽다면 최동희 시인의 『지금 말하세요』를 읽으면서 용기를 내보는 것이 어떨까? "지금이 가장 좋은 시간이에요. 망설이지 마세요. 들어줄 사람이 있을 때 미루지 말고 말하세요. 그 사람이 늘 그대로 있지는 않아요. 날짜 받아 기다리지도 않아요. 어느 날 예고도 없이. 아주 가버릴지도 몰라요. 지금 하세요. 부끄러워하지 마세요. 쑥스러워하지 마세요. 다음에 다음에 하다가 끝내 못하게 될지도 몰라요. 그래서 목에 가득 고인 울음만 후회처럼 남을지도 몰라요. 지금 말하세요. 고맙다고. 좋아한다고. 사랑한다고."

인사만 잘해도 면피할 수 있다

과거 먹고살기 어려웠던 시절에는 식사 중심의 인사말을 했다. 옛날 시골에서는 "아침 잡수셨어요?"혹은 "진지 잡수셨어요."라는 말로 인사를 했다. 그러다 먹고사는 게 넉넉해진 후에는 "안녕하십니까?"라는 인사말을 주로 쓰다가 영어가 국제 표준어가 된 요즘엔 "좋은 아침입니다."라는 말로 인사를 주고받는다. 이처럼 날씨나 안부를 묻는 말로 인사를 많이 하는데 특이하게도 인도, 캄보디아, 태국, 네팔 등지에서는 '나마스테(Namaste)'라는 말로 인사를 주고받는다. "당신을 경배합니다.", "당신의 신을 존경합니다." 혹은 "당신에게 귀의합니다."라는 뜻이다. 인사는 자신은 물론 상대방에 대한 인격표시다.

국제적 표준으로는 먼저 본 사람이 먼저 인사한다. 그러나 우리나라에서는 나이가 젊은 사람 혹은 계급(신분)이 낮은 사람이 먼저 인사를 한다. 인사말에 겸해서 정중한 예의를 표한다. 과거 일본에서는 사무라이가 지나가면 평민들은 그들이 다 지나갈 때까지 상체를 90도로 굽혔고, 미천한 신분인 사람들은 아예 머리를 땅에다가 박고 다 지나갈 때까지 기다렸다. 조선시대 국왕이나 벼슬아치들이 지나갈 때에도 그런 모습을 사극을 통해서 볼 수 있다. 현실에서는 아랫사람이 윗사람에게 먼저 인사를 드린다. 윗사람이 인사를 받지 않아도 아랫사람은 무조건 해야 한다. 조직에서는 특히 더 그렇다. 매번 받지 않는다고 하지 않으면 불경죄 혹은 괘씸죄로 쥐도 새도 모르게 당하게 된다.

어느 직장에서든 인사 잘하는 사람은 평이 좋다. 아침에 출근하면 업무를 시작하기 전에 상사와 동료직원들에게 인사부터 해야 한다. 아침인사의 타이밍을 놓치면 사무실 분위기가 시무룩하게 가라앉게 된다. 업무협의는 이유도 없이 삐걱거린다. 끝내 사소한 일로 불협화음이 생긴다. 쾌활하게 인사하는 직원은 활기찬 하루를 약속받는다. 단적인 사례로 IMF외환위기 구조조정 당시에도 인사만 잘해도 잘리는 걸 모면할 수 있었다. 인사는 인간관계에 가장 튼실한 그물망이다. 인사는 단순한 대화를 나눈다는 의미를 초월하여 "당신을 믿습니다." 혹은 "당신을 존중합니다."라는 무언의 행동이다.

'좋은 아침'이라는 인사의 위력

1930년대, 동네 이웃이었던 랍비와 독일인 청년 뮐러는 만날 때마다 반갑게 인사를 주고 받았다. "안녕하세요, 뮐러씨. 좋은 아침입니다.", "안녕하세요, 랍비님. 좋은 하루되세요."

그러던 어느 날, 뜻하지 않게 제2차 대전이 발발했다. 뮐러는 친위대에 지원 입대했다. 유태인 랍비는 트레블링카 강제수용소에서 가족을 잃고 아우슈비츠로 이송되었다. 다음날 수감된 유태인 전원에 대해 생사가 나뉘는 선별작업이 시작되었다. 강제수용소 정문에는 '일하는 자만이 자유롭다.'는 슬로건이 걸려 있었다. 수감자들은 차례대로 나치 장교 앞에 섰다. 그는 더 쓸 만한 유태인은 강제노역장이 있는 오른쪽으로, 병약하고 쓸모없어 보이는 유태인은 죽음의 가스실이 기다리는 왼쪽으로 보냈다. 생과 사가 나치 장교 한 명의 손 까딱거림으로 갈리고 있었다.

당시 랍비는 오랜 굶주림과 질병에 시달려 걸어 다니는 해골의 몰골이었다. 가스실로 보내지리란 것은 누가 보아도 역력한 사실이었다. 곧이어 랍비의 차례가 다가왔다. 눈도 뜨기 힘들게 지친 랍비의 귀에 들려오는 왼쪽, 오른쪽을 지시하는 목소리가 왠지 낯익게 들려왔다. 랍비는 자신도 모르게 "좋은 아침입니다. 뮐러씨"라고 인사를 건넸다. 독일인 장교는 깜짝 놀라더니 힘없이 "좋은 아침입니다. 랍비님……."하고 대답했다. 그리고 그는 지시봉으로 오른쪽을 가리키면서 "오른쪽입니다."라고 말했다.

소설『어린왕자』를 쓴 생텍쥐페리는 공군 조정사로 전투물자 수송 중 기체 고장으로 불시착해 포로가 되었다. 포로병을 처단하기 전에 분류 심사를 하는데 그는 처음 보는 병사에게 "좋은 아침입니다."라고 인사를 하며 미소를 지어 보였다. 병사는 곧바로 미소로 대답했다. 동시에 즉결처단에서 벗어나 수용대상자로 분류되는 기적이 일어났다. 생텍쥐페리는 훗날 그 순간을 미소의 기적을 눈물겹게 실감한 날로 떠올렸다.

친절의 상징인 일본 MK택시는 "인사는 회사뿐만 아니라 세상을 바꾼다."고 했다. 우리나라의 한 작은 주유소에서도 '네 번 인사하기'로 기적을 보여줬다. 종업원 자신은 물론 직장을 활기차게 바꿔가는 '인사의 기적'을 만들고 있다. 주유소 직원은 정규직원보다 시급 아르바이트직원이 더 많아 최근 언론에서 말하는 갑(甲)질의 희생자로 꼽히고 있다. 노동계약이 없는 것은 물론이고 최저임금을 적용한다. 더욱 시급마저도 깎이고 체불되는 곳도 많다. 그러나 그 주유소에는 비정규직 아르바이트생이 단 한명도 없다. 모두 정규직원으로 안정적으로 일할 수 있는 여건 속에 기쁜 마음으로 인사를 생활화하고 있다. 고객이 오면 "안녕하십니까?"라고 깍듯이 인사를 건넨다. 그리고 고객의 눈높이로 낮춰서 "얼마를 넣어 드릴까요?"라고 묻고 불편함이 없도록 서비스한다. 주유를 마치면 "안녕히 가십시오.", "좋은 하루 되세요."라고 인사한다. 인사하는 직원은 물론이고 주유소를 이용하는 고객 역시 밝은 마음이 되었고, 덩달아 매출도 올랐다.

먼저 인사하면 갑(甲)질 할 수 있다

최근 힘 있고 권력 있는 사람은 갑질하는 맛에 살맛이 난다. 갑을 관계는 보통 계약에 의하여 성립된다. 직장에서는 상사와 부하직원의 관계는 상명하복 관계다. 공직사회에서는 특별권력 관계는 고양이와 쥐의 관계다. 상명하복 관계는 갑을관계보다 강력하다. '계급이 깡패'라는 신분관계에서 상사의 신분은 난공불락의 요새다.

그러나 조직사회에서도 인사를 먼저 하면 인격상 갑이 된다. 그래서 아무리 하급직원이라도 인사성이 밝은 직원에게는 온정적이고 인격적으로 대하게 된다. 인사는 불편한 관계를 개선함과 동시에 상대방을 변화시키는 효과가 있다. 변화의 강도는 하루에 몇 사람에게, 몇 번 인사하느냐에 비례하고 있다. 인사란 요람에 있는 어린아이가 모빌장난감의 한 모퉁이를 손으로 건드리는 것과 같다. 작은 미동이지만 전체가 흔들릴 경우도 있다. 인사말과 행동이 직장이란 인간관계 모빌에 감성의 끈을 잡아당기는 것이다. 같은 사람을 하루에 몇 번씩 마주친다고 해도 볼 때마다 인사해야 한다. "먼저 갑니다.", "고생 많습니다." 혹은 "노고 많았습니다." 등 시간과 장소에 따라 인사말을 다양하게 변화시키면 된다. 관계나 상황에 따라 정중한 인사말이 아니라도 상관없다. 목례나 눈웃음, 미소 등으로도 대신할 수 있다. 친한 동료직원 간에는 어깨를 툭 치며 미소 짓는 것만으로도 혹은 "친구, 고생이 많아"라는 말 한마디로도 인사를 대신할 수도 있다.

특히 청소원 및 경비원 등 신경 쓰지 못하고 지나칠 수 있는 분들에게는 더욱 친절하게 인사해야 한다. "궂은일을 하시느냐고 고생이 많습니다."라고 따뜻한 마음을 담아 인사해야 한다. 인사를 받지 않는 상사라면 더욱 정중히 해야 한다. 받지 않는다고 해서 하지 않으면 '버르장머리 없는 놈'이라는 꼬리표를 붙이게 된다. 인사를 받고 받지 않음은 그 사람의 매너다. 인사를 잘 받지 않는 사람들에게 하는 인사는 나의 인격표시이므로 오히려 더욱 정중하게 해야 한다. 중국 속담에 '개가 짖는다고 따라 짖지 마라. 따라 짖으면 똑같은 개밖에 되지 않는다.'고 했다.

인생의 버팀목을 가져라

2011년 한국애니메이션 역사에 한 획을 그었다는 평가를 받으며 〈마당을 나온 암탉〉이 화제를 불렀다. 이 영화는 2005년 황선미 동화작가의 『마당 나온 암탉』을 애니메이션으로 만든 작품이다. 이야기는 양계장에서 매일 알만 낳던 암탉 잎싹이 양계장을 탈출하면서 시작된다. 양계장에서는 하루에 두 알씩 알을 낳지 못하거나 혹은 알을 낳았더라도 단단하지 못해 상품가치가 없으면 병들고 쓸모없는 암탉으로 취급되어 마당 한쪽 구덩이에 내다버려졌다. 잎싹이 구덩이에 버려지자, 청둥오리 나그네가 빨리 구덩이를 벗어나라고 일러준다. 족제비가 목숨을 노리고 있다는 것이다. 나그네마저 사라진 집에서 잎싹은 혼자 찔레덤불로 가는 도중 비명소리를 들었다. 알을 낳다가 잡아먹힌 청둥오리의 비명소리였다. 잎싹은 자식을 낳고 싶었던 소원이 아직도 있었다. 그래서 청둥오리의 알을 소중히 품었다. 이윽고 알에서는 노란 병아리가 아닌 파란 하늘색의 머리를 가진 아기 청둥오리가 태어났다. 잎싹은 아기에게 '초록머리'라고 이름을 지어주고 애지중지 키웠다. 초록머리는 멋진 청둥오리로 자랐고 겨울을 맞아 찾아온 철새들과 합류해 잎싹의 곁을 떠났다. 이젠 엄마로서 할 일은 다했구나 생각하는 순간, 족제비는 잎싹을 덮쳐 잡아먹고 말았다.

2014년 9월 14일 호주, 케이트 오그라는 한 어머니는 당초 예정보다 훨씬 앞서 임신 27주 만에 쌍둥이를 출산했다. 딸 에이미는 비교적 건강했지만 아들 제이미는 호흡을 제대로 하지 못하다가 결국 의사로부터 사망 진단을 받았다. 의료진은 제이미를 살리려고 응급처치를 시도했지만 20분이 지나도록 호흡이 돌아오지 않았다. 담당 의사는 아기가 사망했다는 사실을 아내와 남편에게 알렸다. 그러나 아이의 엄마는 아기가 죽었다는 사실을 인정할 수 없었다. 의사에게 마지막으로 아기를 한번만 안아보겠다고 간절히 부탁하고 이미 숨이 멈춘 아기를 안고 "사랑 한다"는 말을 2시간 동안 수천 번이고 속삭였다. 살아 있는 것처럼 아기를 쓰다듬고 키스도 하고 마지막으로 아기의 입을 열어 젖을 물렸다. 놀라운 일이 벌어졌다. 젖을 물린지 두 시간이 지났을 때 아기가 숨을 쉬고 기운을 차리기 시작했다. 젖가슴이 간질간질하여 자세히 보니 아기가 손가락을 움직였다. 깜짝 놀란 엄마는 의사를 불렀고 달려온 의사는 "아기가 살아있어요."라고 확인했다.

1954년 우리나라는 6.25동란을 끝냈다. 잿더미 속 시름과 가난 속에서 살아가고 있었다. 어머니가 아들을 낳았다. 당시는 홍역, 천연두, 소아마비 등의 질병이 많아서 '아들농사 폐농, 딸 농사 반타작'이라는 말이 유행할 때였다. 아기는 돌이 덜 되어 홍역인지 천연두인지를 한다고 이틀정도 고열을 앓다가 한밤중에 숨을 거두었다. 동짓달 엄동설한이라 땅을 파기도 어려웠다. 아이의 아버지는 방 윗목에 짚을 깔고 그 위에 재를 뿌려서 죽은 아이를 안아다가 놓고 홑이불로 덮어놓았다. 어머니는 마치 젖먹이가 잠을 잔다고 착각한 듯 이불을 걷어내 고름으로 범벅이 된 얼굴을 다 빨았다. 밤새 울고불고 하면서 죽음을 인정하지 못했다. 날이 밝았지만 식음을 전폐하고 죽은 젖먹이에게 넋을 놓았다. 햇살이 올라와도 그치지를 않았다. 이튿날 오후까지 계속되었고 끝내 엄마는 그 자리에서 쓰러졌다. 꿈결에 아이가 우는 소리가 들렸다. 정신을 가다듬어 눈을 떴더니 아기가 울면서 엄마 젖가슴 속으로 파고들고 있었다.

캄보디아인들에게 어머니란 가난도 슬픔도 극복하게 해주는 버팀목이다. 캄보디아의 대부분 남자들은 전쟁에 혹은 킬링필드 현장에 끌려갔다. 살아남은 어머니들은 가정을 도맡아 돌보아야 했다. 아침부터 밤늦게까지 모든 것을 다 처리해야 하기에 숨 쉴 틈도 없었다. 커피 한잔도 사치였다. 가정의 모든 것을 책임을 지고 해결해야 했다. 이슬라엘 속담에 '신은 모든 곳에 다 있어야하기에 대신 어머니를 만드셨다.'라는 말을 캄보디아에서는 더욱 절감할 수 있다.

엄마이기에 이렇게도 모질다

6.25동란을 끝내려는 휴전이 진행되고 있던 때, 시골 초등학교 앞에서 한 어머니가 어린아이를 회초리로 사정없이 때려가며 제 발로 걸어서 등교하게 하고 있었다. 눈에 넣어도 아프지 않을 자식이 다리가 불편하면 업어서 등교시킬 법도 한데 어머니는 초등 3년생 아들과 매일 육박전을 했다. 다리가 아파서 가지 않겠다고 털썩 주저앉으면 일으켜

세워 걷게 하고 소리를 지르고 때려가면서도 기어코 걸려서 등교시켰다. 그 모습을 보던 동네 어르신들이 한마디씩 했다. “개똥이 다리가 아픈 모양인데 차라리 업어다 등교시키지”, “피도 눈물도 없는 계모가 틀림없어.”, “저러다가 아 죽이겠다.”등 별의별 소리가 나왔다. 한 달쯤 지난 어느 날 아이는 제법 혼자 등교를 할 수 있게 되었고, 친구들과도 어울려 놀았다. 그제야 개똥이 엄마는 동네 정자나무 그늘에서 쉬는 어르신들을 찾아가 “동네 어르신들께 심려를 끼쳐드려서 죄송합니다. 말씀을 하시지 않으셨지만 마음은 몹시 불편하셨지요?”라고 엎드려 사죄를 하였다. 이어 “그렇게 매정하게 하지 않았다면 영영 걷지 못하게 될 것 같아 무서웠습니다. 얼마 전 세상을 떠난 그 애 형처럼 말입니다.”라고 울먹였다. 당시는 이름도 모를 병으로 걷지 못할 수도 있다는 의사의 진단에 엄마는 이렇게 모질게 마음을 다졌던 것이다.

엄마의 기도Ⅰ(최경희) : 이제 여자는 약하지만, 어머니는 강하다는 것을. 실천할 수 있는 용기를 주소서. 사랑이란 이름 아래. 아기에게 엄마의 이기심과 허영심을 강요하지 않을 지혜를 주소서. 자식을 사랑하되, 그 사랑에 빠지지 않게 하소서. 그리하여 자신의 개성과 천분을 바로 알고 옳게 키워갈 수 있는 총명함을 주소서.

엄마의 기도Ⅱ(찰스 마이어스) : 아이들을 이해하고, 아이들의 말을 끝까지 들어주며 묻는 말에 일일이 친절하게 대답해주도록 도와주소서. 면박 주는 일이 없도록 도와주소서. 아이들이 우리를 공손히 대해주기를 바라는 것처럼, 우리가 잘못을 저질렀다고 느꼈을 때 아이들에게 잘못을 말하고, 용서를 빌 수 있는 용기를 주옵소서. 아이들이 저지른 잘못에 대해 비웃거나, 창피를 주거나, 놀리지 않게 해주옵소서. 우리들의 마음에 비열함을 없애주시고 아이들에게 잔소리를 하지 않게 해주옵소서.

엄마의 기도Ⅲ(한송이) : 아가야, 아가야, 우리 아가야. 동그랗고 반짝이는 까만 눈동자. 네가 보는 모든 것이 아름답기를. 사랑아, 사랑아, 나의 사랑아. 보드랍고 따뜻하고 조그마한 손, 너의 손이 닿는 곳에 복이 있기를. 아가야, 사랑아, 우리 열매야. 너의 몸을 지탱하는 건강한 다리, 너의 발이 가는 곳에 평화 깃들길. 이담에, 이담에, 어른이 될 때 선과 악을 구별하는 지혜를 갖자. 세상이, 세상이, 뭐라 그래도 정직하고 항상 바른 마음 지녀라. 우리 님께서 부르시는 그날이 올 때 후회 없고 미련 없는 삶이 되도록.

캄보디아인들의 삶의 지혜가 담긴 속담

캄보디아는 20세기에 들어와서 베트남과 두 번이나 전쟁을 했다. 내전으로 킬링필드의 참혹한 죽음을 당했던 뼈아픈 경험이 있어서 '말조심' 혹은 '입단속'을 철저히 하고 있다. 속담에서도 알 수 있다. '모든 비극은 한 마디 말의 탓이다', '입을 여는 것보다 닫는 것이 낫다', '말하기보다 조용한 것이 낫다', '돈 잃는 것이 말을 허비하는 것보다 낫다.'

혹은 누구도 믿지 말고 자기 스스로 조심하라는 속담이 많다. '하늘도 믿지 말고 별도 믿지 말라', '악한 사람과 사귀면 나중에 고통 받는다', '배가 고프면 덥석 먹지 말고, 졸린다고 잠들지 말라', '생각이 모자라면 죽을 때까지 암담하다.'

혹은 성실을 다하고 신중히 하라는 말로는 '손이 부지런하면 배가 부르다', '과부도 여자고 찬밥도 밥이다', '육체적으로 죽는 것이 명예가 죽는 것보다 낫다', '덜 자란 벼는 똑 바로 서고, 다 자란 벼는 낱알이 고개를 숙인다', '화난 사람에게 설거지를 시키지 말고, 배고픈 사람에게 벼를 지키게 하지 말라', '상사가 공을 세우면 승진하지만, 불행하면 같이 우물에 빠진다.' 있는 사람의 사회적 윤리를 말하는 것으로는 '옷이 자신을 감싸고 있는 것처럼 부자는 가난한 사람을 감싸고 돌봐야 한다'는 속담을 갖고 있다. 이밖에도 '배가 움직이지 해변이 움직이는 않는다' 등이 있다.

6장

상하이,
천지개벽을 일군
소통과
기다림

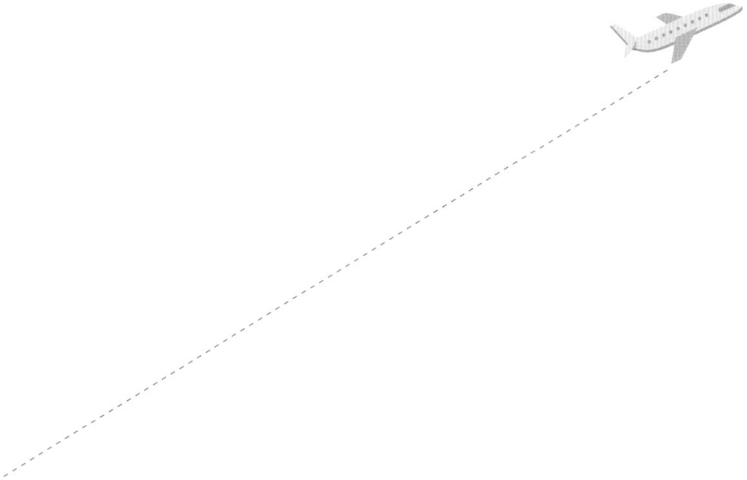

쓴맛과 매운맛이 인생을 더욱 풍요롭게 만든다

지난 1995년 중국어 연수를 위하여 정치중심지 베이징을 거쳐서 거대한 중국의 승천하는 용머리에 해당한다는 상하이에서 체류했다. 하루는 고위관료가 참석하는 만찬회에서 정식중국요리를 먹을 수 있는 기회를 가졌다. “네 발로 된 것 중엔 책상을 빼놓고 다 먹고, 하늘을 날아다니는 건 비행기만 제외하곤 다 먹는다.”라는 말이 있을 정도로 다양한 요리로 진수성찬이 준비되어 있었다.

중국음식은 대부분 기름을 사용하기에 속이 느글느글해 참기가 어려웠다. 문제가 생겼다. 첫 접시부터 느끼한 요리라서 도저히 젓가락을 들이댈 음식 하나 찾지 못했다. 옆에 있는 중국 친구가 “중국요리의 풀코스는 무조건 처음부터 다 먹어보는 거야. 인생도 고생스럽다고 하지 않는다면 성공의 맛은 못 보게 된다.”며 중국요리처럼 능글맞게 웃으면 이야기를 했다.

생명체인 사람은 먹는 것이 무엇보다 중요하다. 직장생활을 할 때도 먹는다는 건 핵심 가운데서도 중핵이다. 예를 들어 평상시 행정업무에서는 상사와 식사하는 것이 중요하다. 행사 땐 행사하기 전 식사를 하면서 일정 등을 조율하는 '앞풀이'가 있다. 행사 뒤에는 귀빈접대 등 마무리와 감사, 격려의 '뒤풀이'를 한다. 먹으면서 앞풀이(pre-solution) 혹은 뒤풀이(gala-solution)를 하는 것을 종합하여 '먹풀이 기법(eating solution)'이라고 한다.

설득심리학에서는 점잖게 '런천 테크닉(luncheon technique)'이라 한다. 해외여행을 하다가 보면, 현지음식을 잘 먹어야 자국인과 친숙해질 수 있는 기회가 자연히 많아진다. 또한 고유한 문화를 접할 수 있어 새로운 인간관계가 형성된다. 초대하신 분의 성의를 존중하고, 접대하는 종사원의 봉사에 감사하며, 새로운 음식문화를 접하는 기회를 살리기 위해서는 모든 음식을 다 잘 먹어야 한다. 매운맛, 쓴맛도 음식이기에 먹어야 함은 당연하다. 더욱이 매운맛과 쓴맛은 입맛을 잃었을 때 입맛을 나게 해준다.

사람으로서 세상을 사는데 걱정, 근심, 실패 등은 쓰거나 매운맛과 같다. 진수성찬의 풍성한 만찬을 즐기기 위해선 다 먹어야 한다. 맵다면 먹다가 물을 마시는 경험도 해야 한다. 참기 어려우면 우유로 입안을 씻어내는 해프닝을 하더라도 이것이 인생의 참맛이 아니겠는가? 마치 독일의 괴테(J.W.G. Goethe)는 『빌헬름 마이스터의 편력시대』 소설의 일부에서 "눈물과 함께 빵을 먹어 본 일이 없고, 단 한 번이라도 외로운 밤을 눈물로 지새운 적이 없는 사람아. 그대는 정녕 천상의 높은 힘을 알지 못하고……. 정녕 모든 죄는 그 대가를 치르게 마련이다."라고 했다.

개혁의 문은 안에서만 열린다

중국 속담에 '새로 부임하는 사도는 횃불을 3개 들고 온다.'는 말이 있다. 우리나라에도 "신관 사도는 빗자루를 3개 들고 온다. 먼저 대청마루에 한 자루를 내다걸고, 앉을 자리를 쓸며, 나머지 한 자루로 주변을 쓴다."라는 말이 있다. 동서고금을 막론하고 정권을 잡으면 개혁부터 먼저한다.

새롭게 뜯어고친다는 뜻의 개혁(改革)의 어원은 사람의 살가죽을 벗기고 동물의 가죽을 덧씌우는 형벌에서 유래되었다. 〈붉은 수수밭〉이라는 영화를 보면 일본군이 수수밭을 점령해 길을 내면서 게릴라를 잡아 죽이는 장면이 나온다. 줄을 세워놓고 한 줄씩 차례차례 서로 가죽을 벗겨서 죽이게 한다. 가죽이 잘 벗겨지도록 찬물을 씌우고 벗긴다. 이런 잔인한 도살장 용어를 행정에 도입한 것은 새로운 세상을 만들기 위한 염원이 강렬했기 때문이다.

우리나라 역사에서도 반정, 유신, 변법 등을 단행하여 왔다. 또한 해방 이후 우리나라에서도 정권마다 정풍, 서정쇄신, 유신, 부정축재일소, 부정부패척결, 정화, 혁신, 부패와 전쟁 등의 용어로 개혁을 단행하였다.

중국 제나라 환공이란 국왕이 관중이란 신하에게 물었다. "국정에 가장 골칫거리는 뭐겠소?"라고 묻었다. 그러자 관중은 "사당에 있는 쥐입니다."라고 의외의 답변을 했다. 환공은 '쥐새끼 같은 간신배'를 그렇게 표현하다니 참으로 의아했다. "그럼 한 번 들어나 보세."라고 설명을 청했다. "사당 기둥 사이에 쥐가 거처하는데 이 쥐를 잡기 위해 불을 놓아 태워 죽이자니 화재 위험이 있고, 물을 부어서 질식시키자니 도색이 벗겨지고 벽이 침수돼 무너질 위험이 있습니다. 그래서 내버려 둘 수밖에 없는 쥐 같다는 겁니다. 사당에 올리는 음식을 먹어치우면서 사당 밖에서는 백성을 수탈하여 자신의 부귀를 챙기고, 사당 안에서는 국왕을 무능하게 합니다."라고 말을 맺었다.

특히 공직사회에서 서정쇄신(庶政刷新)을 '쥐잡기 운동'이라고 비아냥거렸던 것은 '사당의 쥐'와 같은 존재를 없애자는 것이다. 언론에선 '온 세상이 시끄럽게 소동을 피우더니 송사리 같은 작은 물고기만 잡는구나'는 의미에서 '송사리 잡이'로 칭했다.

그러나 공직사회에선 "대통령이 장관에게 쇄신정책을 훈시한다. 장관은 이를 도지사 및 시장에게 정책을 시달하고, 다시 구청장과 군수를 거쳐서 일선행정기관의 하급공직자에게까지 전달된다. 하급공직자는 집에 가 아내에게 스트레스를 푼다. 아내는 부엌에 있는 개에게, 개는 다시 고양이에게, 고양이는 눈에 불을 켜고 쥐를 잡는다." 이는 일면 책임 떠넘기기 혹은 '화풀이 폭탄 돌리기'이다. 이와 같은 현상을 꼬집어 "동네에 도둑이 들면 도둑의 형체를 보고 짖는 개는 한 마리뿐인데, 나머지는 개 짖는 소리를 듣고 따라 짖어댄다."고 한다.

프랑스의 200년 혁명역사를 보면, 요란한 대혁명을 몇 차례나 치렀다. 혁명의 마지막 피날레는 나폴레옹의 독재로 마무리되었다. 이로써 얻을 수 있는 결론은 "쿠데타는 쉽다. 그러나 개혁은 어렵다. 개혁은 안에서만 열리는 문이기 때문이다."이다.

우리나라는 최근 표적사정을 위해 부패와 전쟁을 선포하였으나 결국은 사정의 칼끝을 자신에게 들이대는 꼴이었다. 조선시대 인조반정,

중종반정 등의 개혁에서도 세상을 뒤집고자 일어나지만 도리어 자신들이 죽음을 당했다. 역대 가장 풍성한 인재의 지원을 받았고 힘차게 개혁을 외쳤던 정조는 결과적으로 '문제반정'만을 했다는 평가를 받고 있다. 이에 반해 말 한 마디도 거들어주는 사람이 없어서 노비의 손을 빌렸던 세종은 작고 사소한 것, 거창한 명분보다도 손쉽고 가까이 있는 것부터 개혁했다. 당시 군사장비였던 신기전, 비격진천뢰 등은 다른 나라에서는 찾아볼 수 없는 세계 최강 최첨단무기였다.

1986년 8월 26일, 내무부 장관 취임식에서 모씨는 "백성을 하늘같이 생각하고, 하늘같이 모시며, 하늘같이 위하라"는 정관정요(貞觀政要)의 위민철학에 바탕을 둔 위민정책을 강력히 추진했다. 최일선 민원접점기관으로 위민실을 기관장 비서실에 설치하였다. 동시에 '국민의 소리를 하늘의 소리'로 생각하도록 위민봉사정신을 전 공무원에게 심어주었다. 당시 삼청교육대, 사회정화운동과 삼륜마차로 추진되었다. 그런데 난데없이 1987년 1월 14일 박종철 고문치사 사건이 언론이 발표되었다. 학생운동에 참여했던 서울대학교 학생 박종철을 고문 치사한 사건이었다. 이 사건으로 "백성을 하늘 같이 모신다면서 물은 왜 먹여?"라고 국민여론이 끓어올랐다. 당시 내무부장관은 불과 5개월만인 1987년 1월 21일에 책임을 지고 물러났다. 위민봉사는 서서히 다른 이름으로 개칭되었다.

휴식 없이는 창의력도 없다

휴식 혹은 휴일은 종교적인 안식일 관례에서 시작하여 산업화 시대에 접어들어 제도화되었다. 종교적으로 예배 이외에는 아무것도 하지 말고 쉬는 데 전념하라는 목적이다. "천지만물을 엿새 동안 창조하였으니 이레째 되는 날에 안식했다."라는 창세기의 기록과 유대인 민족지도자 모세가 시나이 산에서 받아온 십계명에서도 일곱째 날에는 쉬라고 한다. 그날은 신성한 날이니 예배하는 것 이외는 하지 말라고 명했다. 심지어 기원전 169년에는 외국군이 안식일에 이스라엘에 침입하였는데 아무도 싸우려하지 않아 무혈입성하였다고 한다.

로마제국은 종교와 민족이 서로 달라서 사소한 문제가 빈발하였다. 모두에게 휴식이 절실했다. 그래서 321년 콘스탄티누스 황제는 일요일을 휴일로 제도화해 공포하였다.

우리나라는 중국 및 일본과 같이 불교의 영향을 많이 받았다. 당나라 백장선사는 "하루를 번잡하게 일하지 않았다면 그날 하루는 먹지도 마라."라는 말로 근로의 신성함과 수양하는 삶에 대해 말했다. 이는 곧 '먹고 논다는 것'을 죄악시하는 풍습과 비슷하다. 물론 유교영향을 많이 받았던 조선시대 경국대전에는 관혼상제에 대해서 관례적으로 휴가를 주었음을 알 수 있다. 대표적으로 노비에게 출산휴가로 90일을 줬다는 기록도 있다.

특별휴가는 1424년(세종6년) 인재양성을 위해 젊은 문신에게 휴가를 줘서 학문에 전념하도록 '사가독서제'를 실시하였다. 집현전의 학사 중 젊고 재주가 있는 사람을 골라서 관청의 공무종사에서 벗어나 학문을 하라고 국왕이 은전을 베풀었다.

세종 말엽에 신숙주, 성삼문 등 6인에게 휴가를 주어 사찰에서 글을 읽게 하였다. 1456년(세조2년)에 집현전 혁파와 함께 폐지하였다. 1476년(성종7년)에 채수 등 6인에게 사가독서를 주었고, 1483년에 빈 사찰을 수리하여 국왕이 독서당이라는 편액을 내렸다. 이것 역시 1504년 갑자사화로 폐지했다가 1517년(중종12년)에 부활시켜 동호당으로 개칭했다. 그 후 1709년(숙종35년)에 폐쇄되었다. 이율곡은 『동호문답』을 사가독서 때 저술했다.

이런 사가독서제도는 근래에 와서 사라졌다. 반면에 서양에서는 휴가철 독서가 왕성하다. 1955년 상영된 〈나이가라〉 명화에 신혼부부가 톨게이트에 요금을 지급하면서 "신혼여행을 온다면서 처칠에 관한 정치 서적만 잔뜩 싸들고 오다니니……."라며 투덜거리는 장면이 나온다. 그러나 남편은 아랑곳하지 않고 바구니 가득 책을 담아 숙소로 옮겼다. 다음날 숙소에서 신부가 침대와 물건을 정리하는데 책 바구니를 들고 신경질적으로 옮기는 장면이 나온다. 그 정도로 휴가란 책을 읽는 시간이라는 공식이 자리 잡고 있다.

마이크로 소프트의 빌 게이츠 사장은 여행을 할 때면 으레 책을 한 가방 가득 싸서 여행지로 떠난다.

오늘날 세계를 선도하는 기업은 아이디어 창출을 위하여 직원들에게 휴가를 권장하고 있다. 경이로운 경험을 위해서 해외여행의 조건을 달기도 한다. 베네통, MS, IBM, GE 등에서는 휴가를 통한 아이디어 창출을 적극 지원하고 있다. 일본에서는 지금도 고위관료에게 휴가와 해결과제를 같이 주는 책문제도(策問制度)를 활용하고 있다. 우리나라도 과거 임금이 중요한 국책과제를 앞두고는 신임하는 관료에게 휴가를 줘 방책을 강구하여 보고하도록 하였다. 아이디어 제안만을 요구하고 휴가를 주지 않는 것은 어불성설이다.

열심히 일한 당신 떠나라!

친구 중에 사업을 하면서 인생의 쓴맛 단맛을 다 맛본 친구가 있다. 그 친구가 늘 하는 말이 있다. "인생은 남는 장사다. 먹어서 남은 것이 살이고, 놀아서 남는 게 배짱과 건강이다." 사업을 하면서 잘될 때는 하늘을 나는 것 같지만 바닥을 칠 때는 마음고생을 뼈가 사무치게 한다. 워낙 다양한 사업을 크게 벌였던 친구인지라 이제는 웬만한 일쯤은 눈썹 하나 깜짝 안한다고 한다. 이런 저런 경험을 하다 보면 두둑한 배짱이 생기기 때문이다. 삶의 배짱은 면역(둔감함)인지도 모른다.

"나는 발상이 벽에 부딪치면 해변이나 강가로 나가 낚싯줄을 던진다. 파도와 바람 그리고 해변에서부터 아이디어를 낚을 수 있기 때문이다." 라는 에디슨의 말처럼 아이디어를 만들어내야 하는 오늘날 우리들은 야외충전, 태양광충전 혹은 해외충전을 가져야 한다.

2002년 H카드 회사에서 광고카피로 사용했던 '열심히 일한 당신, 떠나라.'를 실행해야 한다. 산업시대는 쉬지 않고 일해야 하는 개미의 시대였다면 창조시대에는 일하면서도 적당히 즐길줄 아는 배짱이가 되어야 한다.

휴가는 인생이라는 긴 문장 속의 쉼표와 같다. 긴 내용을 끊지도 않고 나열만 하면 읽기도 힘들고 지루하다. 쉼표가 있어야 끊어 읽기가 수월해진다. 동양화가 아름다운 이유도 여백이 있기 때문이다. 같은 악보를 연주해도 악보 사이에 쉼표 연주가 조화로워야 명연주이다. 이처럼 적당한 휴가를 보낼 줄 알아야 명품인생이다.

쉼을 가져야 다음 일도 더 열심히 할 수 있는 법이다. 영국의 귀족명문 대학에서는 일요일을 한주의 시작으로 친다. 충전된 상태로 시작하라는 뜻이다. 한마디로 "미친 듯이 놀았으니, 미친 듯이 공부하자(Enjoy hard, Work hard)."라는 정신으로 임한다.

쉬지 않고 일만 하는 사람은 적당히 쉬며 일한 사람을 뛰어넘을 수가 없다. 언뜻 남들이 쉴 시간에도 일하면 그만큼 더 많은 일을 할 것 같지만 효율이 현저히 떨어져 결과물은 형편없어진다. 쉬면서 일한 나무꾼은 세 사람 몫의 벌목을 한다고 한다. 쉬면서 톱날 혹은 도끼날을 갈았기 때문이다. 쉬지 않고 일한 사람은 지쳐 쓰러져도 못 따라 온다. 시골에서도 모내기를 할 때 그늘에서 낮잠도 한숨 자고, 참도 먹어가며 에너지를 보충하며 일하는 것이 일을 먼저 끝내는 비결이다.

현악기도 이완이 생명이라고 한다. 쓰지 않을 때는 끈을 풀어놓아야 명기로 제 음가를 내는 법이다. 프로젝트 뒤에는 반드시 충분한 휴가를 취해야 한다. 휴식은 그동안 노고에 대한 약간의 보상이니 즐거이 만끽하라.

'역부족'이란 스스로 긋는 한계선이다

지구상에 생존하는 동물 중에 몸길이에 비해 가장 높이 그리고 멀리 뛰는 동물은 벼룩이다. 대략 몸의 200배 정도를 뛴다. 높이로는

18cm, 너비로는 33cm까지의 기록이 있다. 처음에 벼룩을 유리컵에 집어넣으면 모두 밖으로 뛰어나온다. 그러나 유리컵 위에 유리판을 덮어놓으면 뛰어오르다 몇 번씩 유리판에 부딪치고는 그 뒤로는 부딪치지 않을 높이만큼만 뛰어오른다. 유리컵 위를 덮었던 유리판이 없어도 그 높이밖에 뛰어오르지 못하게 된다. 결국은 도망가지 못하고 유리컵 안에서 갇히고 만다.

프랑스에 가면 개구리 요리가 유명하다. 식탁에 손님이 앉으면 냄비와 버너를 갖다놓고 눈앞에서 개구리를 산채로 냄비에 집어넣는다. 요리의 비밀은 냄비 속의 수온에 있다. 처음부터 물 온도가 고온이면 개구리가 튀어나와 식당이 온통 아수라장이 될 것이다. 그래서 개구리가 가장 좋아하는 살짝 따뜻한 정도의 물에 집어넣는다. 앞으로 어떤 위험이 닥쳐올지 모르는 개구리는 가장 행복한 자세로 가만히 엎드려 있는다. 서서히 가열하기 때문에 개구리는 자신이 삶아지고 있다는 위기 자체를 모른 채 행복하게 잠이 든다.

이 요리가 우리에게 시사하는 것은 사람 역시 익숙함에 안주하다가는 개구리 꼴을 면치 못할 거란 사실이다. 눈앞의 현실에만 머물며 오늘 해야 할 일을 미루고, 당장 해야 할 것에 머뭇거리다가는 개구리 신세가 된다.

기원전 500년경 말 많은 제자 염구는 스승인 공자와 대화하던 중 "선생님께서 말씀하신 학문의 길을 따르고 이행하고자 부단히 노력하고 있습니다. 그러나 이해하고 몸에 익히기기 어려운 것을 보니 아마도 제가 힘이 모자라는 모양입니다."라고 말했다. 공자는 염구가 자신의 역량이 역부족이라는 핑계로 학문에 소홀히 하지는 않을까 걱정이

들었다. 그는 염구에게 "힘이 모자란다고 중도에 포기해도 된다는 빌미는 될 수 없다. 내가 보기는 너는 스스로 자신의 능력에 한계선을 긋고 있는 것 같구나."라고 크게 꾸짖었다.

막대기치기나 윷놀이에 선을 긋고 이 줄을 넘으면 낙구(落區)라고 선을 긋는다. 또한 시험발표가 나기도 전에 스스로 커트라인을 정하고 '난 안 돼.'하는 꼴이다.

말과 행동으로 선긋기

기원전 1,450년경 지도자 모세는 유대민족을 이집트 노예생활에서 해방시켰고 그들이 꿈에도 그리워하던 꿀과 기름이 흐르는 가나안 땅으로 인도하고 있었다. 황폐한 사막길이지만 11일이면 충분히 도착할 수 있는 길인데 무려 40년이나 걸렸다. 가나안에 염탐을 하러갔다온 사람마다 서로 다른 정보를 제공했고 물어뜯고 말싸움만 하며 허송세월을 보냈다. 이런 말싸움에 염증을 느낀 모세는 자신도 모르게 그들에게 악담을 했다.

결국 악담은 확대 재생산되어 되돌아왔다. "입에서 말한 대로 그대로 이뤄졌다"는 결과다. 사람의 말은 자신의 운명까지도 한계선을 긋는다. 지도자의 말은 그 민족의 장래에까지 가능성의 한계선을 긋는다.

우리는 선긋기를 많이 한다. 조직생활을 하다보면, 각자가 갖고 있는 잣대로 자기편 혹은 남의 편으로 선을 긋고 대화하는 경우가 많다. 관리자 혹은 부서장은 '자기 사람' 혹은 '누구의 사람'으로 괄호를 치거나 선을 긋고 대한다. 그렇게 대우하고 관리한다.

어릴 때 장난감도 놀이시설도 없었기에 땅바닥에 선을 긋고 노는 땅

따먹기와 고무줄놀이를 많이 했다. 그래서 우리는 생활 속에 자신도 모르게 선긋기가 유난히도 많다. 크게 보면 지연, 학연, 혈연 등도 인맥이라는 선긋기다.

최근 우리나라는 말로 선긋기를 많이 하고 있다. 언론보도를 보면 유독 '선긋기'라는 단어가 많이 쓰인다. 뿐만 아니라 선긋기 시위가 참으로 많다. 특히 보수진영과 진보진영을 갈라놓고 시위를 하는 경우가 많다. 일명 맞불시위를 하여 자신들의 주장, 지지진영(정당) 등을 분명히 선을 그으려고 노력한다.

같은 정당 내에서도 친이와 친박 혹은 친노와 비노가 있어서 자신의 노선을 분명히 하고자 선긋기 언행을 한다. 작게는 말 한 마디에서 사회적 시위로 번지기도 한다. 조직 내에서도 '꼬리표 붙이기' 혹은 '뒷담화하기'등의 선긋기가 성행하고 있다.

흔들고, 쓸며, 씻어버려라

미리 그어놓은 선 위에서 하는 경기가 많다. 가장 좁은 공간에서 하는 놀이로는 아마도 바둑이나 장기를 들 수 있을 것이다. 바둑판에는 가로, 세로 19개의 선이 만나는 361곳에 집을 만들 수 있다. 경기 도중 지금까지 놓인 수로 볼 때 '승부의 추'가 기울었다는 생각이 들었을 때도 포기하지 않고 '판세를 혼란하게 만들어서 불리한 판세를 뒤집는' 흔들기를 시도해볼 수 있다. 어떤 의미에서 '수 나누기'와 반대개념이 되기도 한다. 첫째, 정확한 형세 판단과 빠른 수읽기, 둘째, 가능한 수로 대응하기, 셋째, 수의 중첩으로 상대방을 혼란에 빠뜨리기 등이 동원되고 있다.

어릴 때 삼대독자로 자랐기에 식사 때가 되면 어머니가 친구들이랑 같이 놀고 있는 곳까지 찾아와서 끌고 가곤 했다. 땅따먹기 놀이를 할 때면 땅바닥의 선을 발로 휘~익 지우시고 내 손목을 끌고 집으로 갔다. 바둑을 두고 있을 때는 바둑판을 뒤집고라도 데려 갔다. 때로는 인생을 살아가는데도 이런 판 뒤집기와 땅바닥 지우기가 필요하다.

불교에서는 매일 아침에 법당 앞마당을 빗자루로 쓰는 소지수양(掃地修養)으로 마음을 맑게 한다. 자신의 마음과 몸으로 자승자박하는 선긋기를 빗자루로 휘~익 쓸어버리는 '마음바닥 쓸기'가 필요하다.

자연도 때로는 질서를 깨고 지진으로 땅을 뒤집고, 화산폭발로 산천을 불태운다. 한해에도 몇 번이고 폭풍우를 동원해 하늘에서 바다 밑바닥까지 물청소를 해치운다.

문제가 풀리지 않을 때는 뒤집기를 통해 답을 찾아보는 것도 좋은 방법이다. 위와 아래를 뒤집고, 안과 밖을 뒤집어보아라. 때로는 합리적인 것에서 비합리적인 것으로, 거꾸로 뒤집은 경우도 있다. 과거 먹고살기 어려울 땐 얼굴이 통통하고 몸집이 큰 사람을 '부잣집 맏며느리감'이라고 칭찬했다. 요즘은 반대로 "피죽도 한 그릇 못 먹은 사람처럼 비쩍 말랐다."는 말을 칭찬으로 생각한다.

과거 올림픽에서 100m 경주를 할 때는 마라톤처럼 서서 달리기를 했는데 요사이는 무릎을 꿇고 출발한다. 높이뛰기도 땅을 보고 올라갔으나 하늘을 보고 올라가는 등 거꾸로 하고 있는 것이 많다. 화물수송에서도 예전에는 무조건 많은 양을 수송하고자 잔뜩 싣고 운송했다. 그리고는 도착항에서 번잡스러운 분류작업으로 시간을 끌었다. 현재는 수송할 회사별로 컨테이너에 넣고 운반한다. 컨테이너가 반이 채 차지 않더라도 비용은 훨씬 싸게 먹힌다.

낙숫물이 댓돌을 뚫는다

옛날 시골에서는 부잣집 지붕을 기와로 이었는데, 오래된 기왓장에는 먼지와 흙이 쌓여서 와송(瓦松)이 자라기도 했다. 소나기가 쏟아지면 기와지붕은 초가지붕에 비해 안으로 스며드는 물이 없기에 많은 빗물이 한꺼번에 처마 밑으로 쏟아져 내린다. 그래서 처마 끝에 빗물내림을 유도하는 함석으로 물받이를 했다. 물받이 끝에 큰 댓돌을 받쳐놓아 흙 파임을 방지했다. 오랜 세월이 흐르다가 보면 처마의 낙숫물로 댓돌이 뚫린다. 노끈으로 아름드리 나무를 슬근슬근 톱질한다고 나무가 넘어질 리 없어 보이지만 결국엔 쓰러진다. 마치 물방울이 모여서 내를 이루고 나아가서 강과 바다를 형성하는 것과 같다. 사람이 하는 일도 이렇다. 시작은 미약하나 끝은 창대하다.

기원전 950년경 고려와 친교를 하였던 송나라 때 장괴애(張乖崖)라는 사또가 어느 날 관아 주변을 돌아보던 중에 한 창고에서 낯선 구실아치 녀석이 황급히 튀어나가는 것을 보고 덥석 잡았다. 손아귀를 빠져나가려고 하다가 그만 상투 속에서 감추었던 엽전 한 푼이 땡그랑 땅위에 떨어졌다. 문초한 끝에 창고에서 훔친 것으로 탄로가 났다. 형리가 엄히 곤장을 치라고 했더니 "엽전 한 푼의 죄로는 너무 하지 않느냐?" 고 항의했다. 사또는 "하루에 한 푼이면 천 날이면 천 푼이다. 바늘 도둑이 소도둑 된다고 하지 않느냐? 낙숫물이 댓돌을 뚫는다고 하지 않았느냐?"라고 하면서 칼을 빼어 목을 쳤다.

가랑비에도 옷이 젖는다

1960년대 산골 마을에서 겨우 초등학교를 마쳤다. 하지만 먹고사는 게 힘든 형편에 중학교 진학은 꿈도 못 꾸었다. 그래서 동네 한문글방에라도 가기로 마음먹고 명심보감을 배우기로 했다. 초등학교에서 생활한자 1,300자만 익힌 실력으로 한문으로만 된 책을 보니 눈앞이 캄캄했다. 그때 훈장님께서 들려주신 말씀이다.

어느 날 서산대사에게 한 청년이 찾아왔다. 그는 시골 남의 집에서 머슴살이를 하다가 왔다고 하며 제자로 받아달라고 애원했다. 그러자 서산대사는 "출가는 아무나 할 수 있는 게 아니다. 다시 집으로 돌아가라"고 했다. 처자식을 돌보는 것도 불가의 삶 못지않게 값진 삶이라고 설파하며 쫓아버렸다.

그러나 그는 3일 밤낮 동안 자리를 지키고 애원했다. 정성이 갸륵해서 불경을 펴놓고 읽어보라 했더니 '낫 놓고 기역 자'도 모르더라는 거다. 서산대사는 "불경이란 가랑비에 옷이 젖는 것과 같다. 그것이 불자의 삶이다."라고 하면서 불경을 내놓고 배우게 했다. 그 청년이 훗날 임진왜란 때 승병을 일으켜 나라를 구한 사명대사이다.

고대 중국 속담에는 '가랑비에 옷이 젖고 유언비어에 좋은 사람이 해를 입는다.'라는 말이 있다. 당나라 시인 온정균은 "가랑비 자욱하게 진홍색 옷에 들어, 풍호에서 도시락 먹어도 온천지 봄이로세."라는 풍월을 읊기도 했다. 같은 시대 유장경의 『별엄사원』이라는 시첩에는 "가랑비에 옷이 젖는 것은 보이지 않는데도 꽃잎이 시들어 말라 소리도 없이 떨어지는구나."라는 시구를 남겼다.

세상만사가 가랑비에 옷이 젖듯이 자신도 모르게 흠뻑 젖곤 한다. 세계 일인자도 처음에는 우리만큼도 몰랐던 것이다. "가장 진한 물듦은 가랑비에 옷 젖듯이 천천히 스며들며 닮아가는 것입니다."『멈추면, 비로소 보이는 것들』이라는 책에 나오는 한 스님의 말씀이다.

과거 대가족생활에서 시어머니와 며느리는 '미워할수록 더 골수에 스며드는' 존재였다. 고생스럽게 며느리 생활을 했던 사람일수록 자신이 시어머니가 되면 더 호된 시어머니가 된다. 뿐만 아니라 자기 부모에게 효행을 다하면 자식도 역시 그렇게 물들게 된다.

반대의 경우도 마찬가지다. 믿지 못하겠다면 처마 끝에 떨어지는 빗물을 보라. 한 방울도 어김없이 그 자리에서 떨어진다. 특히 직장생활을 하다보면 '시어머니 상사'를 모신 분일수록 자신이 그 위치에 오르고 나면 한 잔소리꾼으로 소문이 난다. 미워하면서도 자신은 그 이상으로 닮아가고 있으니 자신도 모르는 사이 물드는 것만큼 진하게 배어드는 것이 또 없다.

소통이 혁신을 만든다

지난 2010년 3월 23일 미국의회에 건강보험법 개정안이 오랜 진통 끝에 통과되었다. 오바마 대통령은 그날 통과된 법률을 공포하기 위해 22자루의 만년필을 가지고와 서명을 했다. 이름자가 총 18개 스펠링으로 되어 있어 17개에 스펠링엔 한 글자에 한 자루씩, 나머지 O에 5 자루를 사용해서 서명했다. 참여한 20명 의원에게 역사적인 법률을 만드는데 노고한 걸 기념해 만년필을 선물하며 기쁨과 추억을 함께 나눴다. 서명한 만년필을 나눈 것은 소통의 의미를 담았다. 나머지 2개는 대통령 본인이 하나 가지고, 또 다른 하나는 백악관 박물관에 법률과 역사적 소품으로 전시한다.

이런 전통은 루즈벨트 대통령이 시작했다. 조지 부시 대통령은 한 자루로만 서명하고 나머지는 서명하지 않는 것을 기념품으로 나눠주었다. 지난 존슨 대통령은 '국민인권법'을 제정할 때에 무려 72자루의 만년필을 기념으로 나눠주기도 했다.

우리나라 개혁군주로 상반된 행보를 보여준 두 임금이 있다. 세종과 정조가 그 주인공이다. 정조는 가장 많은 인재를 가지고도 언쟁에 휩싸이는 일이 많아 개혁다운 개혁은 이루지 못했다. 반면에 세종은 아버지 태종이 워낙 많은 사람을 손봤기에 모든 신하들이 돌아선 상황이었다. 그러나 세종은 역사상 가장 많은 개혁을 조용히 이뤘다.

두 임금의 소통방식은 상반되다. 세종은 "대신의 말씀이 옳아요. 그런데 난 이렇게 생각하지(Yes-But)."화법을 구사했다. 이에 반해 정조는 "자네는 틀렸어. 왜냐 하면 이래서 틀렸단 말이지(No-Why)."라는 화법을 썼다. 조선실록 통계에서 태종은 '아니다.' 혹은 '틀렸다.'라는 대화를 94회, 영조는 135회, 세종은 단 16회만 쓴 것으로 나온다. 세종은 재위기간 중 무려 1,898번이나 토론회를 개최하였다. 그 중 세제정책은 1,430년 개정을 시작으로 1,444년까지 14년간 17만 명의 백성 및 신하들과 함께 소통했다.

세종은 늘 귀를 열어놓았다. "국왕을 욕하는 백성이 있다."는 상소를 받고도, "백성은 국왕의 어버이다. 어버이가 하는 일이 얼마나 기대에 어긋났으면 자식이 어버이 욕을 하겠나?"라고 무죄석방을 시켰다. 이어서 "첫째로 백성과 소통이 되지 않으면 나라가 상한다. 둘째로 과거를 잊으면 앞날이 없다."라고 사기의 문장을 인용하여 늘 소통을 강조하며 실천했다.

국왕에게 소통은 무엇보다 중요했다. 제왕서 중 하나인『대학연의』에서는 "귀를 열어 들음으로써 백성들의 마음을 얻고, 소통을 통해서 백성들의 사정을 살펴야 비로소 민중이 따르게 된다."라고 가르치고 있다.

이를 가장 적극적으로 활용한 인물은 청나라의 강희제로 변방제후를 빠짐없이 모셔다가 그들이 좋아하는 음식을 차려놓고 소통했다. '소통을 통해서 피 한 방울 흘리지도 않고 대청제국'을 건설했다. 사마천의 사기에서도 "물을 보면 자신의 모습을 비춰볼 수 있듯이, 백성을 보면 나라가 제대로 다스려지는지 아닌지를 알 수 있다"고 당태종 이세민의 말을 적고 있다. 덧붙이면 아랫사람의 마음을 알려면 입은 다물고 귀를 열어야 한다. 현명한 자는 자기 허물을 듣는 것에 힘쓰고, 자신의 뛰어남이나 칭찬을 듣는 것을 좋아하지 않는다고 했다.

때로는 '모르면 가만히 있으라.'는 속담처럼 말하기보다 침묵하는 편이 효과적일 때도 있다. 2010년 9월 1일 미국대통령 오바마(Obama)는 9.11테러 현장 제로그라운드에서 침묵헌화를 했다. "3천여 명의 고귀한 희생자들을 추모하는 자리에 어떤 말도 필요하지 않았다."고 했다. 대만의 한 인쇄업자가 사업을 접게 되었다. 가지고 있던 기계들을 처분하면서 미국에서 수입한 자동인쇄기는 50만 달러 정도에 팔아야겠다고 마음을 먹고 있었다.

하루는 한 젊은이가 기계를 사러 와서 보더니 대뜸 단점만 잔뜩 지적하기 시작했다. 숨도 돌리지 않고 기계를 탓하더니 급기야 인쇄사업이 불투명하다고 불평했다. 사장은 "남의 소를 왜 탓하는가? 살 마음이 있기 때문이지."라는 우시장 은어를 생각하고는 침묵했다. 젊은이는 실컷 불평을 늘어놓더니 70만 달러 이상은 줄 수 없다며 못을 박았다.

소통의 최고 기술은 처음부터 끝까지 경청이다. 남을 설득하는 최고의 기술 또한 경청이다. 어떤 면에서 정보통신기술이 발달된 오늘날을 사는 우리들은 선인들보다 소통에 소홀히 한다. 소통이란 단순히 자신의 주장만 쏟아내고 내세우는 것이 아니다. 마음을 열고 경청하는 것이다. 일방적인 지시를 쏟아내면서 밀어붙이는 것을 소통으로 아는 지도자가 대부분이란 사실이 씁쓸하다. 임진왜란 당시에 선조와 이순신은 한 번 내왕에 달포 이상이 걸리는 역참을 이용해서 한 해에 2~3차례는 꼭 서신을 나누었다. 한 나라의 임금과 전쟁 현장의 장수 간에 진정한 소통이 있었다.

그런데 오늘날은 어떠한가? 손가락만 까딱해도 언제 어디서든지 전화로 소통할 수 있는 여건이 갖춰졌음에도 예전보다 못한 것 같다. 모 비서관은 청와대에 9개월간 근무했는데도 대통령과는 "전화나 면담이 한 번도 없었다."고 전한다. 이것이 우리 소통의 현실이다. 서양에서는 '눈에서 멀어지면 마음도 멀어진다.'는 속담이 있다. 직접 얼굴을 볼 수 없다면 전화나 문자를 통해서라도 소통이 필요하다.

소통이란 직장, 사회, 국가에만 필요한 것이 아니다. 삼라만상이 소통해야 한다. 인체에 산소, 영양분, 혈액이 원활하게 소통하지 않으면 심근경색으로 사망한다. 혈액이 소통하지 않으면 신체 일부가 괴사하거나 혈관이 막힌다. 소통하지 않으면 아픔이 생긴다.

생명체는 물론 조직이나 사회와 같은 유기체도 원활하게 소통하지 않으면 진통이 따른다. 동의보감에서는 "원활히 소통하면 아픔이 없다. 소통하지 않으면 아프다."라고 인체의 비밀을 적고 있다.

오늘날 우리나라는 곳곳에서 불통의 아픔을 겪고 있다. 세대 간, 지역 간, 빈부격차 간, 보수와 진보 간에 원활한 소통이 부재하다. 갑을 관계에서는 힘이 있는 사람은 '갑질'을 일삼고, 힘없고 돈 없는 사람은 죽을 맛이다.

무한도전이 10년째 승승장구하는 비결

지난 2006년 5월 6일부터 M방송국의 '무한도전'이라는 프로그램이 인기리에 방영되고 있다. 대한민국의 평균 이하임을 자처하는 남자들이 새로운 상황에서 좌충우돌하는 모습을 보여준다. 프로그램이 장기간 인기몰이를 하며 리더를 맡은 유재석의 '섬김 리더십(servant leadership)'이 크게 주목받기도 했다. '무한재석교의 교주'로 인정을 받을 정도다. 그는 겸손, 배려 및 헌신의 리더십을 보여주었기에 많은 감동을 주었다. 자신이 먼저 망가지며, 동료들에게 "수고했다."고 말하며 알뜰살뜰 챙겨주는 배려를 아끼지 않았다.

그에 대해 사람들은 이구동성으로 가식이 전혀 없고, 사생활이 깨끗하며, 군림하기보다 섬긴다는 말로 요약한다. 그의 이런 섬김 리더십은 소통에서 나왔다. 그의 소통방법을 간추려 보면 다음과 같다.

첫째, '앞'에서 할 수 없는 말을 '뒤'에서 하지 마라. 둘째, '말'을 독점하면 '적'이 많아진다. 셋째, 목소리의 톤이 높을수록 뜻이 왜곡된다.

넷째, '귀'를 훔치지 말고 '가슴'을 흔드는 말을 하라. 다섯째, 내가 '하고 싶어 하는 말'보다 상대가 '듣고 싶어 하는 말'을 해라. 여섯째, 칭찬에 '발'이 달렸다면 험담에는 '날개'가 달렸다. 일곱째, '뻔'한 이야기보다 '펀(fun)'한 이야기를 하라. 여덟째, 말을 '혀'로 하지 말고 '눈'과 '표정'으로 말하라. 아홉째, 입술의 '30초'가 마음의 '30년'이 된다. 열째, '혀'를 다스리는 건 나지만, 내뱉은 '말'은 나를 다스린다.

한솥밥에서 나온 소통의 미학

동서고금을 막론하고 진정한 소통은 밥통에서 나온다. 작게는 한솥밥을 같이 먹으면서 말이 통하는 동정의식(同鼎意識)을 느낀다. 크게는 만한전석(滿漢全席, 중국 최대의 호사스러움이 극치를 이루는 대연회식)의 중국고사처럼 대제국을 건설하는 데 밥통에서 나온 소통을 활용했다. 『설득의 심리학』에서는 최고의 설득기법으로 런천 테크닉(luncheon technique)을 들고 있다. 이해관계가 상반되는 국제회의, 주주총회 등에서 이 설득기법이 많이 활용되고 있다. 먹어서 기분이 좋으면 상대의 요구를 쉽게 받아들이기 때문이다. 심지어 "외교는 배(腹)로 한다."라는 말까지 있다.

인도네시아 발리에는 유독 축제가 많다. 그 이유는 좁은 섬에서 화합하지 않고서는 살 수가 없기 때문이다. 그래서 축제를 통해 서로 얼굴을 맞대고 먹으면서 화합(소통)을 한다. 섬나라 일본에서도 바람축제 혹은 문화축제 등 다양한 축제가 많다. 이들에게 축제는 밥통 속의 소통을 끄집어내는 과정이고 의식이다.

세계의 명문대학 하버드 대학에서도 특히 MBA과정에서는 100회

이상 파티가 열린다. 같은 맥락에서 일본의 관공서에선 야간회식도 업무의 연장으로 인식하고 있다. 이 모두가 밥통 속에서 소통을 끄집어내기 위함이다.

상전벽해의 파라노마

중국에 대해 알려고 하는 것은 어리석은 일이다. 더욱이 중국에 대해 안다고 생각하는 건 더더욱 어리석다. 중국인도 중국을 모른다. 과거 옛 장안(西安)이 있었다면 현재는 정치적 중심지인 북경이 있다. 미래는 상하이에 있다는 느낌이 든다.

상하이 사람들은 타지에서 온 사람들을 '산에서 내려온 사람'이라고 업신여겼다. "베이징 것들은 감투밖에 모르다."고 비난했다. 이에 맞서 "상하이 것들은 돈밖에 모른다."고 서로 입씨름을 하곤 했다. 실제로 상하이 사람들은 우리나라 사람들보다도 더 자본적이다. '가난함을 비웃을지라도 웃음을 파는 것은 비웃지 않는다.'라는 속담과 '차라리 목숨은 줘도 돈은 놓지 않겠다.'라는 유행어가 있을 정도다. 상하이에 있으면 돈을 뜻하는 '치엔(錢)'이란 말을 하루에도 100번 이상은 듣게 된다.

중국어로 '시아하이(下海)'는 '바다에 빠져 죽다' 혹은 '(문화혁명 당시) 쫓겨나서 떠나가다'라는 뜻이다. 반대어인 상하이(上海)는 '(바다에서 빠져) 죽지 않고 살아나다'라는 뜻이다.

상하이는 청나라 말까지 작은 어촌이었다. 그러나 1839년 제1차 아편 전쟁이 터지면서 1842년에 체결된 난징조약으로 영국은 상하이 등 다섯 개 항구를 강제적으로 개항시켰다. 그 후 상하이는 상업의 중심지, 공산당의 활동근거지가 되었다. 1970년대 초 덩샤오핑은 '고양이가 희든 검든 상관하지 않고 쥐만 잘 잡으면 좋은 고양이'라는 슬로건을 내세워 개방과 개혁을 시작했다. 개방경제정책 20년 동안 연평균 10% 이상의 고도성장을 거듭하였다. 2014년 상하이의 1인당 소득은 16,000달러 정도로 중국내 3위를 기록하고 있다. 거주인구는 2,425만 명으로 세계 1위를 기록하고 있다.

상하이의 발전을 한 마디로 표현하면 '쓰레기통에 핀 장미꽃'이다. 아침에 해가 뜨면 집집마다 수백만 통의 간이화장실을 쏟아낸다. 가로변이고 하수구이고 가리지 않았다. 가로변에는 간밤에 취객이 토해 놓고 몰래 용변을 본 것을 유기견들이 먹는 등 거대한 쓰레기장을 방불케 했다. 1985년 상하이 시장을 역임한 장쩌민은 '천지개벽이 된다고 해도 상하이는 절대로 안 될 것"이라고 단언했다. 그러면서 상하이를 '뭐든지 죽자고 고집하는 80대 할망구'로 비유하였다.

1994년 상하이 방문 때만 해도 그 말에 고개를 끄떡이며 그럴 법하다고 생각했다. 도로변에는 '토하지 마세요.'라는 경고문구가 많았다. 그러나 어느 시점부터 상하이의 도로변에 있는 경고문구들이 변화하기 시작했다. 대로변에는 '상하이를 위해 여러분 무엇을 하시겠습니까?'라는 현수막이 펄럭거렸다. 이전에는 강압적으로 경고했다면 변화 후에는 창의적인 문구로 시민참여를 유도하고 있었다. 그 이후 상하이는 놀랍도록 발전하기 시작했다. 2001년 북한의 고 김정일 위원장이 상하이를 방문해 '상전벽해(桑田碧海)'를 감탄했다.

2005년 수능시험일자에 상하이를 다시 방문할 일이 있었는데 놀라운 변화에 감탄이 절로 나왔다. 곳곳에는 '날아라, 더 높이. 달려라, 더 멀리.'라는 격려문을 걸려있었다. 도로변 경고문, 표지판 하나에도 많은 신경을 쓰고 있었다. 예를 들어 보통 화장실에 '한 발만 앞으로'라고 적혀 있었다면, 상하이에는 '작은 한 걸음이 문화발전에 크게 기여합니다.'라고 표기되어 있었다.

지난해 성탄전야를 상하이에서 보낼 기회가 있었다. 그때 다시 본 상하이는 '18세 소녀처럼 매혹적'이었다. 이제는 상하이 사람들도 "6개월만 이곳을 벗어났다가 다시 와보면 외계인이 된 느낌"이라고 할 정도로 상하이는 하루가 다르게 발전하고 변화하고 있다.

우리는 무엇을 배워야 하나?

'고집 센 80대 할망구'를 '매혹적인 18세 소녀'로 변신시킨 데는 무슨 비결이 있었을까? 20여 년 동안 지켜본 결과, 국민의 마음을 한 곳에 모은 것을 손꼽고 싶다. 상하이는 시민들에게 미래비전, 상징성, 자존심을 고취하여 미소, 친절, 성실성, 개방과 개혁을 유도했다. 또한 사회적 지도자 및 가진 자들이 솔선수범해 보이며 먼저 행동했다. 한편 노사화합과 공평한 분배복지, 만한전석을 활용한 원활한 소통, 경제외교 문화의 융성 터전을 마련했다. 더불어 융합과 관용이 사회 전반에 흐르게 했다.

상하이는 중국이라는 승천하는 거대한 황용(黃河)의 머리에 해당한다. 삼국지에 "마침내 하늘의 뜻이 있어 날아올라야 하나니, 진흙 속에 서려있는 용이 하늘을 향해 날아오르리라."라는 민족적 자긍심이 잠에서 깨어나고 있었다. 때맞춰 용이 하늘로 날아오르는데 꼭 필요한 11개의 여의주가 바로 동방명주라는 상징성이다. 선덕여왕이 황룡사 구층탑을 건립하여 서라벌 백성에게 삼한일통의 자긍심을 심어주었던 것과 같다.

상하이 사람들은 중국어로 '마음까지 다 열어젖혔다.'라고 표현할 정도로 매우 개방적이다. 특히 정치적 지도자들이 "한쪽만 들으면 모른다. 그러나 양쪽 다 들어보면 분명해 진다." 혹은 "한 사람씩 따로 들으면 혼란스럽지만, 두 사람을 같은 자리에 모이게 해 같이 들으면 분명해진다."라며 생활 속 소통을 실천하였다. 참으로 이상한 것은 "문제 삼지 않으면 아무 문제가 없는데 문제 삼으니까 문제가 된다."라는 정치적 사고가 깔려 있다는 점이다. 때로는 여기서 정치적 문제발견과 문제해결에 열쇠를 제공해 준다.

또한 사회적 지도자의 솔선수범을 강조하고 있다. 특히 공산당원 선임에 무엇보다 도덕성을 중시하고 있다. 최근에는 '쥐새끼이든 호랑이새끼든 부정을 저지르면 다 잡아 죽이겠다.'는 슬로건으로 개혁을 추진하고 있다. "사람들의 마음을 얻는다는 것이 바로 천하를 얻음이다."라는 위정의 철학을 실행하고 있다.

언행일치를 중시하여 "사람의 말만 듣고 행실을 믿지 마라. 말을 듣고 행동하는 것을 본 후에야 믿는다."라는 사고방식이 박혀있다. 우리나라처럼 '행동 없이 말만 하는' 처사는 발도 붙일 수 없다. 그들에게는 관계를 중시하는 문화가 있다. 즉, 먼저 친구가 되고 난 뒤에 사업을 이야기한다. '밥 한끼 먹지 않고서 사업이야기가 나오겠는가?'라는 속담이 있다.

대청제국 소통의 정석인 만한전석의 관례로 지구촌에 가장 강력한 네트워크를 만들었다. 이를 이해 못하면 '먹다가 볼 일 다 본다'는 생각이 든다. 이것은 일종의 참여적 숙의과정이다. 말을 하면 알지만, 보여

줌으로써 이해시키고, 같이 참여함으로써 공감하게 한다.

숙의정치(熟議政治)는 깊게 생각하고 의논해서 결정한다는 뜻이다. 이 같은 숙의정치는 시행착오를 최소화하고, 소통을 통한 적극적인 참여를 유도하며, 동시에 추진동력을 시민들로부터 얻겠다는 속셈이다. 사실 유교는 위정철학이다.

"여러 의견을 듣고서 미심쩍은 것은 옆에 제쳐놓고 그 나머지를 아주 조심스럽게 실행하라. 그러면 잘못을 덜 하리라. 여러 가지를 찾아보고서 문제가 될 만한 것은 옆에 제쳐두고 실행하라. 그러면 뉘우치는 일이 없으리라. 말에서 잘못을 덜하고, 실행에서 뉘우치기를 덜 하면 안정된 행정이 된다." 이것이 숙의정치의 핵심이다.

실력을 쌓기까지 때를 기다려라

1839년 아편전쟁으로 인하여 서양열강에게 5개 항구를 연 순간부터 중국의 국력은 기울어졌다. 19세기 열강의 식민지배까지 받으며 종이호랑이로 전락했던 중국은 1970년대 덩샤오핑이 개방개혁을 시작하면서 오늘날 미국과 쌍벽을 이루는 강대국으로 급부상할 수 있었다.

세계에서 중국만큼 원대하고 치밀한 국가전략이 발전한 나라도 드물다. 중국은 지혜의 나라다. 제자백가의 학문에서 유교문화, 불교문화의 전승 등 지구촌에서 지혜와 지식분야에서 최강대국이다. 도광양회(韜光養晦)란 자신의 재능을 밖으로 드러내지 않고 인내하면서 기다린다는 뜻의 고사성어로 중국 사람들이 은밀히 감춘 비수의 칼날 같은 핵심지략이다.

유비가 조조의 식객으로 있을 때 일이다. 조조의 부하들은 한사코 유비를 죽여서 후환을 없애야 한다고 간언했다. 이에 조조는 유비의 그릇과 야심을 알아보기 위해 유비를 시험해 보기로 했다. 조조는 어느 날 한가로이 밭농사를 짓고 있던 유비를 불러 함께 술자리를 했다. 이런저런 환담을 나누던 중 조조는 유비에게 큰 소리로 "천하의 영웅은 그대와 나 단 둘 뿐이네."라고 말했다. 유비는 이 말을 듣자마자 화들짝 놀라며 숟가락을 떨어뜨렸고, 때마침 천둥 번개가 치자 식탁 밑으로 숨으며 무서워했다. 조조는 유비의 우스꽝스러운 모습에 유비에 대한 경계심을 단박에 풀었다. 하지만 이것은 유비의 치밀한 계략이었다. 만약 이때 유비가 조조 앞에서 의연히 대했다면 분명 유비는 조조에게 목숨을 잃었을 것이다.

위기를 넘긴 유비는 실력을 기를 때까지 도광양회하면서 때를 기다렸다. "수 년 동안 곤궁함이 있었는데, 옛 산천을 대하니 헛짓거리였구나. 용이란 내가 어찌 연못 안에서만 있겠는가. 천둥치고 번개가 일 때 반드시 하늘을 날아오르리라."라며 천하통일의 큰 뜻을 품었다. 훗날 유비는 조조와 중원의 패권을 다투게 되었고 적벽대전에서 조조를 크게 물리쳤다.

도광양회는 과거 덩샤오핑 시절 중국의 대외정책을 가리키는 표현으로 자주 인용하기도 했다. 덩샤오핑은 대외적으로 불필요한 마찰을 줄이고 내부적으로 국력을 발전시키는 것을 외교정책의 기본으로 삼았는데, 이를 '도광양회'라고 표현했다. 이런 정책은 당시 서구 열강들에 대항할 만한 국제적 위상을 갖추지 못한 중국의 처지에서 매우 현실적인 방법론이었으며, 이후 1990년대 고도 경제 성장을 통해 중국이 오늘날과 같은 위상에 오르는 데 중요한 구실을 했다.

이후 중국은 국제사회에서 자신의 위상에 걸맞은 역할을 하기 위해 화평굴기(和平屈起)를 새로운 대외 정책의 방향으로 정했다. 평화롭게 국제사회의 강대국으로 부상한다는 뜻으로 후진타오가 새롭게 추진하는 외교전략이다.

한편 2004년 3월 14일에는 제10기 전인민대표대회에서 '의용군 행진곡'을 정식 국가로 지정했다.

"일어나라! 노예가 되기를 원치 않는 사람들이여! 우리의 혈육으로 새로운 만리장성을 세우자! 중화민족에 가장 위험한 시기가 왔을 때, 억압받는 한 사람마다 마지막 함성을 외친다네. 일어나라! 일어나라! 일어나라! 우리의 하나같은 마음으로……."라는 국가의 구절처럼 세계를 향해서 나가고 있다.

제갈공명의 비단 주머니

손권의 휘하에 있던 주류가 유비를 사로잡고자 미인계를 썼다. 손권의 여동생을 유비와 결혼시키겠다고 청했다. 유비는 술책이라고 생각하고 여러 장수들과 의논했다. 그러나 제갈공명은 "좋은 기회입니다. 무슨 일이 있겠습니까?"라고 주선했다. 제갈공명은 조운 장군에게 비단 주머니를 주며 그 안에 메시지 3개를 적어줬다. 조운은 제갈공명이 시키는 대로 적진에 들어가기 전에 첫 번째 메시지를 봤다. '결혼에 대해서 소문을 내어라' 적힌 대로 소문을 내어 손권의 어머니까지 알게 되었고, 딸을 그렇게 이용할 수 있느냐고 노발대발하였다.

두 번째 메시지는 '손권의 어머니 대면하고 승낙을 받아내라.'였다. 그래서 유비는 직접 손권의 어머니를 알현하고 설득했다. 손권의 어머니는 유비의 말을 듣고는 넘어가 딸을 주고 결혼을 시켰다. 그런데 문제가 생겼다. 신혼 재미에 푹 빠진 유비가 도통 귀국을 하려고 하지 않았다. 하는 수 없어 조운은 마지막 메시지를 뜯어봤다.

'조조가 촉나라를 침입한다는 전갈이 왔다.'라는 메시지가 적혀 있었다. 손권이 유비에게 알리자 유비는 그길로 짐을 싸서 돌아왔다. 이렇게 하여 호랑이 굴속에 들어가서 보석 같은 아내도 얻었고, 조조군대와 맞서는 우방(友邦)까지도 동시에 얻었다.

중국인의 지략을 엿볼 수 있는 속담

이런 지략들이 중국인들의 머릿속에 숨어 생활 속에 녹아내리고 있다. 특히 그들의 속담 속에서도 강물처럼 흘러 내리고 있다. 인생의 지혜에 관한 속담으로는 '지혜로운 사람은 순리에 따라 도모하나 어리석은 사람은 이치를 거슬러 움직인다', '바늘귀가 두 개인 바늘은 옷을 깃지 못하고, 마음이 갈래, 뜻이 두 개인 사람은 일을 이룩하기 어렵다', '사람의 옷을 보고 판단하지 말고, 심장을 보고 판단하라', '보리는 높은 곳에 내걸지만, 배포는 광활한 곳에다 펼쳐라', '맑은 날에 물세는 것을 보수하고 목마르기 전에 먼저 우물을 파라', '얼굴을 화장하기 보다는 먼저 마음과 가슴을 채워라', '보검은 잘 갈아야 잘 들게 되며, 매화는 매서운 추위를 견뎌야 향기가 난다.'

말에 대한 속담으로는 '따뜻한 말 한 마디는 겨울 삼동 따뜻하며, 차가운 말은 반년을 차갑게 한다', '머리는 술이 과하면 해가 되고, 사람이 말이 많으면 해가 생긴다', '사람이 어려움에 처했을 때는 불필요한 말을 보태지 말고, 언덕에 서 있는 말에게 채찍을 때리지 말라', '먼 길을 가면 말의 힘을 알고, 세월이 흘러야 사람의 마음을 안다.'

신중함과 겸손함에 대한 것은 '새도 세 번 돌아보고 난 뒤에 날아가니 사람은 '세 번 생각하고 행하라', '부자라고 으스대지 말고 빈곤하다고 뜻을 꺾지 말라', '돈 있다고 낭비하지 말고, 공이 있다고 교만하게 자랑하지 말라', '하늘은 스스로 높다고 말하지 않으며, 땅은 스스로 후덕하다고 말하지 않는다', '큰 바다는 물방울을 보고 비웃지 않고, 태산도 작은 돌덩이를 보고 조소를 짓지 않는다.'

배움에 대한 것으로는 '배운다는 것은 물을 거슬러 가는 것과 같아서 나가지 않으면 곧 바로 뒤로 밀린다', '글은 산에 있는 길과 같아서 부지런히 가야하고, 배움은 바다와 같이 끝도 없으나 배는 수고를 아끼지 않아야 한다', '한 가지 일을 경험하지 못하면 한 가지 지혜를 짧다', '가는 실로 나무를 톱질하면 끝내 나무는 잘리고, 낙숫물도 댓돌을 끝내 뚫는다.' 등이 있다.

7장

대마도,
한국이
일본을 볼 수 있는
창구멍

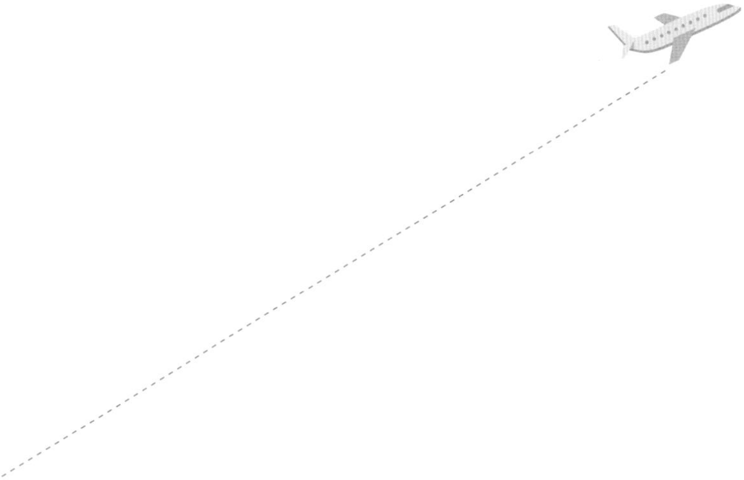

'네 탓' 수렁에서 탈출하라

지난 2015년 4월 29일 일본의 아베 신조 총리가 세계의 지성인들이 모인 하버드 대학에 이어 미국 상하의회 의원들의 환호 속에서 연설을 했다. 아시아에선 종군위안부 등 식민지침략에서 대한 사과를 기대하였으나 일언반구도 없었다. “아베의 사과는 미국인들에 대한 사과뿐 아시아인들에게 대한 것은 아니다.”라는 외교전문가들의 평가가 나왔다. 사과 한 마디가 그렇게 어려운가 싶지만 그들은 오히려 적반하장이다. “자신들이 나라 하나도 못 지켜 침략당해 놓고도 개발시킨 공로 하나 없이 사과하라니”라는 것이 일본국민여론의 주류다.

국제적 혹은 정치현안의 물꼬를 돌리기 위해 사과의 수단이 필요할 때가 있다. 과거에 대한 집착에서 미래지향으로 급선회해야 할 당면과제가 있으면 일방이 혹은 쌍방이 사과해야 한다. 그보다 작은 규모의 국내 정치상황을 보아도 사과받기는 쉽지 않은 일이다. 여론에 떠밀려서 대통령이 대국민사과를 남의 이야기를 하듯이 '유감이다' 혹은 '송구하다'라는 용어를 써 사과 같지 않은 사과를 하는 것을 보면 알 수 있다. 국민들은 '유체이탈 화법'이라고 비난하며 반성과 개선의 의지가 전혀 없어 보인다고 평가하고 있다.

역사상 국왕들은 대국민사과를 활용하여 정국을 뒤집고 때로는 혁신의 계기를 마련했다. 사과를 포커게임에 비유하면 '카드의 패를 다시 섞는다'는 뜻의 리셔플(reshuffle)에 비유할 수 있다. 천재지변, 개혁정책의 과오 등에 대해 국민들에게 이해를 구하고 반성과 개선을 약속하는 의미에서 대국민사과는 막판뒤집기 수단으로 활용되었다. 기원전 1,600년경 은나라 탕왕은 죄기조(사과문) 6개 죄목으로 정치를 고르게 못했고, 백성들에게 일자리를 마련하지 못했으며, 궁중의 사치와 호화로운 생활을 일삼은 점, 측근의 청탁과 뇌물을 받은 점 그리고 참소하는 사람이 많은 점 등을 제시하며 반성과 개선을 약속했다.

중국의 기록에 의하면 한나라 무제(武帝)에서 청나라 말기 신해혁명까지 죄기조(대국민사과)를 한 국왕은 무려 79명에 달한다. 죄기조에 대해 한나라 동중서(董仲舒)는 천인감응설(天人感應說)을 체계화했다. 국가의 재난에 대해 하늘이 국왕을 견책하려는 것이며, 국왕이 자책하지 않으면 하늘이 그를 교체한다는 역성혁명의 논리를 전개했다. 국왕은 대국민사과를 하고 말로 끝내는 것이 아닌 반드시 반성적 언행과 생활을 했다. 피전(避殿, 외궁에 들지 않음), 감선(減膳, 음식과 반찬을 줄임), 철악(撤樂, 향음과 사치를 금지), 수성(修省, 수양과 반성) 등을 이행하였다.

그런데 오늘날 지도자들은 자신의 잘못부터 사과할 생각은 않고 남을 책망하기에 더 바쁜 것 같다. 이를 두고 『근사록』에서는 "성인은 자기를 책망해 남을 감동시키는 것이 많고, 남을 책망해서 자기를 변명하는 것은 적다."고 했다. 『명심보감』에서도 "사람은 남을 탓할 때는 그렇게 분명하면서도 자기의 잘못에 대해서는 얼버무리고 있다."라는 말이 있다. 이런 논리라면 우리나라 지도자는 대국민사과부터 잘 해야 비로소 일본에게 역사적 사과를 요구할 수 있을 것이다.

네 탓 타령의 수렁에 빠진 대한민국

우리 속담에 '잘 되면 내 탓, 못 되면 조상 탓'이라는 말이 있다. 최근에는 온 국민이 '네탓니즘(네 탓+이즘)'에 빠져 있다. 정치인들이 상대정당을 비방하는 일은 늘 있어왔지만 이제는 국가지도자까지 '네 탓'타령만 하고 있으니 문제다. 진정한 의미에서 일본의 식민지침략에 대한 사과를 요구하기 전에 베트남전쟁에 5만 병력으로 본의 아니게 짓밟은 인권에 대한 자성도 있어야 할 것이다. "내 탓이오, 내 탓이오. 내 잘못입니다."라는 마음가짐으로 자성과 사과를 한다면 베트남전쟁에서 그들의 가슴에 남긴 상처를 조금은 아물게 할 수 있을 것이다. 한때 '내 탓이요'라는 사회적 캠페인이 전개된 적도 있다. "형제들에게 고백하오니, 생각과 말과 행위로 죄를 많이 지었으며, 자주 의무를 소홀히 하였나이다. 제 탓이요, 제 탓이요, 저의 큰 탓이옵니다."라는 자성이 필요하다.

사과는 진정성이라는 지렛대가 있어야 상대방의 마음을 움직일 수 있다. 때때로 사과는 뒤집기의 마력을 발휘한다. 따라서 사과를 하는 것은 진심, 역지사지, 절차, 모양새, 타이밍 등의 종합심리마술이다. 일반적으로 사과의 내용에는 과오에 대한 구체적인 적시가 있어야 한다. 잘못에 대해 자성하는 모습을 보여야 한다. 더 나아가서 반성에 대한

근신, 자숙, 생활에 대한 구체적인 행동계획을 밝힌다. 또한 과오에 대해 재발방지를 위해 세부적으로 약속한다. 이에 대한 실행과 결과를 동시에 약속한다. 사과에 대한 약속이행과 결과를 알려야 비로소 사과를 마무리하는 것이다. 사과를 할 때 구체적인 과오의 적시가 없거나, 자신의 행동에 대한 책임과 구체적인 개선사항이 없으면, 혹은 재발방지의 보장책이 없다면 진정성 있는 사과로 받아들여지지 않는다. 사과 내용에 핵심은 과오에 대한 반성, 책임을 통감하고 개선을 약속, 그리고 상대방의 상처에 대한 치유다.

사과는 내용보다도 타이밍, 절차, 장소 및 방법이 더 중요한 경우가 많다. 특히 사과의 타이밍을 놓쳐서는 받는 사람도 '엎드려 절 받기 모양새'로 자존심을 더욱 상하게 한다. 절차, 형식, 방법 혹은 장소 등에 대해서는 국가, 사회, 문화, 종교, 지위 등에 따라 달리한다. 사과의 만족도를 높이기 위해서는 상대방이 원하는 바에 따라야 한다. 사과는 어떤 의미에서는 명분상으로 승패를 뒤집을 수도 있다. 강자의 사과요구는 '속 좁은 사람'이 되거나, 대의명분을 상실하여 '전투에 이기고 전쟁에 지는 꼴'을 당한다.

제2차 세계대전을 야기해 패전국이 된 독일은 600만 명의 유태인 학살에 대해서 1951년 9월 27일 아데나워 총리가 공식적으로 사과를 했다. 수차례 이스라엘 국회, 수용소 등에서 책임성 있게 국가지도자가 공개사과를 해왔다. 이에 반해 같은 식민지침략전쟁을 했던 일본은 주변국가에 대해서 진정한 의미의 사과를 하지 않았다. 한일관계와 중일관계에 불협화음으로 국력을 낭비하고 있다. 일본은 1965년 한일국교정상화협정을 하였고 보상을 하였다고 한다. 일본은 사과라는 용어보다

양심가책(remorse)을 선택해 표현하고 있다. 보다 못한 일본작가 무라카미 하루키는 "사과란 사과 받는 상대방이 '이제 그만 됐습니다.' 라고 할 때까지 해야 한다."라고 자국의 국가지도자들에게 일격을 가했다.

사실 일본은 섬나라이기에 과오를 범하면 피신하여 살 곳이 없다. 반드시 화해하거나 사과를 해야 했다. 그래서 화해의 축제와 사과문화는 지구촌에서 일본이 가장 발달되었다. 『위지왜인전』에는 사마태국의 벽화 등을 인용하여 '깊이 사과하는 큰 절'을 소개하고 있다. 상대방을 향해서 두 손은 모우고 바로 보며 절을 올린다. 이때 머리가 땅에 닿도록 깊이 절을 올린다. 받는 사람이 알았다는 낌새를 줄 때까지 예를 표시했다. 평민이 귀인(고위층)에게 이렇게 예의를 드렸다. 에도막부 이후에는 사과의 예의로 땅에 엎드려 조아렸다. 한편 우리나라는 '세 번 땅에 무릎을 꿇고 아홉 번 머리를 조아림'라는 굴욕의 항복의식을 청나라에 했다. 티베트에선 오체투지참배 등으로 변형되어 참배, 존경 혹은 사죄의 예로 활용되고 있다. 심지어 '머리를 조아리다(kowtow)'라는 단어가 18세기에 영어사전에 등재되었다.

넋 놓고 있으면 쥐도 새도 모르게 당한다

일본은 문화의 우월성과 지배를 주장하여 식민지침탈의 정당성 부여에 골몰해왔다. 황국신민의 내선일체를 정당화하기 위해서 체계적이고 장기적 작업을 추진해왔다. 대표적인 프로젝트가 임나일본부설과 황국신민사관을 한국사에다가 일본고유의 색깔을 입혀 왔다. 일제침략기에 주도면밀하게 하였기에 아직도 식민지사관이 우리 역사에 많이 남아있다. 참으로 한심한 건 일본의 의도된 분장을 바로잡아야 하는데 정설이 아니다 혹은 진보성향이라는 빌미로 고수하고 있다는 점이다.

먼저 임나일본부(任那日本府)란 기원전 562년에서 기원전 369세기까지 193년 동안 가야(임나)에다가 야마토의 지배기구를 세워서 백제, 신라 및 가야를 통치했다는 설이다. 이를 두고 조선국의 남부를 직접 경영하였다는 게 남선경영이다. 이 같은 연구는 17세기에서 19세기에 거쳐 지금까지 체계적으로 연구되고 있다. 문헌고증에 의한 정설에 뿌리를 두고 있는 것이 아닌 일본에 있는 설화, 전설 혹은 유적을 기초로 역사적 상상의 날개를 펼치고 있다. 메이지유신을 기하여 정한론으로 발전하였다. 이는 식민지침략의 정당성을 부여하였다. 나아가 대동아공영의 대의명분으로까지 확장되었다. 대동아공영이란 제2차 세계대전 당시 일본이 아시아의 여러 나라를 침략하며 내세운 정치 명분이다. 대동아는 동아시아에 동남아시아를 더한 지역을 가리키는 말로, 겉으로는 '한국, 중국, 만주국 등 아시아가 협력해서 하나가 되면 서구세력에 맞서서 평화를 지킬 수 있다' 라는 선전으로, 실상은 서구 세력 대신 일본이 아시아를 다 지배하려는 속셈이다.

일제침략기에는 일본과 조선의 역사적 뿌리는 같다는 일조동조론(日朝同祖論)을 만들어냈다. 그래서 일본은 외침으로부터 조선을 보호해줘야 한다고 주장했다. 1930년에는 더 나아가서 천황의 통치 하에 있는 사람들은 비록 서로 다른 민족이라 할지라도 한 가족으로 생각하여, 천황을 섬기는 하나의 민족과 국가를 만들자는 황국신민론으로 극치에 도달했다. 끝내 미쳐도 단단히 미친 모두가 일본이 되자는 내선일체

(內鮮一體) 통합을 외쳤다.

이들의 이론적 근거는『일본서기』에 적힌 내용으로 진구황후가 파견한 왜군이 기원전 369년에 한반도로 건너와 7국4읍을 점령, 임나지역에 일본부를 설치, 기원전 562년에 신라에 의해 멸망, 1880년에 발견한 광개토왕 비문에 신묘(AD 391)년 "왜가 바다를 건너와 백제, 임나와 신라 등을 격파하고 신민으로 삼았다."라고 해석을 제시하고 있다. 남조(송제양)의 기록에서 왜왕이 "왜백제신라임나진한모한제군사왜국왕(倭百濟新羅任那秦韓慕韓諸軍事倭國王)"이라는 관직을 요청하였으나 송나라에선 백제를 제외하고 나머지 지역에 지배를 인정해 칭호를 내렸다. 이를 인정하여 백제가 야마토정부에 칠지도를 바쳐 오늘날 이소노카미신전에 보관하고 있다는 주장이다.

식민사관은 19세기말 동경제국대학에서 시작되어 진구황후의 신라정복설, 임나일본부설, 한국역사가 만주에 종속된다는 만선사, 한국경제를 일본의 고대촌락경제수준으로 보는 고촌경제론, 정한론, 일선동조론, 정체성론, 타율성론이 대표적인 식민사관의 토대를 정립하였다. 정체성론은 정치적, 사회적 변화를 겪으면서 정체성이 없는 사대주의, 붕당 등으로 사회경제적 낙후성을 면하지 못해 일본이 보호해야 한다는 것이다. 타율성론은 주체적 역량을 전개하지 못하여 중국, 몽골, 만주, 일본 등 주변외세의 간섭과 힘에 좌우되어 왔다. 중국 등의 식민지 지배에 출발하였기에 타율적이고 반도적 사대주의가 자리 잡고 있다는 주장이다. 이외에도 문화수준이 낮아서 당리당략의 이익을 챙기고자 파벌로 싸움하여 당쟁과 사화를 일삼았다는 당파성론이 있다. 이런 식민사관을 역사에 녹여낸 1922년 조선사편찬회, 1925년 조선사

편수회를 통해서 1937년에는 『조선사』 37권을 발간하였다.

한국 미래사에 최면을 거는 일본이라는 나라

일제는 한국과거사에 자기고유의 분칠을 하는 데 성공하였다. 8.15광복이 된 지 70년이 지났지만 많은 지식인들이 을사보호조약, 국민, 복명서 등의 용어를 자신도 모르는 사이 사용하고 있는 것을 보면 '식민사관 100년'의 건재함을 보여주고 있다. 일본이 조선을 외침으로부터 보호한다는 의미에서 1905년에 체결한 을사늑약을 우리는 을사보호조약이라고 한다. 황제의 나라 일본(皇國)에 신하되는 조선백성(臣民)이라는 즉, 황국신민의 준말로 국민(國民)이라는 용어를 버리지 않고 여태까지 사용해왔다. 단 1996년 3월 3일 국민학교를 초등학교로 개칭하는 정도에 그쳤다. 아직도 우리의 지도자들은 백성이나 인민은 북한의 용어이고, 국민이 우리나라 말이라고 선호하고 있다.

이렇게 자신도 모르는 사이 우리의 역사와 정신은 일본에 의해서 최면에 걸려왔다. 미워하고 욕하면서도 인정해왔다. 아직도 일본은 과거역사에 일본침략의 합리화로 미개국개발이론을 제시하고 있다. 식민사관을 보다 튼튼하게 다지고 일제침략시설을 세계문화유산에 등재하는 등 공고화하는 작업을 진행 중이다. 역사적 사록에 관해서도 확충과 보완을 지속적으로 추진하고 있다. 현재 일본은 과거의 분장작업과 동시에 미래사 만들기 작업에 혈안되어 있다. 아무리 허위 사실이라도 역사유물, 기록관, 관련행사 등을 통해 역사 만들기에 여념이 없다. 또한 미래역사에 대해서도 끊임없는 물밑 작업을 벌이고 있다. 잘못된 한국역사에 대한 정보를 지구촌 곳곳에 뿌리고 다니면서 정설 혹은 주류로

형성하고 있다. 단적인 예로 웹사이트 상에 '독도가 한국영토'라는 정보보다 '다케시마가 일본영토'라는 정보가 10배 이상 많다. 일본정부의 공식적 홈페이지에서도 다케시마가 일본영유권임을 일관하는 국가공식입장을 게시하고 있다.

일본은 한국의 미래 특히 한국역사와 정신(혼)에 최면을 걸고 있다. 낙숫물로 댓돌을 뚫는다고 했다. 거짓말이라도 백 번을 반복하면 사실이 되고, 천 번을 하면 사상이 되며, 만 번이면 역사가 된다고 했다. 일본은 지금 병법36계의 차시환혼(借屍還魂, 시체를 빌려 영혼을 찾아온다는 뜻으로, 이용할 수 있는 것은 무엇이나 이용을 해서 뜻하는 바를 실현시키는 것을 말함)과 삼인성호(三人成虎, 세 사람이 호랑이를 만듦. 즉 거짓된 말도 여러 번 되풀이하면 참인 것처럼 여겨짐) 전략을 진행 중이다. 지금까지 우리는 알면서도 대응하지 않았다. 앞으로도 대응할 생각도 행동도 보이지 않는다. 이런 상황을 지속한다면 계속 당할 수밖에 없다.

히틀러 독재 당시 파울 괴벨스(Paul Joseph Goebbels)뿐만 아니라 그 이후 공산독재를 가능하게 한 스탈린, 마오쩌둥 등의 정치선전은 거짓말도 계속하면 사실이 된다는 것을 입증한 역사의 산물이다. 일본은 지금 이 순간에도 한국의 미래에 '괴벨스의 마법(Goebbels' Magic)'을 걸려고 수단과 방법을 가리지 않고 있다.

두 번째로 일본은 전설, 소설, 영화 등의 역사적 소재가 있으면 이를 밑천으로 해 정신(혼), 의미, 유적 및 역사를 보완하여 살려낸다. 한국사관련 시체라도 있으면 이를 빌려서 영혼을 불어넣으려 든다. 한국인의 징병과 징용의 참혹한 현장인 해저탄광까지도 근대산업시설로 유네스코(UNESCO)에 등재하고 있다. 현재까지는 일제침략의 징용현장이지만, 머지않은 미래에는 조선의 산업근대화를 위해 산업역군육성의 실습현장 혹은 아시아의 공동번영을 위한 외국인교육현장으로 인류발전에 기여한 산실이 될지 모른다. 종군위안부 시설은 한국인들이 사회적 약자인 여성을 일본군에게 인신매매했던 잔혹한 역사현장으로 탈바꿈할 것이다. 뿐만 아니라 무능한 조선정부는 여성의 인신매매까지 방조했다는 왜곡도 얼마든지 가능하다. 일본은 자신들이 쓴 소설의 주인공을 살려서 동상, 역사유적과 한국사의 왜곡을 시도하고 있다. 현재 일본 내에서만 300여 곳에 다케시마연구소가 있다. 그 연구 결과물이 온라인과 오프라인에서 무료로 제공되고 있다. 독도에 관련하여 역사 교과서에도 올렸다. 두말할 것도 없이 세계적 관광, 캐릭터 및 예술작품에까지 활용하여 왔다. 머지않아 번복할 수 없는 미래역사가 될 것이다. 반면 우리나라에는 번번한 독도연구소 하나 없다. 유사시에 궐기대회 혹은 지방대학의 국제학술대회 개최가 고작이다.

독도를 향한 일본의 야심은 치밀한 계획 아래 펼쳐지고 있다. 마지막으로 지구촌 모두가 인정하도록 그들은 세계 공용어인 영어로 저술해 웹사이트 등에 올리고 있다. 온라인은 물론 오프라인에서도 각종정보를 제공해 주류를 형성하고 있다. 세 사람 이상이 말하면 없는 호랑이도 만들어 낸다는 삼인성호(三人成虎)의 전략을 구사하고 있다. 거짓말은 한 문장이면 충분하지만 이를 반박하는 데는 수십 장의 문서와 증거가 동원되어도 변명이 되기 쉽다. 그때 당시 하지 않으면 기정사실이 되어버리기에 나중(미래)에는 홍수를 막는 것처럼 손을 놓을 수밖에 없게 된다. 현재 검색사이트 구글을 통해 검색하면 물량 면에서도 다케시마(竹島, Takeshima)가 독도(獨島)의 10배는 된다. 질적인 면에서도 우리나라의 정보는 개인의 의견, 댓글(반박 혹은 답변)에 불과하고 정부차원에서 공개한 전문적인 연구결과물은 한 건도 없다.

과감하게 도전하라

일본 사람의 특징은 한 마디로 일본 속담처럼 '비오는 날 비질한다.'는 민족이다. 비오는 날은 날이 흐려 평소보다 게으름을 부리기 십상인데 일본인은 오히려 비가 오니 비질을 해도 먼지가 날리지 않으니 얼마나 좋으냐며 부지런을 떤다. 이렇게 평소 최악을 대비했다가 실제로 최악의 상황이 닥치더라도 뒤집어 최선을 만드는 국민성을 가지고 있다. 2006년 세계야구클래식(WBC)에서 우리나라가 2:0, 3:2로 일본을 2번이나 격파했다. 일본의 우승확률은 30만분의 1도 안 되었다. 그러데 3차 한일전에서 0:6으로 우리가 완패 당했다. 일본은 여세를 몰아 우승했다. 위기일수록 뭉치고 최후의 일인까지 끝을 장식한다. '끝이 좋아야 다 좋다.'는 독일 속담을 실행하고 있다.

2011년 3월 11일 후쿠시마 원자력발전소 방사능유출사고 발생에도 국민들은 흥분은 고사하고 도리어 냉정했다. '나 일본인이기에 행복해.'라는 포스터가 일본 전국 신사에 나붙었다. 유명여배우의 사진으로 차분히 미소 짓는 모습은 지구촌을 놀라게 했다. 그러나 위기 때에는 평소에 볼 수 없는 모습으로 머리띠를 두르고 극단적인 행동을 한다. 자살특공대처럼 상상을 초월하는 행동까지 서슴지 않는다. '유능한 독수리는 발톱을 감춘다.'는 일본 속담처럼 평소엔 속셈을 감추고 있다.

이런 일본인의 정신적 배경이 되는 인물이 있다면 아마도 에도막부 시대 메이지유신의 정신적 지주가 된 사카모토 료마를 들 수 있을 것이다. 그는 1836년 1월 3일에 태어나서 1867년 12월 10일에 세상을 떠난 전설과 같은 사람이다. 그의 삶은 한마디로 풍운아의 삶이었다. 그는 죽어서도 일본사람들의 정신세계에 영향을 미치며 살아있음을 과시하고 있다. 시바 료타로의 소설 『료마가 간다』는 1962년부터 1966년까지 신문에 연재되었다가 텔레비전 방송연속극으로도 방영되었다. 내용을 간추려보면 주인공인 료마는 고시(하급무사) 가문에서 태어나 어릴 때는 멍청이로 불릴 정도로 아둔했으나 커가면서 검술에 재주를 보여 검술의 달인이 된다. 이후 사업가로 무역회사와 정치조직을 겸한 가메야마조합(가이엔타이 개칭)을 결성하였다. 또한 삿초동맹을 알선하였으며, 대정봉환을 정립하였다. 이어 에도막부를 타도했고, 메이지 유신에 영향을 크게 주었다. 끝내 그는 대정봉환 1개월 후 교토의 오미야 여관에서 암살당해 일생을 마쳤다.

료마는 기지가 뛰어나고 대담한 인물이었다. 그런 그의 성향은 무역회사를 시작하여 첫 출항에 그의 배가 기슈번의 배와 충돌한 이야기에서 가늠해 볼 수 있다. 선원은 무사했으나 배는 침몰되었다. 기슈번은 도쿠가와 이에야스의 후손으로 정지적 배경이 단단했다. 이에 반해 가이엔타이 해운회사는 무소속 무사집단에 불과했다. 권력으로 따지면 '코끼리와 쥐'에 비유되었다. 이런 위기에 료마는 손을 놓고 있을 리 없었다. 먼저 세상의 이목을 집중시키고자 노래를 지어 항간에 유포하였다. "배를 침몰시킨 보상은 돈으로 받지 않고, 영지로 받았다네. 요사코이 영지를 받아 귤을 먹겠네, 요사코이, 요사코이"간절한 소망의 기도문이었다. 공정한 재판을 위해서 '만국공법'으로 국제재판을 해야 한다고 주장했다. 교섭하는 여관에 미리 무장한 직원을 배치시켜 "료마, 뭘 우물쭈물해. 넌 멍청이야! 기슈번의 땅을 통째로 먹어버리면 되잖아."라고 시위하게 했다. 침몰한 배에 있었던 상품은 당시 최고의 귀중품 소총 400정이라고 주장했다. 그는 상대방이 상상조차 할 수 없었던 것을 해내었다. 그 보상금으로 오늘날 미쓰비시(Mitsubishi) 그룹이 탄생했다.

그는 쇄국과 개화의 과도기에 과감한 결단력으로 일본인들에게 큰 영향을 끼쳤다. 사카마토 료마는 "무엇이든지 과감하게 도전하라. 어느 쪽으로 넘어져도 인간은 길 위에 구르는 한낱 돌멩이와 같다. 최후엔 재가 되어 생을 마친다. 그러니 과감하게 도전하라."라고 자주 말하곤 했다. 누구나 태어난 이상 언젠가는 죽는다. 어차피 죽을 것인데 왜 태어났을까? 세상에 태어나는 이유를 각자가 찾아가는 과정이 삶이라고 했다.

떠오르는 태양

메이지유신으로 축적된 힘을 밖으로 분출하고자 하는 지식인들 사이에는 정한론이 팽배하였다. 로마의 신화를 복사하여 일왕을 '태양여신 아마테라스의 자손'이라는 태양신 숭배로 신화를 조작하였다. 이에 부응하고자 일본을 '떠오르는 태양의 나라(旭日昇天國)'라는 의미에서 욱일승천기(旭日昇天旗) 혹은 욱일기(旭日旗)로 1870년 5월에 국가의 상징으로 정했다. 가운데 붉은 원은 태양, 줄무늬는 사방으로 뻗는 햇살로 '떠오르는 태양'이라고 의미를 부여하였다. 이것은 군국주의의 상징으로 활용되었다. 1889년까지 일본 천하에 펄럭거렸다.

한편 태평양 전쟁 당시 '대동아공영권'을 주장할 때는 '대동아기'라고도 했다. 기세가 등등하였으나 1945년 8월 15일 일제 패망과 제국군대가 해산되었다. 욱일기와 기미가요는 금지되었다. 1947년 5월에 새로운 평화헌법을 제정하였고, 1954년 자위대를 창설하였다. 사실상 군대와 욱일기는 부활했다. 1999년 8월 13일 '국기와 국가에 관한 법률'제정에 따라 일장기과 기미가요가 공식적으로 국기와 국가로 지정되었다.

1992년에 미국작가 알프레드 크노프(Alfred A. Knopf)의 소설 『떠오르는 태양』이 베스트셀러로 판매됨에 따라 1993년 영화로 제작되어 상영되었다. 미국과 일본의 문화, 일본회사의 기업전략, 직장인으로서 마인드세트 등의 차이에 의해 백인여인이 살해되는 사건이 LA 일본회사에서 발생한다. 경찰관 웨브 경위가 수사에 나섰다. 알 수 없는 지시에 의해 코너라는 일본인과의 긴밀한 관계가 있는 신비한 인물이 나타난다. 양파껍질처럼 파고들수록 깊이 빠지는데 끝내 고대 일본의 야쿠자 세계와 초현대적 세계가 전개된다. 첨단기술을 가운데 놓고 미일양국 간의 투자유치의 치열한 경쟁이 겉으로 들러난 일면을 담고 있다.

미국 대통령 바락 오바마는 지난 2015년 4월 29일 아베 신조 일본총리를 환영하는 만찬장에서 '조화로운 감정'라는 하이쿠를 읊었다. 미일신밀월관계를 열었다는 평가를 받았던 건배사였다. 보다 가까워진 미일방위협력지침에 합의해 미일동맹이 평화유지활동과 해상안보, 병참지원 등 일본법과 규정에 부합되었다. 아베 총리는 제2차 세계대전으로 "미국에 끼친 피해에 대해 일본과 일본국민을 대표해서 깊이 고개 숙여 절을 올린다."라는 말과 함께 고개를 숙였다. 한국과 중국에 대해서는 "자본과 기술을 헌신적으로 쏟아 그들의 성장을 뒷받침했다."고 강변했다.

한편 이와 같이 군국주의 일본은 약자에게 비열할 만큼 강함을 보여주고 있다. 이에 대하여 자성을 촉구하는 일본 지성인들도 있다. 『로마인 이야기』를 쓴 일본출신 작가 시오노 나나미는 "최근 일본경제의 활력이 떨어지는 것은 고령화 때문이 아니다. 사회지도층의 정신자세가 문제다. 떠안고 가야 할 것은 어떤 희생을 치르더라도 그렇게 하겠다는 각오가 있어야 한다. 지도층이 그렇지 않는 게 문제다."라고 일침을 가하고 있다.

"일본의 지도자들은 1980년대부터 경제적 번영을 누리면서도 세계 운명의 일익을 일본이 맡겠다는 기개가 없었다. 이 같이 한 발 뒤로 물러서는 자세가 사회에 전파되고 말았다."고 말하며 『일본인에게 : 국가와 역사』라는 저서를 통해 쓴 소리를 했다.

덧붙여 "일본이 침략전쟁을 저질렀다. 아니다. 하는 논쟁은 무의미하다. 일본이 패망했다는 사실 하나로 그 전쟁이 침략으로 간주된다."라고 말했다. 덧붙여 "위급할 때에 철석같이 믿었던 동맹국이 도와주지 않으면 일본은 국제적으로 고립당할 우려가 있다.

석유도 나지 않고, 민주화도 필요 없는 일본을 지켜주려고 미국이 자국의 젊은이들을 희생시키는 데 흔쾌히 나설 리가 없다. 두 번 다시 지는 싸움을 하지 않으려면 우리 스스로 우리를 지켜야 한다."라고 고언을 서슴지 않았다.

문제가 없다는 게 가장 큰 문제다

『적극적 사고방식』의 저자 노르만 빈센트 필(Norman Vincent Peale) 박사 사무실에 어느 날 한 젊은이가 다 죽어가는 모습을 한 채 방문했다. 그는 필 박사의 옷자락을 꼭 잡고 간절히 애원했다. "내가 감당하기엔 너무 버거운 일입니다. 꼭 도와주세요."라고 간곡하게 도움을 요청하여 뿌리칠 수도 없었다. 옷자락을 잡은 손을 꼭 잡고 뉴욕 교외에 있는 프레스톤 공원에 있는 공동묘지에 갔다. "여기 보게나. 이곳에 누워있는 사람이 15만 명이라고 하는데 문제를 갖고 있는 사람은 단 한 사람도 없다네. 뒤집어 말하면 살아있는 사람은 누구나 문제를 갖고 있다네."라고 했다. 한 묘지에는 "네 손으로 해결해야 할 문제가 산더미처럼 많다고 절대 울지 마라. 언제나 웃어라. 언젠가는 모든 문제가 해결될 것이다."라고 적혀있었다. 박사는 묘지를 하나 더 보여주겠다며 구석으로 청년을 끌고 갔다. 그 곳에는 "문제해결의 열쇠란 오늘의 힘으로 오늘의 문제에 부딪치는 거다. 내일이 되기 전에는 내일의 문제와 씨름을 시작하지 마라. 내일의 힘은 오늘 당신에게는 없다. 단순히 오늘에만 충실한 것이 문제를 푸는 열쇠다."라는 글이 적혀 있었다.

많은 사람들이 문제란 골치 아픈 것, 불필요한 해결과제 혹은 불행의 전주곡 같은 것으로 생각하고 있다. 그러나 문제란 숨을 쉬는데 필요한 공기와도 같다. 문제가 없이는 인간다운 삶도 없다. 문제없이 조용한 삶은 없다. 살면서 아무 근심도 걱정도 없기란 불가능하다. 공동묘지에 있는 사람들은 문제에서 벗어났지만 삶마저 상실했다. 문제란 참다운 삶의 포장이다. 우리가 소중한 사람에게 선물을 할 때는 귀중한 선물일수록 정성껏 포장한다. 또 남들의 시기를 받지 않도록 너무 화려하지 않게 포장한다. 이처럼 신도 축복, 행복, 성공 등의 소중한 선물을 줄 땐 반드시 문제로 포장을 한다. 포장지만 보고 집어던지지 말고 뜯어보아라. 음식이면 먹어보고, 책이면 읽어보며, 운동기구라면 단련하여 건강을 찾아라.

문제가 없는 것이 행복을 의미하지는 않는다. 어떤 의미에서는 큰 문제가 발생하기 위한 전조일 수도 있다. 다른 말로 바꾸면 문제가 없다는 것은 문제를 의식하지 못하거나 아예 무시하고 있는 것일 수도 있다. 중국의 정치인들은 '정무적 판단에서 문제로 생각하지 않으면 문제가 생기지 않는다'라는 문화를 가지고 있다. 당분간의 평온을 위해서 작은 문제는 덮는다는 것이다. 사실 근심걱정 등 문제라고 생각하는 것의 4%만이 현실에서 실제로 발생한다고 한다. 나머지는 마음의 환상에 불과하다. 96%의 문제는 해법을 갖고 있는 문제다. 시간만 지나면 저절로 해결되는 것들이다. 문제 안에 자동해법장치가 설치되어 있어서 스스로 소멸하는 것도 많다.

그러나 때로는 문제가 없다는 것이 큰 문제인 경우도 있다. 일반적으로 작은 문제 300개 이상, 중간 규모의 문제 29개가 발생한 후 대형사고가 1건 정도 발생한다는 하인리히의 법칙(Heinrich's Law)이 통용되고 있다.

대표적 대사건으로는 2009년 도요다 자동차(Toyota Motors)의 대량리콜사태를 들 수 있다. 도요다 자동차는 미국에서 급발진 결함으로 1조 2,000억 원의 벌금을 부과했는데도 문제를 발견하지 못했다. 이어서 2년 동안 2,500만 대 가량을 리콜하는 사상최대의 사건이 발생했다.

2013년 캐나다 도요다 공장에서는 '문제가 없다는 게 문제다.'라는 동영상을 제작하여 전 사원들에게 거듭나기를 강조하였다. 2013년 5월 27일 CBS에서는 〈문제가 없다고요. 예, 그것이 큰 문제입니다〉라는 프로그램을 방영한 적이 있다. 도요다자동차는 3년 만에 거듭나 다시 세계1위를 회복했다.

난제에 봉착한 그대를 위해

"천하의 난제가 아주 쉽게 풀린다. 천하에 가장 큰 일도 사소한 일로 망치게 된다."라는 노자의 말처럼 문제에 봉착해 있을 때는 첫째, 도움이 되는 책을 읽어라. 처음으로 하는 프로젝트나 과제를 해결하는 데 도움이 되는 책을 선배나 상사에게 추천해 달라고 해서 읽어라. 정답은 없어도 길은 있다. 최소한 방향 제시에는 도움이 된다. 서점에 가서 도움이 됨직한 책을 구입하여 읽어라. 그것도 아니면 전문사전 혹은 일반사전도 좋으니 펼쳐봐라. 개념정리나 핵심단어를 찾아봐도 큰 도움이 된다. 둘째, 뒤집어봐라. 일곱 살배기 어린 아들은 알파벳 하나 모르면서 찢어진 영자신문을 뒤집어서 뒷장의 그림을 보고 퍼즐처럼 맞췄다. 민원인, 지시하는 사람의 입장이 되어 봐라. 내 입장을 뒤집어서 그 사람의 입장에서 봐라. 셋째, 엉뚱한 것에서 제3의 방법을 찾아라. 때로는 엉뚱한 사람에게서 지혜를 얻을 수 있다. 10여 톤의 에밀레종을 종각에 달고자 고민을 하던 스님은 백사장에서 어린 아이들이 돌문을 만드는 것을 보고 아이디어를 얻어서 해결했다.

그렇게 해도 해결이 안 되면, 넷째, 반대로도 해보자. 앞뒤가 따로 없는 전차도 있다. 루이16세의 세자 간택에 '가장 늦게 도착한 왕자의 말'

로 세자를 선택하겠다는 시합규칙을 듣고, 막내는 형의 말을 훔쳐서 타고 가장 빨리 도착했다. 자신의 말을 뺏긴 첫째 왕자는 뒤늦게야 막내 왕자의 말을 타고 달려왔고 '가장 늦게 도착한 막내왕자의 말' 덕분에 막내왕자가 왕으로 간택되었다. 이처럼 생각을 뒤집으면 쉽게 풀리는 일이 많다. 다섯째, 승산이 없으면 반드시 이기도록 새판을 짜라. 이성계가 한양천도로 진퇴양란이 처해 있을 때 엽전 던지기를 해서 한양천도를 할 수 밖에 없게 만들었다. 이성계는 몰래 엽전의 양면을 같게 만들었다. 여섯째, 패를 잘 써라. 세종은 역대군주 중에 가장 최악의 패를 받았다. 누구 하나 그를 옹호하거나 지원하는 신하 하나 없었다. 그래서 노비를 달래서 인재로 등용해 썼다. 이천, 장영실 또한 노비 출신이다. 세종은 "패를 잘 받지 못하더라도 실망할 것이 없다. 이미 가지고 있는 패만 잘 써도 충분히 이길 수 있다."라고 했다. 북한이 외교전에서 우리나라를 매번 이기는 것은 '벼랑 끝 작전'까지 구사하기 때문이다. 일곱째, 머리를 빌려라. 자문, 고문, 전문가에게 상담 받는 등 각 분야에서 뛰어난 사람들의 머리를 빌려라. 옛날 아리비아 왕국에 한 목장 주인이 열일곱 마리의 양을 유산을 남기고 죽었다. 유언장에는 "첫째에게 반절(1/2), 둘째에겐 삼절(1/3), 막내에게 구절(1/9)의 비율로 유산을 나눠라. 절대로 양은 생명이 있으니 한 마리도 죽이지 말라"고 쓰여 있었다. 유언에 따라 집행을 할 수 없어서 고민하던 형제가 이웃집 노인에게 유언장을 보여주었더니, 그는 빙그레 웃으면서 자기의 양 한 마리 끌고 왔다. 그러더니 전체 열여덟 마리에서 첫째에게 아홉 마리, 둘째에게 여섯 마리, 그리고 막내에게 두 마리를 나눠주었다. 남는 한 마리는 자신이 도로 끌고 갔다. 여덟째, 모르면 직접 물어라. 인터뷰·

가정방문상담·자문(고문) 구하기 등으로 예의를 갖춰 물어라. 아홉째, 문제를 재구성하라. 문제 자체가 되지 않는 데도 고민하는 경우가 많다. 먼저 사실을 체크하여라. 지시사항이라고 해도 분위기에 따라 흘리는 말인 경우도 있다.

말은 양날의 검이다

동서고금을 막론하고 속담에서 가장 많이 등장하는 대상은 '말'이다. 전쟁이나 사건도 알고 보면 말이 화근이 되어서 발생한 경우가 대부분이다. "말은 살아있고, 힘이 있어 양날의 칼보다도 날카로우며, 영혼과 정신까지도 지배한다. 그리고 관절과 골수를 찔러 쪼개기까지 한다. 또한 말하는 사람의 생각과 태도까지도 판단하게 한다." 이처럼 우리의 선인들은 말에 대한 언령관념(言靈觀念)을 가졌다. 말의 힘에 대해서는 성경에도 나와 있다. 이스라엘 백성이 7일 동안 예리고 성벽을 돌면서 "예리고야 무너져라. 예리고 성아 무너져라!"고 외쳤더니 7일이 되는 날 정말로 무너졌다. 1950년 영국 고고학자 캐슬린 캐년(Kathleen Kenyon)이 현장발굴을 한 결과 기원전 1,400년경 예리고 성벽이 무너졌던 저주의 장면이 생생하게 드러났다. 말에는 저주의 위력이 있다.

명나라 말기 이자성이 이끄는 농민 반란군도들이 북경으로 들이닥칠 위기에 처했다. 숭정황제 주유검은 죽음의 순간이 다가오자 좌불안석이었다. 불안한 마음에 평민복장으로 변복을 하고 자금성을 나와 성문밖에 나갔다. 마침 파자점(破字占, 한자의 자획을 나누거나 합하여 길흉을 점침)을 치는 사람이 있어 명나라의 운명에 대해서 물었다. 황제는 많은 한자 중에 '있을 유(有)자' 하나를 뽑았다. 점쟁이는 한참 침묵을 하더니 "대인께 묻겠습니다. 개인의 앞날을 묻는 건가요? 아니면 천하와 사직의 앞날을 묻는 건가요?" 황제는 질문을 듣고 한방 얻어맞은 기분이었다. "뒤의 것을 알고 싶소."라고 대답하자 "유(有)자의 구조를 보면, 큰 대(大)자의 오른쪽 뻗은 부분이 없고, 아래 있는 밝을 명(明)자의 날 일(日)자가 빠져 있습니다. 그래서 사직에 불리한 뜻, 명나라의 절반의 영토가 사라질 듯합니다."라고 풀이를 내놓았다.

이 말을 들은 황제는 점쟁이의 옷소매를 잡으며 다시 한 번 뽑겠다고 우겼다. "이번에는 벗 우(友)자요."라고 하자 점쟁이는 더욱 침착한 목소리로 "우인의 우(友)자는 말하자면 돌이킬 반(反)자에 머리가 삐죽 뛰어나온 모양입니다. 이자성의 반란군이 성 아래에서 황제의 머리를 요구하는 형상입니다." 해명을 끝내기도 전에 창백해진 황제는 새로 뽑아들며 큰소리로 "이번에 신유술해(辛酉戌亥)의 유(酉)자요."라고 하였다. 점쟁이는 손가락을 꼽으면서 "대인께서 불만스럽겠지만, 저는 더 이상 말할 수 없습니다."라고 뒤로 물러섰다. "괜찮소, 말하시오."라고 황제가 말을 이었다. 점쟁이는 황제 옆으로 다가가 차분한 목소리로 "유(酉)자는 존귀할 존(尊)자에서 머리와 다리를 잘라낸 모양입니다. 존(尊)은 구오지존(황제)의 존자로 바로 황제를 가리킵니다. 황공한 말입니다만 흉한 일은 많고 길한 일은 적은 형상입니다." 황제는 비틀거리며 환궁하였다. 그리고 이자성의 농민반란군이 자신의 머리와 다리를 잘라내는 수모를 당하기 전에 목매어 자결하였다. 사실 점쟁이는 진짜 점쟁이가 아니었다. 이자성의 책사가 황제의 넋을 빼앗고, 명나라의 재건의 의지까지 제거하며, 동시에 자결토록 획책했던 것이다.

말의 책임은 혹독한 죽음까지도 요구한다

1536년 영국 헨리8세 때 총리를 맡았던 토마스 크롬웰(Thomas Cromwell)은 종교혁명을 시작하였다. 교황청과 맞서는 상황으로 국왕을 난처하게 만들었다. 그럼에도 국왕은 죄를 용서하고 계속 근무하게 하였다. 그런데 어느 날 예상외의 악천우를 만나서 국왕이 비를 맞고 환궁하는 사태가 벌어졌다. 이런 꼴불견을 보고 크롬웰이 "물에 빠진 생쥐 같다."고 농담을 했다. 이 말이 국왕의 귀에 들어갔고 국왕 모독죄로 참형을 당했다. 더한 일을 하고도 무사했던 크롬웰은 입을 한번 잘못 놀려 1540년 7월 28일 타워힐에서 수십 번의 도끼를 맞으면서 참수당했다.

제정러시아 당시 사형선고를 받은 한 죄수에게 사형집행을 하는 도중에 밧줄이 끊어지는 이상한 일이 벌어졌다. 신의 뜻이라고 생각하고 살려주는 것이 관례였다. 이에 따라 석방하기로 결정을 하고 죄수를 끌어내는데 "제정러시아는 성한 곳이 한 곳도 없구나. 교수형 밧줄마저 썩었다니."라고 비아냥거렸다. 집행관은 "감히 뭐라고 말을 했느냐?"라고 물었고, 죄수는 "같은 말을 다시 하라면 하겠다. 제정러시아는 썩지 않는 곳이 하나도 없다. 교수형 밧줄마저 썩었구나."라고 말했다. 그 순간 건장한 집행관 여럿이 그를 붙잡더니 집행장으로 다시 끌고 가 새 밧줄로 교체한 후 교수형을 집행했다.

1689년 1월 83세 우암 송시열은 왕세자 책봉에서 "시기상조"라는 말 한 마디를 했다 유배형을 받았다. 그는 1633(인조11)년에 27세의 나이로

"일음일양지위도(一陰一陽之謂道, 맞물려 돌아가는 순환의 이치 속에 영원한 것은 없다는 뜻)"라는 시제로 장원급제하여 벼슬길에 올랐다. 1635세 효종의 사부가 되었고, 정승까지 거침없이 했다. 그러나 남인의 재집권으로 인해 엄동설한에 제주도 유배를 떠나야 했다. 북풍한설임에도 파도도 잠잠하지 않아 보길도에 머물게 되었다. 그는 삶을 뒤돌아보면서 한 바위에다가 시구를 적었다. "여든셋 늙은이 만경창파 한 가운데 떠있다니. 말 한마디가 무슨 큰 죄라기에. 세 번이나 쫓겨나 그이 또한 힘들 텐데. 대궐에 계신 님을 부질없이 쳐다보며 다만 남녘바다 순풍만 믿을 수밖에. 담비갖옷 내리시던 옛 성은이 있으니 감격하여 외로운 충정에 흐느끼네."

그는 그해 6월 3일에 제주도에서 서울로 압송해 오는 도중, 정읍에서 내려오던 금부도사와 마주쳐 사약 두 사발을 마시고 눈을 감았다.

2015년 4월 9일 '성완종 리스트' 끝부분에 이름이 적혀 있던 당시 국무총리가 "친밀한 관계가 없다."고 한 말이 며칠 후 거짓으로 들통났다. 20개월 동안 20차례나 만났으며, 100여 통 전화통화 기록이 밝혀졌다. 또한 "돈을 받았다면 목숨을 내놓겠다."고 호언장담했다가 '비타500박스에 3,000만 원을 전달받았다.'는 증언이 나와 망신을 샀다. "독대한 적 없다."에 이어 "기억이 나지 않는다."라고 했다가 "알아보고 있다."로 말 바꾸기를 거듭했다. 국회질의에서 "총리의 발언 중 이름 석 자 외는 모두가 거짓말이라고 하는데……."라고 야당의원들이 힐책했다. 그래도 멈추지 못하고 "충청도 말투가 그렇습니다."라는 어불성설의 변명까지 하다가 출신지역 주민들의 거센 항의까지 받았다. 끝내 4월 28일 사표가 수리되었다. 자신이 '부패와 전쟁선포'를 공포하였다가 그 말이 부메랑이 되어 자신을 강타하였다. 이 사건으로 '도덕적 해이(moral hazard)'라는 공직자의 책임론에서 이제는 '입 해이(oral hazard)'라는 유행어가 생겨났다.

세 사람이 모이면 없는 호랑이도 만든다

요임금은 천재지변인 홍수를 대비하기 위해 곤이라는 사람에게 치수사업을 맡겼다. 곤은 제방을 높이 쌓아 하천의 범람을 막으려 했으나 9년이 넘도록 성과를 거두지 못했다. 백성들은 쉴 새 없이 입방아를 찧었다. 어진 국왕이라도 그 책임을 묻지 않을 수 없었다. 요왕의 뒤를 이어 즉위한 순임금은 곤의 아들 우에게 치수사업을 맡겼다. 우는 실패한 아버지를 거울삼아 제방을 헐어서 하천이 막힘없이 바다로 흐르도록 유도해 치수사업에 성공했다.

서주의 폭군 여제는 자신을 비난하는 사람이라면 지위고하를 막론하고 가차 없이 죽였다. 충신 소목공은 여왕에게 "백성의 입을 막는 것은 강물을 막는 것보다 어렵다."라고 간언했다. 이어 "치수를 하는 사람들이 마땅히 물길을 잘 터서 소통에 무리가 없게 해야 하듯이 통치자도 마땅히 그들이 하고 싶은 말을 하도록 해줘야 한다."는 구절도 덧붙였다. 후대 군주들에게 남긴 교훈이 바로 "언로를 막으면 나라가 상하게 된다."이다. 즉 물이 막혔다가 터지면 반드시 다치는 사람이 생긴다. 백성도 이와 마찬가지이다. 그러므로 강물을 다스리는 사람은 물길을 틔워 흐르도록 만들고, 백성을 다스리는 사람은 언로를 열어 말을 하게 만들어야 한다는 것이다.

우리나라에도 비슷한 사례가 있다. 백제 제30대 무왕의 어릴 때 이름은 장이었다. 그 어머니는 과부로 남쪽 못 가에 집을 짓고 살았는데, 사람들은 장이 못의 용과 통정해서 낳은 사생아라고 입방아를 찧었다. 어릴 때 제대로 된 이름조차 없어 마를 캐서 팔아먹고 산다고 해서 '서동(薯童)'이라고 불렀다. 그렇지만 그의 기개와 꿈만큼은 누구보다도 다부졌다. 어느 날 그는 이웃나라 신라의 진평왕 셋째 딸인 선화공주가 너무 아름답고 고와서 배필감 총각이 없다는 말을 들었다. 사나이 한 번 사는 것인데 이왕에 멋지게 살다가 죽자고 마음먹었다. 그래서 마를 짊어지고 신라왕경 서라벌로 갔다. 그는 동네 꼬마들을 모아놓고 달콤한 마를 나눠주면서 노래를 지어서 아이들의 입을 통해서 소문이 퍼지게 했다. 그 노래가 서동의 노래 즉, 서동요(薯童謠)이다. "선화공주님은 남 몰래 사귀어(통정해 놓고) 마도련님(薯童)을 밤에 몰래 안고 간다."는 유언비어를 퍼트렸다. 그 노래는 날개를 달고 뻗어나가 국왕의 귀에까지 들어갔다. 끝내 백관의 극간으로 공주는 멀리 귀양을 보내졌다. 서동왕자는 귀양처로 가는 선화공주를 낚아채어 백제로 돌아왔다. 공주가 품안에 안고 있던 황금을 밑천 삼아 국왕의 꿈을 펼쳐나갔다. 그리고 끝내 백제 무왕으로 등극하였다.

신라 선덕왕 순정공 태수가 명주(현재 강릉) 땅으로 부임하는데 당대 최대 미녀인 수로부인이 바닷가 절벽 위에 핀 철쭉꽃을 갖고 싶어 했다. 누구도 선뜻 나서지 못하고 있는데, 암소를 타고 가던 한 노인이 구사일생으로 절벽에 올라 꽃을 꺾어 수로부인에게 바쳤다. 백발노인은 수로부인에게 꽃을 주면서 노래를 불렀다. "붉은 바위 끝에, 부인께서 암소 잡은 나의 손을 놓게 하시고, 나를 부끄러워하시지 않으신다면 꽃을 꺾어 바치겠습니다." 그녀는 눈웃음으로 고마움을 표현했다. 늙은 노인에게 절벽의 꽃을 꺾다가 죽어도 여한이 없게 만든 힘은 지상최대 권력인 아름다움(美)이었다.

이틀 후, 그녀의 미모에 반한 동해용이 그녀를 납치했다. 남편 순정공은 안절부절했다. 꽃을 받쳤던 노인이 나타나서 해법을 제시했다. "여러 사람의 입방아에 남아나는 것이 없다."는 사자비방이었다. 그리고 귀띔으로 '동해귀용(東海龜龍)'이란 천기를 누설하였다. 그는 바닷가 해변에 군중을 모아놓고 "거북아. 거북아. 수로부인을 내놓아라. 남의 부인 빼앗아간 죄 얼마나 큰지 아느냐? 만일 내놓지 않는다면 그물로 잡아 구워먹으리."라는 노래를 부르면서 막대기로 땅을 치면서 며칠이고 노래를 했다. 끝내 동해용왕도 수로부인을 돌려보내고 말았다.

여론은 난폭한 천리마와 같다

중국 고전에 '군중이 마음을 모우면 난공불락의 성벽이 되나. 입방아를 찧기 시작하면 쇠도 녹여낸다.'는 말이 있다. 우리나라 속담에도 '입방아를 찧어서 살아남은 자는 없다.' 혹은 '뭇 사람의 입은 막지 못한다.'는 말이 있다.

첨단정보통신기술이 발달한 오늘날은 과거의 입방아와는 비교도 되지 않는다. 삽시간에 대중에 알려지고, 다양한 통신매체를 통해서 확대, 재생산되고 있다. 뜻하지 않게 왜곡되는 경우가 많아지고 있어 방심하거나 무방비상태에서는 크게 당할 수 있다. 정보라고 다 믿을 수도 없다. 일부 정보만 골라 비틀기, 조각내어 제공하기, 홍수처럼 밀어내기, 포장만 거창하게 하고 알맹이 빼기 등의 방법으로 여론조작이 동원되고 있다. 여론형성에서는 새로운 물꼬 틔우기, 불리한 여론에 물타기, 의도한 여론형성을 위해 물들이기(색깔 입히기), 위험수위 전에 물막기, 몰래 물 흘려보내기 등의 술책이 활용되고 있다. 대표적인 최근 사례로는 대한항공의 땅콩회항사건을 들 수 있다. 대한항공 측은 솔직한 사과와 수습보다 직원회유와 거짓말 대응으로 사태를 악화시켰다. 그 외에도 금방 탈로날 것까지도 거짓말하다가 불신의 뭇매를 맞은 이모 총리의 사퇴 사건, 성모 씨 리스트사건이 발생하자 참여정부의 특별사면이 원인이니 수사하자는 '물 타기' 혹은 '물귀신 작전'이라고 발언하여 2015년 4월 29일 보궐선거에 참패를 당한 모정당의 사건이 좋은 실례가 되고 있다.

말의 홍수시대에 사는 지혜로는 다음이 꼭 필요하다. 첫째, 많이 말하기보다 필요한 말만 간결하게 하고, 대신에 듣기를 많이 하라. 말을 듣는다는 것은 마음을 사는 일이다. 둘째, 말을 할 때에는 듣는 사람의 입장, 전달되었을 때 파급을 먼저 생각하라. 셋째, 상대방과 함께 주고받는 말은 게임과 같다. 상대방이 가지고 있는 패를 먼저 탐색하고 그 다음으로 자신의 패를 내놓듯이 말하라. 넷째, 말은 되도록 간결하게 함축해 말하라. 나중에 변명할 일이 생겨도 덜 힘들게 된다. 다섯째, 상대방의 말을 다 듣고 기다려라. 제3자가 대신 말하는 것을 이용하라. 여섯째, 공식적인 자리에서 할 말은 반드시 트리트먼트 시트(treatment sheet)를 사전에 작성하여 대화하라. 이렇게 해야 사전에 말실수를 최소화할 수 있고, 동시에 대응도 빠르게 할 수 있다.

말실수를 최소화하기 위해서는 무엇보다 먼저 상대방의 말을 경청해야 한다. 먼저 말하는 사람이 상대방에게 먼저 패를 보이는 것이다. 또한 말에 이겨도 감정이나 실익에서는 대부분 진다. 둘째로 상대방의 패(의도)를 다 읽어라. 그리고 내가 가진 패를 감안하여 패를 써라. 성급하게 다 까놓고 대들지 마라. 셋째, 공식석상이나 비중이 있는 곳에서는 어떤 말이라도 사전에 준비하라. 축사, 인사말, 대화 시나리오 등을 마련해라. 넷째, 필요 이상으로 대응하지 마라. 묵묵부답도 좋은 대안이다. 필요하다면 잠적하는 방안도 좋다. 여론은 단거리 경주이지지 마라톤은 아니다. 다섯째, 마지막 공성계(空城計)는 사과하는 것이다. 진정성을 가지고, 사과는 받는 사람이 흡족하게, 과오를 구체적으로 적시하고, 개선사항과 행동계획까지 담아야 한다. 사과라는 미녀 앞에서는 호랑이 같은 사내들이 녹아내린다. 비록 패자일지라도 '승자의 저주(winner's curse)'를 챙길 수 있는 마지막 패가 된다.

일 잘하는 사람보다 말 잘하는 사람이 인정받는 이유

1972년 일본 총리실. 소학교출신 다나카 가쿠에이가 총리로 부임했다. 그는『설국』소설의 배경이었던 니카다현에서 상경해 자수성가했다. 도요토미 히데요시와 입지적인 인물로 서민재상으로 칭했다. 당시 국민 지지율이 70% 이상이었다. 그런데 당시 일본의 행정고급관료는 대부분 일본의 최고명문대학인 도쿄대학출신이었다. 총리실 직원들은 "적어도 도쿄대학은 나와야 하는데 소학교 총리라니……."라고 수군수군했다. 심지어 총리가 복도를 지나가는데 뒤통수에다가 대놓고 들으라는 듯이 크게 얘기를 했다.

취임식에서 그는 "여러분은 일본의 최고명문인 도쿄대학 출신이 대부분입니다. 여러분이야말로 세계적인 인재입니다. 저는 소학교에 밖에 나오지 않았으니 일은 여러분이 하시고, 전 책임만 지겠습니다."라고 정문일침을 놓았다. 그는 역대 가장 유능한 총리로 아직도 부동의 자리를 차지하고 있다.

어니스트 헤밍웨이(E. Hemingway)의 원작 『누구를 위하여 종을 울리나』가 영화로 제작되어 본 적이 있다. 적진에 있는 다리를 폭파하는 방법과 시간을 놓고 대원들 사이에 갑론을박이 전개되었다. 이를 옆에서 듣고 있던 스페인 집시여인이 "고위관료들처럼 입으로 다하고 앉았네요."라고 비아냥거렸다. 동서양을 막론하고 정치·행정·군사 등의 고위층 관료들은 일하는 능력보다 말하는 능력으로 뽑히나 보다. 이를 두고 나토(NATO: No Action Talk Only, 말만 있고 행동이 따르지 않음) 현상이라고 한다. 조직사회에서는 "일 잘하기보다 말을 잘하라."는 은어가 생겨나고 있다. 부하직원들은 관리자를 '교통신호기'라고 한다. 조금도 움직이지 않고 말(입)로 지시만 한다는 의미다. 어느 조직사회보다도 관료조직에서는 나토(NATO)현상이 심각하다. "옛 사람들은 말을 함부로 하지 않았던 것은 몸소 실행이 말에 못 미칠까 부끄러워했기 때문이다."라는 말이 있다. 그러나 요사이는 어떤 지도자도 말에 대한 책임을 지지 않는다. 제대로 일하기보다 말만 거창한 경우가 태반이다. 행정성과평가도 이런 경향에 따라 변질되고 있다. 거창한 양두구육의 혁신정책, 말잔치 혹은 립서비스 시책, 언론플레이로 끝나는 일이 다반사다. 관리자의 관리능력은 잔소리능력(립서비스)과 비례한다. 한때는'잔소리에 의한 관리(MBN : Management by Nagging)'가 대류였다. 이후에 목표관리기법(MBO)이 도입되었다. 우리나라에서는 아직도 실행관리기법(MBI) 혹은 주변통합관리(MBWA)는 도입되지 않았다. 아직도 '잔소리에 의한 관리'

문화에 머물고 있다.

일본이란 양파 까기

인생은 양파와 같아서 껍질을 까면 깔수록 눈물이 난다. 또한 겉을 보고는 속을 알 수 없다. 일본은 양파와 비슷한 점이 많다. 겉과 속이 다르기 때문이다. 겉을 보고 속을 판단하는 우리나라 사람들은 언행일치(言行一致) 혹은 표리동일(表裏同一)이라고 믿기에 안타깝기만 하다.

일본은 크게 대외정책이나 전쟁에서 반드시 대의명분을 내걸고 한다. 임진왜란 당시 일본은 "조선을 위해 대신 명나라를 쳐줄 테니 조선은 단지 길만 내어달라."라는 명분을 내세웠다. 식민지침략전쟁을 하면서는 "아시아 국가가 뭉쳐서 공동번영과 문명발전을 도모하기 위한 권역을 형성하자."라는 슬로건을 내걸었다. 작게는 신라를 복속시킬 방책에 대해서 대의명분을 만들기 위해서 모든 관리들에게 책문을 주기도 했다. 관리등용 시험에 시제로도 한때 채택했다. 일본은 끊임없이 버젓하게 내걸 수 있는 명분, 체면, 슬로건 등을 찾아왔고, 앞으로도 그럴 것이다.

일본사람들도 이런 이중성 혹은 표리부동의 문화를 잘 알고 있다. 그들이 애용하는 사자성어인 양두구육(羊頭狗肉)은 양 머리를 걸어놓고 개고기를 판다는 뜻으로 일본인들의 생각을 잘 대변해주고 있다. 섬나라인 일본은 바다라는 큰 장애에 막혀서 도망갈 수도 없다. 함께 살아가자면 화합하는 길밖엔 없다. 그래서 화합을 다지는 축제문화가 발달하였고, 극한 대립의 경우에 약한 자는 사과, 굴복, 자결(할복) 등을 택하는 수밖에 없었다. 그러나 일상생활 속에서는 '본마음을 감추고 사는 것'이 최선책이었다. 마음속은 누구도 까볼 수 없기 때문이다. 일본인이라면 누구나 '혼네'와 '다테마에'에 익숙하다. 혼네는 자신의 진짜 속마음을, 반면에 다테마에는 남들에게 보여지는 겉모습을 말한다. 일본인들은 대개 누구나 겉과 속이 다른 생활을 하고 있으며 그게 당연하다고 여긴다. 때문에 평소에는 다테마에식 사회생활을 하고, 혼네는 꼭꼭 숨기고 보여주지 않는다.

이러한 일본의 표리부동한 문화는 '약한 자에게 강하고, 강한 자에게 약하다.'는 나쁜 기질로 번지고 있다. 일본을 영문 약자로 표기하면 JAP 혹은 JAPS이다. 영국에서는 JAPS를 '쥐덫에 놓인 미끼를 빼먹는 얍삽한 생쥐'로 표현하기도 한다. 미국에서는 '속이다.' 혹은 '기습하다.'는 뜻에서 '망아지처럼 버릇없이 자란 사람'이라는 비속어로 사용하고 있다. 이에 맞서 일본은 자국명을 JPN 혹은 JP로 표기하고 있다. JPN은 '일본다운 평화로운 나라(Japanese Peaceful Nation)'혹은 JP '일본의 평화(Japanese Peace)'라는 의미로 변화시켰다.

국가나 조직의 방침이라는 다테마에에 일본 국민도 속임을 당하고 있다. 그러나 그들 개인은 신뢰를 생명같이 중시하겠다는 문화를 유지하고 있다. 국제시장에 일제상품을 내다판 지 불과 10년이 되지 않아 최고품질의 상품으로 인정받았다. 아직도 일제를 능가할 상품이 없다. 이는 물건 하나를 만들어도 '자신의 분신처럼 생명과 혼을 다하는' 신의를 심는 정신문화에 있다.

한편 일본엔 개인을 드러내고자 하는 문화도 대단하다. 전체적 화합을 위하여 개개인을 대우하는 예절은 음식을 먹을 때에 개인별로 차려주는 '이찌닌마에'가 있다. 존귀한 분의 대접도 소홀히 하지 않고, 미천

한 사람에게도 감정을 상하지 않도록 예우하는 사려 깊은 관례다. 일본 화문화(和文化)는 특이하다. '화목할 화(和)'의 상형문자는 '먹거리에서 비롯하여 모든 재물(禾)을 한 사람(口)도 빠짐없이 골고루 나누어 갖는 것'에서 시작하였다. 그들은 "하나도 나눌 것이 없는 것에 고민하지 않았고, 골고루 나주지 못 했는가?'"로 고민을 시작했다. 이런 화합문화에 기인하여 일본은 현재 경제대국이면서도 평등·안정·행복 등에서 높은 복지지수를 유지하고 있다.

폐허 속에 두 주먹을 쥐고 일어난 일본인

패전에 대해서 일부 개인은 자신의 죄에 대해서 사죄하고 할복을 했다. 군국주의 국가는 조직적으로 집단자결과 항복을 지시했다. 할복은 10세기경 사무라이 문화에 책임을 지고 명예롭게 죽으라는 제도였다. 1873년에 금지하였으나 관례적으로 내려와서 태평양전쟁으로 광분하는 일본인들은 자진(自盡)에서 집단적으로 따라하는 추복(追腹)행위까지 자행되었다. 일본사람들에게 책임을 지고 명예롭게 옥쇄(玉碎)한다는 의미로 남아있다. 살아남아 노예로 구차하게 삶을 살기보다는 명예롭고 깨끗하게 스스로 책임을 지고 죽겠다는 정신이다.

이런 일본은 폐전의 폐허 속에서도 국가재건을 위하여 세 가지를 했다. 첫째, 하루에도 10번 이상 지진이 일어나니 천재지변에 대한 장기적 국가대응으로 "꼭꼭 숨어라." 둘째, 일본은 망한 것이 아니다. 떠오르는 태양이 미국이란 구름에 잠시 가려진 것뿐이니 "뭉치자." 셋째, 우리가 가진 것은 빈주먹이니 세계인들의 마음을 녹여내기 위해 "친절하자." 일본은 미국이 국가재건에 제공한 원조를 단 하나도 개인적으로 착복하지 않았다. 모두 국가건설에 쏟아 부었다. 우리나라는 개인적 착복부터 시작했다. 먹고 남은 밀가루로 산사태방지 사방사업을 하였는데 윗사람들이 때먹고 실제 일하는 사람에게는 한 주먹씩 주는 바람에 '밀가루 산'이라고 했다. 밀가루를 쌓아놓아도 사방한 산보다 더 크다는 의미였다. 그런데 일본에서는 '밀가루 산'이 하나도 없다. 그만큼 책임감과 신뢰를 심어가면서 국가건설을 했다.

일본사람들의 정신과 혼이 담긴 속담을 적어보면 다음과 같다.

관계에 대한 속담으로는 '소문은 머지않아 자연히 잊힌다', '관계가 없으면 화를 입지 않는다', '참는 주머니에 끈 떨어진다', '기르는 개에 손 물린다', 삶의 지혜에 대한 속담으로는 '떠나는 사람은 뒤끝이 깨끗해야 한다', '건강을 이기는 미모 없다', '돼지도 칭찬하면 나무에 올라간다', '여자는 결혼 전에 울고 남자는 결혼 후에 운다', '부모의 마음을 자식은 모른다', '침묵은 금이고 말하지 않음은 약이다', '돈이 떨어지면 정도 떨어진다', '내일엔 내일의 바람이 분다' 등이 있다. 처세술에 대한 속담으로는 '거짓말도 하나의 수단', '새우로 고래를 낚는다', '가위 바위 보도 내기 나름이다', '참고 숨기면 아름다운 꽃이 된다', '유능한 독수리는 발톱을 감춘다' 등이 있다. 이밖에도 배움에 대한 속담으로 '서예대가도 틀린 글을 쓸 수 있다, 배우기보다 익혀야 한다' 등이 있다.

그토록 꿈꾸던 인생을 살아라

펴낸날 1판 1쇄 2016년 1월 20일

지은이 이대영, 이정천, 박성철
펴낸이 나성원
펴낸곳 나비의활주로

기획 유지은
편집 민지혜
디자인 이주원

주소 서울시 강북구 삼양로 85길, 36
전화 070-7643-7272
팩스 02-6499-0595
전자우편 butterflyrun@naver.com
출판등록 제2010-000138호

ISBN 978-89-97234-69-1 03320